学术前沿
THE FRONTIERS OF ACADEMIA

疯癫与文明
理性时代的疯癫史

修订译本

［法］米歇尔·福柯 著

刘北成 杨远婴 译

*

生活·讀書·新知 三联书店

Simplified Chinese Copyright © 2019 by SDX Joint Publishing Company.
All Rights Reserved.

本作品中文简体版权由生活·读书·新知三联书店所有。
未经许可，不得翻印。

图书在版编目（CIP）数据

疯癫与文明：理性时代的疯癫史：修订译本／（法）米歇尔·福柯（Foucault, M.）著；刘北成，杨远婴译．—5版．—北京：生活·读书·新知三联书店，2019.7
（学术前沿）
ISBN 978-7-108-06557-5

Ⅰ．①疯⋯　Ⅱ．①米⋯ ②刘⋯ ③杨⋯　Ⅲ．①哲学理论－法国－现代　Ⅳ．① B565.59

中国版本图书馆 CIP 数据核字（2019）第 057732 号

Michel Foucault
HISTOIRE DE LA FOLIE À L'ÂGE CLASSIQUE
© Editions Gallimard, 1972
本书中文版权由法国伽利玛出版社授权出版

责任编辑	舒　炜	王晨晨
装帧设计	薛　宇	
责任校对	龚黔兰	
责任印制	宋　家	
出版发行	生活·讀書·新知 三联书店	
	（北京市东城区美术馆东街 22 号　100010）	
网　　址	www.sdxjpc.com	
图　　字	01-2013-4090	
经　　销	新华书店	
排　　版	北京金舵手世纪图文设计有限公司	
印　　刷	北京隆昌伟业印刷有限公司	
版　　次	1999 年 5 月北京第 1 版　　2003 年 1 月北京第 2 版	
	2007 年 4 月北京第 3 版　　2012 年 9 月北京第 4 版	
	2019 年 7 月北京第 5 版	
	2019 年 7 月北京第 22 次印刷	
开　　本	880 毫米 × 1230 毫米　1/32　印张 8.625	
字　　数	192 千字	
印　　数	117,001-127,000 册	
定　　价	38.00 元	

（印装查询：01064002715；邮购查询：01084010542）

学术前沿
总　序

　　生活·读书·新知三联书店素来重视国外学术思想的引介工作,以为颇有助于中国自身思想文化的发展。自80年代中期以来,幸赖著译界和读书界朋友鼎力襄助,我店陆续刊行综合性文库及专题性译丛若干套,在广大读者中产生了良好影响。

　　第二次世界大战结束后,随着世界格局的急速变化,学术思想的处境日趋复杂,各种既有的学术范式正遭受严重挑战,而学术研究与社会——文化变迁的相关性则日益凸显。中国社会自70年代末期起,进入了全面转型的急速变迁过程,中国学术既是对这一变迁的体现,也参与了这一变迁。迄今为止,这一体现和参与都还有待拓宽和深化。由此,为丰富汉语学术思想资源,我们在整理近现代学术成就、大力推动国内学人新创性著述的同时,积极筹划绍介反映最新学术进展的国外著作。"学术前沿"丛书,旨在译介"二战"结束以来,尤其是本世纪60年代之后国外学术界的前沿性著作(亦含少量"二战"前即问世,但在战后才引起普遍重视的作品),以期促进中国的学科建设和学术反思,并回应当代学术前沿中的重大难题。

　　"学术前沿"丛书启动之时,正值世纪交替之际。而现代中国的思想文化历经百余年艰难曲折,正迎来一个有望获得创造性大发展的历史时期。我们愿一如既往,为推动中国学术文化的建设竭尽绵薄。谨序。

生活·读书·新知三联书店
1997 年 11 月

目 录

前言 • 1

第一章 "愚人船" • 6

第二章 大禁闭 • 40

第三章 疯人 • 64

第四章 激情与谵妄 • 82

第五章 疯癫诸相 • 113

第六章 医生与病人 • 149

第七章 大恐惧 • 184

第八章 新的划分 • 204

第九章 精神病院的诞生 • 222

结论 • 258

译者后记 • 269

前　言

帕斯卡（Pascal）[1]说过："人类必然会疯癫到这种地步，即不疯癫也只是另一种形式的疯癫。"陀思妥耶夫斯基（Dostoievsky）在《作家日记》中写道："人们不能用禁闭自己的邻人来确认自己神志健全。"

然而，我们尚未而应该撰写一部有关这另一种形式的疯癫的历史：人们出于这种疯癫，用一种至高无上的理性所支配的行动把自己的邻人禁闭起来，用一种非疯癫的冷酷语言相互交流和相互承认。我们有必要确定这种共谋的开端，即它在真理领域中永久确立起来之前，它被抗议的激情重新激发起来之前的确立时刻。我们有必要试着追溯历史上疯癫发展历程的起点。在这一起点上，疯癫尚属一种未分化的体验，是一种尚未分裂的对区分本身的体验。我们必须从运动轨迹的起点来描述这"另一种形式的疯癫"。这种形式把理性与疯癫断然分开，从此二者毫不相关，毫无交流，似乎对方已经死亡。

无疑，这是一个不愉快的领域。为了探索这个领域，我们必须抛弃通常的各种终极真理，也绝不能被一般的疯癫知识牵着鼻子走。任何精神病理学概念都不能发挥提纲挈领的作用，在模糊的回溯过程中尤其如此。建构性因素应该是那种将疯癫区分出来的行动，而不是在已经完成区分并恢复了平静后精心阐述的科学。作为起点的应该是造成理性与非理性相互疏离的断裂，由此导致理性对非理性的征服，即理性强行使非理性成为疯癫、犯罪或疾病的真理。因此，我们在谈论那最初的争端时，不应设想有某种胜利或者设想有某种取得胜利的权利。我们在谈论那些重新置于历史之中加以考察的行动时，应该将一切可能被视为结论或躲在真理名下的东西置于一旁。我们在谈论这种造成理性与非理性之间的分裂、疏离和虚空的行为时，绝不应依据该行为所宣布的目标的实现情况。

只有这样，我们才能确定疯癫的人与有理性的人正在相互疏远，但尚未判然分开的领域。在那个领域中，他们用一种原始的、粗糙的前科学语言来进行关于他们关系破裂的对话，用一种躲躲闪闪的方式来证明他们还在相互交流。此时，疯癫与非疯癫、理性与非理性难解难分地纠缠在一起：它们不可分割的时候，正是它们尚不存在的时刻。它们是相互依存的，存在于交流之中，而交流使它们区分开。

在现代安谧的精神病世界中，现代人不再与疯人交流。一方面，有理性的人让医生去对付疯癫，从而认可了只能透过疾病的抽象普遍性所建立的关系；另一方面，疯癫的人也只能透过同样抽象的理性与社会交流。这种理性就是秩序、对肉体和道德的约束，群体的无形压力以及整齐划一的要求。共同语言根本不存在，或者说不再有共同语言了。18世纪末，疯癫被确定为一种精神疾病。这表明了一种对话的破裂，确定了早已存在的分离，并最终抛弃了疯癫与理性用以交流的一切没有固定句法、期期艾艾、支离破碎的语词。精神病学的语言是关于疯癫的理性独白。它仅仅是基于这种沉默才建立起来的。

我的目的不是撰写精神病学语言的历史，而是对那种沉默做一番考古探究。

古希腊人与他们称之为"张狂"（ŭβpls）的东西有某种关系。这种关系并不仅仅是一种谴责关系。特拉西马库（Thrasymachus）与卡利克勒（Callicles）的存在便足以证明这一点，尽管他们的语言流传下来时已经被苏格拉底（Socrates）那令人放心的论辩包裹起来。然而，在古希腊的逻各斯中没有与之相反的命题。

自中世纪初以来，欧洲人与他们不加区分地称之为疯癫、痴呆或精神错乱的东西有某种关系。也许，正是由于这种模糊不清的存在，西方的理性才达到了一定的深度。正如"张狂"的威胁在某种程度上促成了苏格拉底式理性者的"明智"。总之，理性—疯癫关系构成了西方文化的一个独特向度。在博斯（Hieronymus Bosch）[2]之前，它早已伴随着西方文化，而在尼采（Nietzsche）和阿尔托（Artaud）[3]之后仍将长久地与西方文化形影不离。

那么，隐藏在理性的语言背后的这种对峙是什么呢？如果我们不是遵循理性的纵向发展历程，而是试图追溯那种使欧洲文化与非欧洲文化相对峙的恒常因素，并用其自身的错乱来确定其范围，那么这种研究会把我们引向何处呢？我们所进入的领域既不是认识史，又不是历史本身，既不受真理目的论的支配，也不遵循理性的因果逻辑，因为只有在这种区分之外因果才有价值和意义。无疑，在这个领域中受到质疑的是一种文化的界限，而不是文化本质。那么这是一个什么领域呢？

从威利斯（Willis）[4]到皮内尔（Pinel）[5]，从拉辛（Racine）[6]的《奥瑞斯忒斯》到萨德（Sade）[7]的《朱莉埃特》和戈雅（Goya）[8]的"聋人之家"的一系列疯癫形象，构成了古典时期。正是在这个时期，疯癫与理性之间的交流以一种激进的方式改变了时代的语言。在这段疯癫史上，有两个事件异常清晰地表明了这种变化：一个是1657年（法国）总医院（Hôpital Général，又可译为"总收容院"）的建立和对穷人实行"大禁闭"；另一个是1794年解放比塞特尔收容院的带镣囚禁者。在这两个不寻常的而又前后呼应的事件之间发生了某种变化，其意义含混矛盾，令医学史专家困惑不解。有些人解释说，这是在一种绝对专制制度下进行的盲目压制。另一些人则认为，这是透过科学和慈善事业逐步地发现疯癫的真正真相。实际上，在这两种相反意义的背后，有一种结构正在形成。这种结构不仅没有消除这种歧义性，反而决定了这种歧义性。正是这种结构导致了从中世纪和人文主义的疯癫体验转变到我们今天的疯癫体验，即把精神错乱完全归结为精神疾病。从中世纪到文艺复兴时期，人与疯癫的争执是一种戏剧性辩论，其中人所面对的是这个世界的各种神秘力量；疯癫体验被各种意象笼罩着：人类的原始堕落和上帝的意志，《圣经》中的怪兽和变形记的种种意象，以及知识中的一切神奇秘密。在我们这个时代，疯癫体验在一种冷静的知识中保持了沉默。这种知识对疯癫已了如指掌，因而视若无睹。但是，从一种体验到另一种体验的转变，却是由一个没有意象、没有正面人物的世界在一种宁静的透明状态中完成的。这种宁静的透明状态揭示了一个庞大静止的结构：一种无声的机制，一种不加说明的行动，一种直接的知识。这个结构既非一种戏剧，也不是一种知识。正是在这一点，历史陷入悲剧范畴，既得以成立，又受到谴责。

注 释

［1］ 帕斯卡（1623～1662），法国思想家。——译者注
［2］ 博斯（约1450～1516），尼德兰画家。——译者注
［3］ 阿尔托（1896～1948），法国剧作家、诗人、演员和超现实主义理论家。——译者注
［4］ 威利斯（1621～1675），17世纪英国著名医师，英国医学化学学派的代表。——译者注
［5］ 皮内尔（1745～1826），法国医师，以人道主义态度对待精神病患者的先驱。——译者注
［6］ 拉辛（1639～1699），法国古典主义悲剧作家。——译者注
［7］ 萨德（1740～1814），法国色情作家。——译者注
［8］ 戈雅（1746～1828），西班牙著名画家。——译者注

第一章 "愚人船"

在中世纪结束时，麻疯病从西方世界消失了。在社会群落的边缘，在各个城市的入口，展现着一片片废墟旷野。这些地方已不再流行疾病，但却荒无人烟。多少世纪以来，这些地方就属于"非人"世界。从14世纪到17世纪，它们将用一种奇异的魔法召唤出一种新的疾病、另一种狰狞的鬼脸，等待着社会清洗和排斥的习俗卷土重来。

从中世纪盛期到十字军东征结束，有麻疯病院的城市成倍地增加，遍及整个欧洲。根据帕里斯（Mathieu Paris）的说法，整个基督教世界的麻疯病院多达一万九千个。在1226年路易八世颁布麻疯病院法前后，法国官方登记的麻疯病院超过两千个。仅在巴黎主教区就有43个，其中包括雷纳堡、科尔贝、圣瓦莱雷和罪恶的尚布利（Champ-Pourri，意为污浊之地）；还包括沙朗通。两个最大的病院就在巴黎城边，它们是圣日耳曼和圣拉扎尔[1]。这两个名字我们在另一种病史中还会见到。这是因为自15世纪起，它们都空无病人了。在16世纪，圣日耳曼成为少年罪犯教养院。到圣文森（Saint-Vincent）[2]时期之前，圣拉扎尔只剩下一个麻疯病人，他是"朗格卢瓦先生，民事法庭的律师"。南锡麻疯病院是欧洲最大的麻疯病院之一，但是在麦笛锡（Marie de Médicis）[3]摄政时期，仅仅收容过4个病人。根据卡泰尔（Catel）的《回忆录》，中世纪末在图卢兹有29所医院，其中7所是麻疯病院。但是到17世纪初，只有3所还被人提到。它们是圣西普里安、阿尔诺-贝尔纳和圣米歇尔。人们对麻疯病的消失感到欢欣鼓舞。1635年，兰斯的居民举行隆重的游行，感激上帝使该城市免除了这种瘟疫。

早在一个世纪以前，王权就开始控制和整顿捐赠给麻疯病院的巨大财产。1543年12月9日，弗朗索瓦一世下令进行人口调查和财产清查，"以纠正目前麻疯病院的严重混乱"。1606年，亨利四世颁布敕令，要求重新核查麻疯病院的财产，"将这次调查出来的多余财产用以赡养贫困贵族和伤残士兵"。1612年10月24日的敕令提出同样的要求，但这次多余的收入被用于救济穷人。

实际上，直到17世纪末，法国麻疯病院的问题还没有得到解决。由于这个问题具有经济上的重要性，因此引起多次冲突。直到1677年，仅在多菲内省还有44个麻疯病院。1672年2月20日，路易十四把所有的军事和医护教团的动产都划归圣拉扎尔和蒙特-卡梅尔教团，它们被授权管理王国的全部麻疯病院。大约二十年后，1672年敕令被废止。自1693年3月至1695年7月，经过一系列左右摇摆的措施，麻疯病院的财产最后被划归给其他的医院和福利机构。分散在遗存的一千二百所麻疯病院的少数病人，被集中到奥尔良附近的圣梅曼病院。这些法令首先在巴黎实行，最高法院将有关收入转交给总医院的各机构。各省当局也效仿这一做法。图卢兹将麻疯病院的财产转交给绝症患者医院（1696年）；诺曼第的博利俄麻疯病院的财产转交给康城的主宫医院；沃里麻疯病院的财产划归给圣福瓦医院。只有圣梅曼病院和波尔多附近的加涅茨病室保留下来。

在12世纪，仅有一百五十万人口的英格兰和苏格兰就开设了220个麻疯病院。但是，早在14世纪，这些病院就开始逐渐闲置了。1342年，爱德华三世下令调查里彭的麻疯病院（此时该医院已无麻疯病人），把该机构的财产分给穷人。12世纪末，大主教普依塞尔创建了一所医院，到1434年，该医院只有两个床位供麻疯病人用。1348年，圣奥尔本斯大麻疯病院仅收容着三个病人；二十四年后，肯特的罗默纳尔医院因无麻疯病人而被废弃。在查塔姆，建于1078年的圣巴托罗缪麻疯病院曾经是英格兰最重要的病院之一；但是在伊丽莎白一世统治时期，它只收容了两个病人；到1627年，它终于关闭。

在德国，麻疯病也同样在消退，或许只是稍微缓慢一些；然而，宗教改革运动加速了麻疯病院的改造。结果，由市政当局掌管了福利和医护设施。在莱比锡、慕尼黑和汉堡都是如此。1542年，石勒斯威希-霍尔斯坦的麻疯病院的财产转交给了医院。在斯图加特，1589年的一份地方行政长官的报告表明，五十年以来该地麻疯病院中一直没有这种病人。在利普林根，麻疯病院也很快被绝症患者和精神病人所充斥。

麻疯病的奇异消失，无疑不是长期以来简陋的医疗实践的结果，而是实行隔离，以及在十字军东征结束后切断了东方病源的结果。麻疯病退隐了，但是它不仅留下这些下贱的场所，而且留下了一些习俗。这些习俗不是要扑灭这种病，而是要拒之于某种神圣的距离之外,把它固定在反面提升之中。在麻疯病院被闲置多年之后,有些东西无疑比麻疯病存留得更长久,而且还将延续存在。这就是附着于麻疯病人形象上的价值观和意象,排斥麻疯病人的意义,即那种挥之不去的可怕形象的社会意义。这种形象必须首先划入一个神圣的圈子里,然后才能加以排斥。

虽然麻疯病人被排斥在这个世界、这个有形教会的社会之外,但是他们的存在依然是对上帝的一个可靠证明,因为这是上帝愤怒和恩宠的一个表征。维也纳教会的仪式书上说:"我的朋友,主高兴让你染上这种疾病,你蒙受着主的极大恩宠,因为他愿意因你在这个世界上的罪恶而惩罚你。"就在牧师及其助手将麻疯病人倒拖出教会时,还在让病人相信自己依然是对上帝的证明:"不论你是否会离开教会和健康人的陪伴,你依然没有离开上帝的恩宠。"在勃鲁盖尔(Brueghel)[4]的画上,在卡尔瓦里[5],人群围在基督身边,而麻疯病人与他仍保持着一定距离,但永远是在爬向卡尔瓦里。他们是罪恶的神圣证明。他们在自己受到的排斥中并透过这种排斥实现自己的拯救。透过一种与善行和祈祷相反的、奇异的厄运的作用,麻疯病人被没有伸过来的手所拯救。将麻疯病人遗弃在门外的罪人却给他打开了通向天国之路。"因为他们对你的疾病保持了克制;因为主不会因此而恨你,而要使你不脱离他的陪伴;如果你能忍耐,你便会得救,正如麻疯病人死于富人门外但却被直接送入天堂。"遗弃就是对他的拯救,排斥给了他另一种圣餐。

麻疯病消失了,麻疯病人也几乎从人们的记忆中消失了。但是这些结构却保留下来。两三个世纪之后,往往在同样的地方,人们将会使用惊人相似的排斥方法。贫苦流民、罪犯和"精神错乱者"将接替麻疯病人的角色。我们将会看到,他们和那些排斥他们的人期待着从这种排斥中得到什么样的拯救。这种方式将带着全新的意义在完全不同的文化中延续下去。实际上,这种严格区分的重大方式既是一种社会排斥,又是一种精神上的重新整合。

在文艺复兴时期的想像图景上出现了一种新东西;这种东西很快就占据了一个特殊位置。这就是"愚人船"。这种奇异的"醉舟"[6]沿着平静的莱茵河和佛兰芒运河巡游。

当然,愚人船(Narrenschiff)是一个文学词语,可能出自古老的亚尔古英雄传奇[7]。此时,这个重大的神话主题获得新的活力,在勃艮第社会中广为流传。时尚欢迎这些舟船的故事:这些船载着理想中的英雄、道德的楷模、社会的典范,开始伟大的象征性航行。透过航行,船上的人即使没有获得财富,至少也会成为命运或真理的化身。例如,尚皮埃(Symphorien Champier)于1502年创作了《王公之舟和贵族之战》,于1503年创作了《淑女船》。另外还有《健康者之舟》、奥斯特沃伦(Jacob van Oestvoren)于1413年创作的《蓝舟》、布兰特(Sebastian Brant)[8]于1494年创作的《愚人船》、巴德(Josse Bade)的著作《女愚人船》。当然,博斯的绘画也属于这个梦幻船队之列。

然而,在所有这些具有浪漫色彩或讽刺意味的舟船中,只有愚人船是唯一真实的,因为它们确实存在过。这种船载着那些神经错乱的乘客从一个城镇航行到另一个城镇。疯人因此便过着一种轻松自在的流浪生活。城镇将他们驱逐出去;在没有把他们托付给商旅或香客队伍时,他们被准许在空旷的农村流浪。这种习俗在德国尤为常见。15世纪上半叶,纽伦堡有63个疯子登记在册,其中31人被驱逐。其后五十年间,据记载至少有21人被迫出走。这些仅仅是被市政当局拘捕的疯人。他们通常被交给船工。1399年,在法兰克福,海员受命带走一个赤身裸体在街巷中游走的疯人。15世纪初,美因茨以同样方式驱逐了一个疯人罪犯。有时,水手们刚刚承诺下来,转身便又把这些招惹麻烦的乘客打发上岸。法兰克福有一个铁匠两次被逐,但两次返回,直到最后被送到克罗兹纳赫。欧洲的许多城市肯定经常看到"愚人船"驰入它们的港口。

　　揭示这种习俗的确切含义并非一件易事。有人会设想,这是一种很普通的引渡手段,市政当局以此把游荡的疯人遣送出自己的管界。这种假设没有考虑到下列事实:甚至在专门的疯人病院设立之前,有些疯人已经被送进医院或受到类似的看护;巴黎的主宫医院当时已在病房里为他们设置了床位。在整个中世纪和文艺复兴时期,欧洲大多数城市都有专门的疯人拘留所,如默伦的沙特莱堡,康城著名的疯人塔。在德国有数不胜数的疯人塔,如吕贝克的城关,汉堡的处女塔。因此,疯人不一定会被驱逐。有人会设想,只有外乡疯人才会被驱逐,各个城市都只照看自己市民中的疯人。我们不是发现一些中世纪城市的账簿上有疯人救济金或用以照料疯人的捐款记录吗?但是,问题并不这么简单。在集中收容疯人的地方,疯人大多不是本地人。最先集中收容疯人的是一些圣地:圣马蒂兰·德·拉尔尚,圣希尔德维尔·德·古奈,贝桑松和吉尔(Gheel)。去这些地方朝圣是由城市或医院组织的,往往还得到城市或医院的资助。这些萦扰着整个文艺复兴早期想像力的愚人船很可能是朝圣船。那些具有强烈象征意义的疯人乘客是去寻找自己的理性。有些船是沿莱茵河顺流而下到比利时和吉尔。另一些船是沿莱茵河上行到汝拉和贝桑松。

另外有一些城市，如纽伦堡，肯定不是圣地，但也聚集着大量的疯人。其数目之大，绝非该城市本身所能产生的。这些疯人的食宿都从城市财政中开支，但是他们未受到医治，而是被投入监狱。我们可以推测，在某些重要城市——旅游和贸易中心，有相当多的疯人是被商人和水手带来的，而在这里"丢失"了。这就使他们的家乡摆脱了他们。很可能的是，这些"非朝圣地"与那些将疯人当作香客来接待的地方逐渐被人混同了。求医的愿望和排斥的愿望重合在一起，于是疯人被禁闭在某个奇迹显灵的圣地。吉尔村很可能就是这样发展起来的：一个置放灵骨的地方变成了一个收容所、一个疯人渴望被遣送去的圣地，但是在那里，人们按照旧传统，实行了一种仪式上的区分。

重要的是，疯人的漂泊、驱逐他们的行动以及他们的背井离乡，不能用社会效用或社会安全来体现他们的全部意义。其他与仪式联系更紧密的意义肯定会表现出来。我们总会发现它们的蛛丝马迹。例如，尽管教会法规没有禁止疯人出席圣餐，但是疯人不得接近教堂。尽管教会从未采取任何行动来对付发疯的牧师，但是，1421年，纽伦堡一个疯癫的神父被十分庄重地驱逐出教堂，似乎他由于身为神职人员而更为不洁，该城市从财政开支中支付了他的旅费。有些地方，人们当众鞭笞疯人或者在举行某种游戏活动时嘲弄地追赶疯人，用铁头木棒将他们逐出城市。大量迹象表明，驱逐疯人已成为许多种流放仪式中的一种。

这样，我们对疯人的出航及其引起的社会关注所具有的奇特含义就能更充分地理解了。一方面，我们不应缩小其无可否认的实际效果：将疯人交给水手是为了确保他不再在城墙下徘徊，确保他将远走他方，使他成为甘愿背井离乡的囚徒。但是，水域给这种做法添加上它本身的隐秘价值。它不仅将人带走，而且还有另外的作用——净化。航行使人面对不确定的命运。在水上，任何人都只能听天由命。每一次出航都可能是最后一次。疯人乘上愚人船是为了到另一个世界去。当他下船时，他是另一个世界来的人。因此，疯人远航既是一种严格的社会区分，又是一种绝对的过渡。在某种意义上，这不过是透过半真实半幻想的地理变迁而发展了疯人在中世纪焦虑中的门槛处境。因疯人具有被囚禁在城关内的特许权，这种地位既具有象征意义，又变得非常现实：要排斥他就必须把他圈起来；因为除了门津之外没有其他适合他的监狱，所以他被扣留在那个渡口。他被置于里外之间，对于外边是里面，对于里面是外边。这是具有强烈象征意义的地位。如果我们承认昔日维护秩序的有形堡垒现已变成我们良心的城堡，那么，疯人的地位无疑至今仍是如此。

水域和航行确实扮演了这种角色。疯人被囚在船上，无处逃遁。他被送到千支百叉的江河上或茫茫无际的大海上，也就被送交给脱离尘世的、不可捉摸的命运。他成了最自由、最开放的地方的囚徒：被牢牢束缚在有无数去向的路口。他是最典型的人生旅客，是旅行的囚徒。他将去的地方是未知的，正如他一旦下了船，人们不知他来自何方。只有在两个都不属于他的世界之间的不毛之地，才有他的真理和他的故乡。虽然这种习俗和这些价值观是那种将要长期存在的想像关系的滥觞，但是它们渊源于整个西方文化的历史之中。反过来说，这种源于无法追忆的时代的关系此时被召唤出来，并使疯人出航成为习俗。难道不是这样吗？至少可以肯定一点：水域和疯癫长期以来就在欧洲人的梦幻中相互联系着。

譬如，装成疯子的特里斯丹[9]命令船夫把他送到康沃尔的岸边。当他来到国王马克的城堡时，这里的人们都不认识他，也不知道他来自何方。他发表了许多奇谈怪论，人们既感到熟悉又感到陌生。他洞悉一切平凡事物的秘密，因此他只能是来自另一个毗邻的世界。他不是来自有着坚固城市的坚实大地，而是来自永无宁静的大海，来自包藏着许多奇异知识的陌生大道，来自世界下面的那个神奇平原。伊瑟最先发现，这个疯子是大海的儿子，傲慢的水手把他遗弃在这里，是一个不祥的信号："那些该死的水手带来了这个疯子！为什么他们不把他投入大海！"[10]当时，同样的题材不止一次地出现。在15世纪的神秘主义者中间，它变成这样一个情节：灵魂如同一叶小舟，被遗弃在浩瀚无际的欲望之海上，忧虑和无知的不毛之地上，知识的海市蜃楼中或无理性的世界中。这叶小舟完全听凭疯癫的大海支配，除非它能抛下一只坚实的锚——信仰，或者扬起它的精神风帆，让上帝的呼吸把它吹到港口。16世纪末，德·朗克尔（De Lancre）认为，有一批人的邪恶倾向来自大海：航海的冒险生活，听凭星象的指引，世代相传的秘密，对女人的疏远。正是浩森、狂暴的大海的形象，使人丧失了对上帝的信仰和对家园的眷恋。人落入了恶魔之手——撒旦的诡计海洋[11]。在这个古典时代，人们多半用寒冷潮湿的海洋性气候、变化无常的天气的影响，来解释英国人的忧郁性格。弥漫的水气浸透了人体的脉络和纤维，使之变得松垮而易于发疯。最后让我们跳过自奥菲莉娅[12]到罗蕾莱[13]的浩瀚文学作品，仅仅提一下海因洛特（Heinroth）[14]的半人类学半宇宙学的精彩分析。他认为，疯癫是人身上晦暗的水质的表征。水质是一种晦暗的无序状态、一种流动的浑沌，是一切事物的发端和归宿，是与明快和成熟稳定的精神相对立的。

然而，如果说疯人的航行在西方的精神世界里与如此之多的古老动机有联系，那么为什么这一题材在15世纪的文学和绘画中形成得那么突然？为什么愚人船及其精神错乱的乘客一下子便侵入了人们最熟悉的画面？为什么水域和疯癫的古老结合在某一天而且恰恰在这一天生出了这种船？

其原因就在于它是一种巨大不安的象征，这种不安是在中世纪末突然出现在欧洲文化的地平线上的。疯癫和疯人变成了重大现象，其意义暧昧纷杂：既是威胁又是嘲弄对象，既是尘世无理性的晕狂，又是人们可怜的笑柄。

首先是故事和道德寓言。它们无疑有着悠久的渊源。但是到中世纪末，这方面的作品大量涌现，产生了一系列的"傻故事"。这些作品一如既往地鞭挞罪恶和错误，但是不再把这些全部归咎于傲慢、冷酷或疏于基督徒的操守，而是归咎于某种严重的非理性。这种非理性其实没有什么明确的缘由，但却使所有的人都卷入某种密谋。对疯癫（愚蠢）的鞭挞变成了一种普遍的批判方式。在闹剧和傻剧[15]中，疯人、愚人或傻瓜的角色变得越来越重要。他不再是司空见惯地站在一边的可笑配角，而是作为真理的卫士站在舞台中央。他此时的角色是对故事和讽刺作品中的疯癫角色的补充和颠倒。当所有的人都因愚蠢而忘乎所以、茫然不知时，疯人则会提醒每一个人。在一部人人相互欺骗，到头来愚弄了自己的喜剧中，疯人就是辅助的喜剧因素，是欺骗之欺骗。他用十足愚蠢的傻瓜语言说出理性的词句，从而以滑稽的方式造成喜剧效果：他向恋人们谈论爱情，向年轻人讲生活的真理，向高傲者、蛮横者和说谎者讲中庸之道。甚至佛兰德尔和北欧非常流行的传统的愚人节也成了戏剧性的活动，把原先自发的宗教戏仿因素变成社会和道德批判。

在学术作品中，疯癫或愚蠢也在理性和真理的心脏活动着。愚蠢不加区别地把一切人送上它的疯癫舟船，迫使他们接受普遍的冒险（如奥斯特沃伦的《蓝舟》、布兰特的《愚人船》）。愚蠢造成了灾难性的统治，穆尔纳（Thomas Murner）在《愚蠢的请求》中对此描绘得淋漓尽致。愚蠢在科洛兹（Corroz）的讽刺作品《驳疯狂的爱情》中战胜了爱情。在拉贝（Louise Labé）的对话体作品《愚蠢和爱情的辩论》中，愚蠢和爱情争论，谁首先出现，谁造就了谁，结果愚蠢获得胜利。愚蠢也有自己的学术消遣。它是论争的对象，它与自己争论；它被批驳，但又为自己辩护，声称自己比理性更接近于幸福和真理，比理性更接近于理性。温普斐灵（Jacob Wimpfeling）编辑了《哲学的垄断》，加卢斯（Judocus Gallus）编辑了《垄断与社会，光明船上的庸众》。而在所有这些严肃的玩耍中，占据中心位置的是伟大的人文主义作品：弗雷德尔（Flayder）的《复活的风俗》和伊拉斯谟（Erasmus）[16]的《愚人颂》。与这些孜孜于论辩的讨论，这些被不断重复、不断加工的论述，相互呼应的是一个从博斯的《治疗疯癫》和《愚人船》到布鲁盖尔的《杜尔·格里特》（又名《疯女玛戈》)的肖像长廊。木刻和版画将戏剧、文学和艺术已经描述的东西,即愚人节和愚人舞的混合题材,刻画出来。无可置疑,自15世纪以来,疯癫的形象一直萦绕着西方人的想像。

一个年代序列本身可以说明问题。圣婴公墓的《死神之舞》无疑是15世纪初的作品,安息圣墓的同名作品很可能是在1460年前后创作的。1485年,马尔尚(Guyot Marchant)发表《死神舞》(Danse macabre)。这六十年肯定是被这种狞笑的死神形象支配着。但是,1494年,布兰特写出《愚人船》,1497年,该作品译成拉丁文。在该世纪最末几年中,博斯画出《愚人船》。《愚人颂》写于1509年。这种前后交替关系是十分清楚的。

直到15世纪下半叶前,或稍晚些时候,死亡的主题独领风骚。人的终结、时代的终结都带着瘟疫和战争的面具。笼罩着人类生存的是这种万物都无法逃避的结局和秩序。甚至在此岸世界都感受到的这种威胁是一种无形之物。但是在该世纪的最后岁月,这种巨大的不安转向了自身。对疯癫的嘲弄取代了死亡的肃穆。人们从发现人必然要化为乌有转向戏谑地思考生存本身就是虚无这一思想。面对死亡的绝对界限所产生的恐惧,通过一种不断的反讽而转向内心。人们提前解除了这种恐惧,把死亡变成一个笑柄,使它变成了一种日常的平淡形式,使它经常再现于生活场景之中,把它分散在一切人的罪恶、苦难和荒唐之中。死亡的毁灭已不再算回事了,因为它已无处不在,因为生活本身就是徒劳无益的口角、蝇营狗苟的争斗。头脑将变成骷髅,而现在已经空虚。疯癫就是已经到场的死亡[17]。但这也是死亡被征服的状态。它躲在日常的症状之中。这些症状不仅宣告死神已经君临，而且表示它的战利品不过是一个可怜的俘虏。死亡所揭去的不过是一个面具。要想发现骷髅的笑容，人们只需掀掉某种东西。这种东西既不是美，也不是真，而仅仅是石膏和金属丝做成的面具。无论戴着面具还是变成僵尸，笑容始终不变。但是，当疯人大笑时，他已经带着死神的笑容。因此，疯人比死人更早地消除了死亡的威胁。文艺复兴全盛时期的"疯女玛戈"的呼喊战胜了中世纪末比萨的圣地公墓墙上《死神胜利》的歌声。

疯癫主题取代死亡主题并不标志着一种断裂，而是标志着忧虑的内在转向。受到质疑的依然是生存的虚无，但是这种虚无不再被认为是一种外在的终点，即威胁和结局。它是从内心体验到的持续不变的永恒的生存方式。过去，人们一度因疯癫而看不到死期将至，因此必须用死亡景象来恢复他的理智。现在，理智就表现为时时处处地谴责疯癫，教导人们懂得，他们不过是已死的人，如果说末日临近，那不过是程度问题，已经无所不在的疯癫和死亡本身别无二致。这就是德尚（Eustache Deschamps，1346—1406年）所预言的：

> 我们胆怯而软弱，
> 贪婪、衰老、出言不逊。
> 我环视左右，皆是愚人。
> 末日即将来临，
> 一切皆显病态。……

现在，这些因素都颠倒过来。不再由时代和世界的终结来回溯性地显示，人们因疯癫而对这种结局毫无思想准备。而是由疯癫的潮流、它的秘密侵入来显示世界正在接近最后的灾难。正是人类的精神错乱导致了世界的末日。

在造型艺术和文学中，这种疯癫体验显得极其一致。绘画和文字作品始终相互参照——这里说到了，那里就用形象表现出来。我们在大众节庆中、在戏剧表演中，在版画和木刻中，一再地发现同样的愚人舞题材。而《愚人颂》的最后一部分整个是根据一种冗长的疯人舞的模式构思成的。在这种舞蹈中，各种职业和各种等级的人依次列队行进，组成了非理性的圆舞。博斯在里斯本创作的绘画《圣安东尼的诱惑》中加上了一群荒诞古怪的人，其中许多形象借鉴了传统的面具，有些可能取材于《作恶的斧钺》。著名的《愚人船》不是直接取材于布兰特的《愚人船》吗？它不仅采用同样的标题，而且似乎完全是对布兰特的长诗第二十七章的图解，也是讽刺"酒鬼和饕餮之徒"的。因此，甚至有人认为，博斯的这幅画是图解布兰特长诗主要篇章的系列绘画的一部分。

毋庸置疑，我们不应被这些题材表面上的一脉相承所迷惑，也不应去想像超出历史本身所揭示的东西。再重复马尔（Émile Mâle）[18]对以往时代的分析，尤其是关于死亡题材的分析，是不太可能的了。因为言语和形象的统一、语言描述和艺术造型的统一开始瓦解了。它们不再直接共有统一的含义。如果说，形象确实还有表达功能，用语言传达某种现实事物的功能，那么我们必须承认，它已不再表达这同一事物。而且，因其本身的造型价值，绘画忙于一种实验。这种实验将使它愈益脱离语言，不管其题材表面上是否雷同。形象和语言依然在解说着同一个道德世界里的同一个愚人寓言，但二者的方向已大相径庭。在这种刚刚可以感知到的裂隙中，已经显示了西方疯癫经验未来的重大分界线。

疯癫在文艺复兴地平线上的出现，首先可以从哥特象征主义的衰落中觉察到：这个世界所细密编织的精神意义之网仿佛开始瓦解，所展露的面孔除了疯态之外都令人难以捉摸。哥特形式继续存留了一段时间，但是它们渐渐沉寂，不再表达什么，不再提示什么，也不再教诲什么，只剩下它们本身的超越一切语言的荒谬存在（尽管人们对它们并不陌生）。这种意象摆脱了构造它的理智和说教，开始专注于自身的疯癫。

似乎矛盾的是，这种解放恰恰来自意义的自我繁衍。这种繁衍编织出数量繁多、错综复杂、丰富多彩的关系，以致除非用奥秘的知识便无法理解它们。事物本身背负起越来越多的属性、标志和隐喻，以致最终丧失了自身的形式。意义不再能被直接的知觉所解读，形象不再表明自身。在赋予形象以生命的知识与形象所转而采用的形式之间，裂痕变宽了。这就为梦幻开辟了自由天地。有一部名为《人类得救宝鉴》的著作表明了哥特世界末期意义繁衍的情况。该书超越了早期教会传统所确立的各种对应关系，阐述了《旧约》和《新约》共有的一种象征体系，这种象征性不是基于预言的安排，而是源于某种意象的对应。基督受难并不仅仅有亚伯拉罕献身的预示，而且被对受难的赞美及无数有关梦幻所环绕。铁匠突巴[19]和伊赛亚的轮子都在十字架周围占据着位置，组成了超出各种关于牺牲的教诲之外的表现野蛮、肉体折磨和受难的奇幻场面。这样，这种物象就被赋予附加的意义，并被迫来表达它们。而且，梦幻、疯癫、荒诞也能渗进这种扩展的意义中。这些象征性形象很容易变成噩梦般的幻影。可以看到，在德国版画中，古老的智慧形象常常用一只长颈鸟来表现，它的思想从心脏慢慢地升到头部，这样这些思想就有时间被掂量和斟酌。这是一个被人们谈腻了的象征，即用一个高雅学术的蒸馏器，一个提炼精华的工具的形象来表现思索的漫长过程。"老好人"的脖颈被无限拉长，这是为了更好地说明超出智慧之外的、反思知识的实际过程。这个象征性的人变成了一只怪鸟，其脖颈不合比例且千曲百折。这是一个荒诞的存在，既是动物又不是动物，与其说是表达某种严格的意义，不如说更近乎某种有魔力的形象。这种象征的智慧是梦幻疯癫的俘获物。

这个意象世界的一个基本变化是，一个多重意义所具有的张力使这个世界从形式的控制下解放出来。在意象表面背后确立了如此繁杂的意义，以至于意象完全呈现为一个令人迷惑不解的面孔。于是，这个形象不再有说教的力量，而是具有迷惑的力量。最典型的例子是中世纪人们早已熟知的《圣咏经》中以及在沙特尔和布尔日教堂的雕刻中的著名半人半兽形象的演变。这种形象原来被用于告诫人们，被欲望驱使的人类是如何变成野兽的俘获物；这些放在怪兽肚子中的怪异面孔，属于柏拉图式的大隐喻世界，被用于谴责表现在荒唐罪恶中的精神堕落。但是，在15世纪，这种半人半兽的疯癫形象，变成无数以"诱惑"为题的作品所偏爱的形象之一。冲击隐士安宁的不是欲望之物，而是这些神秘的、发狂的形状，它们出自于一种梦幻，而在某个世界的表面偷偷地留下，依然沉默而诡秘。在里斯本教堂的壁画《诱惑》中，与圣安东尼相对而坐的就是这些出自疯癫及其引起的孤独、悔罪和困苦的形象中的一个。这个无形体的面孔上浮现着苍白的微笑，机灵的鬼脸表现的纯粹是焦灼。现在，正是这种梦魇幻影同时成为诱惑的主体和对象。正是这种形象蛊惑了苦行者的目光——他们都是某种对镜求索的俘虏。这种求索完全被这些包围着他们的怪物所造成的沉寂所吞没而得不到回答。这种半人半兽不再以其嘲讽形式唤醒人们恢复在荒唐的欲望中所遗忘的精神使命。正是疯癫变成了诱惑；它体现了不可能之事、不可思议之事、非人之事，以及一切暗示着大地表面上某种非自然的东西、非理智存在的蠢动。而所有这一切恰恰赋予半人半兽以奇异的力量。对于15世纪的人来说，自己的梦幻、自己的疯癫幻觉的自由，无论多么可怕，但却比肉体需求的实现更有吸引力。

那么，此时通过疯癫意象起作用的这种魅力是什么呢？

首先，人们在这些怪异形象中发现了关于人的本性的一个秘密、一种使命。在中世纪人的思想中，被亚当命名的动物界象征性地体现着人性的价值。但是在文艺复兴初期，人与动物界的关系颠倒过来了。野兽获得自由。它们逃出传说和道德图解的世界，获得自身的某种怪异性质。由于令人惊愕的颠倒，现在动物反过来追踪人，抓住人，向人揭示人自身的真理。从疯狂想像中产生的非现实的动物变成了人的秘密本质。当末日来临，罪孽深重的人类以丑陋的裸体出现时，我们会看到，人类具有某种发狂动物的可怕形象。在布茨（Thierry Bouts）的《地狱》中，它们是锐鸣枭，其身体是蟾蜍和赤裸的罪人的结合；在洛赫纳（Stephan Lochner）[20]的作品中，他们是展翅的猫头昆虫，人面甲虫以及煽动着如同不安而贪婪的双手的翅膀的鸟。这种形象在格吕内瓦尔德（Matthias Grünewald）[21]的《诱惑》中则是一只有多节手指的大猛兽。动物界逃避了人类符号和价值的驯化，反过来揭示了隐藏在人心中的无名狂暴和徒劳的疯癫。

在与这种阴影性质相反的另一极，疯癫之所以有魅力，其原因在于它就是知识。它之所以是知识，其原因首先在于所有这些荒诞形象实际上都是构成某种神秘玄奥的学术的因素。这些怪异形状从一开始就被置于"伟大奥秘"的空间里。受它们诱惑的圣安东尼并不单纯是欲望的粗暴牺牲品，而更多的是受到好奇心的暗中引诱。他受到遥远而又亲近的知识的诱惑，受到那些半人半兽的微笑的诱惑。那些知识既在向他呈现又在躲闪。他在向后倒退，这一步之差就使他不能跨入知识的禁区。他早就知道——这也正是对他的诱惑所在——卡丹（Jérôme Cardan）随后所说的："智慧同其他珍贵的东西一样，必须从大地深处扯出来。"而这种无法接近的、极其可怕的知识则早已被天真的愚人所掌握。当有理性、有智慧的人仅仅感受到片断的、从而越发令人气馁的种种知识形象时，愚人则拥有完整无缺的知识领域。那个水晶球在所有其他人看来是透明无物的，而在他眼中则是充满了隐形的知识。勃鲁盖尔曾嘲笑疯人试图识破这个水晶世界，但是恰恰在"疯女玛戈"扛着的木棍顶端悬吊着这个多彩的知识球。这是一个荒诞却又无比珍贵的灯笼。而且，这个世界恰恰出现在博斯《忘忧乐园》画屏的反面。另一个知识象征是树（禁树、允诺永生和使人犯下原罪的树）。它曾种在人间乐园的中央，但后来被连根拔掉。而现在，正如在图解巴德的《女愚人船》的版画上可看到的，它成为愚人船上的桅杆。无疑，在博斯的《愚人船》上摇曳着的也正是这种树。

这种愚人的智慧预示着什么呢？毫无疑问，因为它是被禁止的智慧，所以它既预示着撒旦的统治，又预示着世界的末日，既预示着终极的狂喜，又预示着最高的惩罚，既预示着它在人世间的无限威力,又预示着万劫不复的堕落。愚人船穿行过一个快乐景区,这里能满足人的一切欲望。这是一个复苏的乐园,因为人在这里不再有痛苦,也不再有需求,但是他还没有返璞归真。这种虚假的幸福是反基督者的邪恶胜利。这是末日,是已经迫近的末日。诚然,在15世纪,启示录上的梦境并不新鲜,但是它们的性质已与过去大相径庭。在14世纪精致的幻想图面上,城堡如骰子般摇摇欲坠,巨兽总是被圣母逼在一定距离之外的传统的龙。总之,上帝的意旨及其迫近的胜利都赫然在目。但是,(在15世纪)这种画面被泯灭了一切智慧的世界图像所取代。后者是自然界妖魔鬼怪的大聚会:高山消退而变成平原,遍野横尸、荒冢露骨、星辰坠落、大地流火,一切有生命的东西都在凋萎、死亡。这个末日毫无作为过渡和希望的价值,而仅仅是一个吞没世界原有理性的夜晚的来临。丢勒(Dürer)[22]的作品很能说明这一点。在他的画上,启示录中上帝派来的骑兵并不是胜利与和解天使,也不是和平正义的使者,而是进行疯狂报复的、披头散发的武士。世界陷入普遍的怒火之中。胜利既不属于上帝,也不属于撒旦,而是属于疯癫。

  疯癫在各个方面都在蛊惑人们。它所产生的怪异图像不是那种转瞬即逝的事物表面的现象。那种从最奇特的谵妄状态所产生的东西,就像一个秘密、一个无法接近的真理,早已隐藏在地表下面。这是一个奇特的悖论。当人放纵其疯癫的专横时,他就与世界的隐秘的必然性面对面了;出没于他的噩梦之中的,困扰着他的孤独之夜的动物就是他自己的本性,它将揭示出地狱的无情真理;那些关于盲目愚蠢的虚浮意象就是这个世界的"伟大科学"(*Magna Scientia*);这种无序、这个疯癫的宇宙早已预示了残忍的结局。透过这种意象，文艺复兴时期的人表达了对世界的凶兆和秘密的领悟，而这无疑赋予了这些意象价值，并且使它们的奇想具有极其紧密的联系。

在同一时期，文学、哲学和道德方面的疯癫题材则蒙上另一层截然不同的面纱。

在中世纪，疯癫或愚蠢在罪恶体系中占有一席之地。自13世纪起，它通常被列入精神冲突的邪恶一方。在巴黎和亚眠（Amiens），它出现在罪恶行列中，出现在争夺对人的灵魂的控制权的12对范畴中：信仰和偶像崇拜、希望和绝望、慈善和贪婪、贞洁和放荡、谨慎和愚蠢（即疯癫。——译注）、忍耐和狂暴、宽容和苛刻、和谐和纷争、服从和反叛、坚韧不拔和反复无常、刚毅与懦弱、谦卑与高傲。在文艺复兴时期，疯癫从这种平凡的位置跃居前茅。与于格（Hugues de Saint-Victor）[23]的说法——亚当时代的罪恶谱系树植根于傲慢——不同，现在疯癫是一切人类弱点的领袖。作为无可争议的领唱者，它引导着它们，扫视着它们，点它们的名："来认一认我的女伴吧。……眉眼低垂的是自恋（Philautia）。眼睛眯笑、挥手欢呼的是谄媚（Colacia）。睡眼蒙眬的是健忘（Lethe）。支着下巴、抄着手的是慵倦（Misoponia）。头戴花环、身洒香水的是享乐（Hedonia）。目光游移茫然的是痴呆（Anoia）。肉体丰腴的是懒惰（Tryphé）。在这些年轻女人中有两个女神，一个是欢悦女神，另一个是沉睡女神。"统治人的一切恶习是疯癫的绝对特权。但是，难道它不也间接地统治着人的一切美德吗？它不是统治着造就出明智的政治家的野心、造就出财富的贪婪、激励着哲人和学者的贸然好奇心吗？路易丝·拉贝仿效伊拉斯谟,让墨丘利[24](罗马传信和商业之神。——译注)恳求诸神:"不要让那个给你们带来如此之多欢乐的美貌女士遭到毁灭的厄运。"

然而,这个新王权同我们刚才所说的那种与这个世界的巨大悲剧性力量相通的黑暗统治,几乎毫无共同之处。

疯癫确实具有吸引力,但它并不蛊惑人。它统治着世上一切轻松愉快乃至轻浮的事情。正是疯癫、愚蠢使人变得"好动而欢乐",正如它曾使"保护神、美神、酒神、森林之神和文雅的花园护神"去寻欢作乐一样[25]。它的一切都显露在外表,毫无高深莫测之处。

毫无疑问,疯癫同获得知识的奇异途径有某种关系。布兰特的诗《愚人船》的第一章就是描写书籍和学者的。在1497年拉丁文版的该章插图中,坐在由书籍堆成的宝座上的大学教师,头戴一顶博士帽,而博士帽的背后却是一个缝着铃铛的愚人帽。伊拉斯谟在描写愚人舞时,让学者们占据了很大位置:在法律学者前面有文法学者、诗人、修辞学者、作家,在他们之后是"留着胡须身披斗篷的可尊敬的哲学家",最后是浩浩荡荡的神学家。然而,如果说知识在疯癫中占有重要位置,那么其原因不在于疯癫能够控制知识的奥秘;相反,疯癫是对某种杂乱无用的学问的惩罚。如果说疯癫是知识的真理,那么其原因在于知识是荒谬的,知识不去致力于经验这本大书,而是陷于旧纸堆和无益争论的迷津中。正是由于虚假的学问太多了,学问才变成了疯癫。

> 博学之士显声名,
> 仰顾先贤知天命,

> 不重典籍轻教义，
> 唯求自然之技能。[26]

从长期流行的讽刺主题可以看出，疯癫在这里是对知识及其盲目自大的一种喜剧式惩罚。

因此，就一般情况而言，疯癫不是与现实世界及其各种隐秘形式相联系，而是与人、与人的弱点、梦幻和错觉相联系。博斯在疯癫中所看到的任何模糊的宇宙现象，在伊拉斯谟那里都被消除了。疯癫不再在大地的角落伏击人类，而是巧妙地潜入人类。或者说，它是一种人类与自身所维持的微妙关系。在伊拉斯谟的作品中，疯癫以神话形式人格化。但这仅仅是一种文学手法。实际上，只存在着各种"愚蠢"——人的各种疯态："有多少人，我就能列举多少种形象"；人们只需扫一眼各个国家，包括治理得最好的国家："那里充斥着如此之多的疯态，每天都有许多新的疯态产生，即便有一千个德谟克利特（Democritus）[27]来嘲笑他们也忙不过来。"因此，没有抽象的疯癫只有存在于每个人身上的疯态。因为正是人在对自身的依恋中，通过自己的错觉而造成疯癫。自恋是愚蠢在其舞蹈中的第一个舞伴。其原因在于，它们具有一种特殊的关系：自恋是疯癫的第一个症状。其原因还在于，人依恋自身，以致以谬误为真理，以谎言为真实，以暴力和丑陋为正义和美。"这个人比猴子还丑陋，却自以为如海神般英俊；那个人用圆规画出三条线便自以为是欧几里德；第三个人自以为有美妙的歌喉，其实他在七弦琴前像个傻瓜，他的声音就像公鸡在啄母鸡。"在这种虚妄的自恋中，人产生了自己的疯癫幻象。这种疯癫象征从此成为一面镜子，它不反映任何现实，而是秘密地向自我观照的人提供自以为是的梦幻。疯癫所涉及的与其说是真理和现实世界，不如说是人和人所能感知的关于自身的所谓真理。

疯癫由此而进入一个完全的道德领域。邪恶不是惩罚或毁灭了，而仅仅是错误或缺点。布兰特的诗中有116段是描述愚人船上的乘客的，其中有守财奴、诽谤者、酒鬼，还有放荡不羁者、曲解《圣经》者、通奸者。该诗的拉丁文译者洛舍（Locher）在前言中说明这部作品的宗旨和意义。他认为，这首诗想告诉人们"可能有何种邪恶、何种美德、何种恶习；美德或错误会导致什么结果"；它同时根据每个人的恶行分别加以谴责，"不虔敬者、傲慢者、贪财者、奢侈者、放荡者、淫欲者、暴躁者、饕餮者、贪得无厌者、妒忌者、下毒者、离经叛道者"，……简言之，它谴责人所能做的一切不端行为。

在15世纪的文学和哲学领域里，疯癫经验一般都表现为道德讽喻的形式。萦绕着画家想像的、病态发作造成的那些重大威胁丝毫没有被提到。相反，强烈的痛苦被看作是对这种发作的阻遏；人们闭口不谈这类事情。伊拉斯谟让我们把视线避开这种精神错乱——"那是复仇女神使其从地狱中溜出来的，她们动辄便放出她们的毒蛇"；他要赞颂的不是这类精神错乱形态，而是使灵魂摆脱"痛苦的烦恼而重新耽于各种享乐"的"甜蜜幻觉"。这个安谧的世界很容易驾驭；它很乐于向聪明人展示自己的天真秘密，而后者却哈哈大笑，敬而远之。如果说博斯、勃鲁盖尔和丢勒都是极其入世的观察者，因而被周围熙熙攘攘的疯癫所困惑，那么伊拉斯谟则是从一个远距离的安全之处来观察疯癫：他是站在自己的奥林帕斯山上观察它。他之所以赞颂疯癫，是因为他能用众神的无法抑制的笑声来嘲笑它。须知，人的疯癫是一种神奇的景观；"其实，如果有人能像迈尼普斯（Menippus）[28]所设想的那样，从月亮上观察大地上的无穷骚动，那么他会认为自己看到一群蚊蝇在相互争斗、陷害、偷窃，在游戏、耍闹、跌落和死亡。他也就不会认真看待这些短命的蜉蝣所造成的麻烦和悲剧。"疯癫不再是人们所熟知的这个世界的异相；对于这个局外观察者来说，它完全是一个普通景观；它不再是一个宇宙的形象，而是一个时代的特征。

然而，一种新的工作正在兴起，它将用批判意识来废止这种悲剧性的疯癫经验。我们暂且把这种现象搁在一旁，而来看看在《唐吉诃德》、斯居代里（Scudéry）[29]的小说、《李尔王》[30]以及罗特鲁（Jean de Rotrou）[31]或特里斯丹隐士（Tristan l'Hermite）的剧本中的那些形象。

我们首先来看最重要的，也是最持久的——因为18世纪还在承认它那刚刚被抹掉的形态：浪漫化的疯癫。其特征是由塞万提斯（Cervantes）确定的。但是，该题材被人们不厌其烦地反复使用：直接的改编（布斯卡尔〔Guérin de Bouscal〕的《唐吉诃德》在1639年上演；两年后，他把《桑乔当政记》搬上舞台），片断的改写（皮绍〔Pichou〕的《卡德尼奥愚人记》是关于这位莫雷纳山的"衣衫褴褛的骑士"题材的花样翻新），或者以更间接的方式对幻想小说的讽刺（如萨布里尼〔Subligny〕的《虚伪的克莱莉娅》，以及在唐吉诃德的故事中关于阿尔维阿纳的茱丽叶的片断）。这些幻想是由作者传达给读者的，但是作者的奇想却变成了读者的幻觉。作者的花招被读者天真地当作现实图景而接受了。从表面上看，这不过是对幻想小说的简单批评，但是在这背后隐藏着一种巨大的不安。这是对艺术作品中的现实与想像的关系的忧虑，或许也是对想像力的创造与谵妄的迷乱之间以假当真的交流的忧虑。"我们把艺术的创造归因于发狂的想像;所谓画家、诗人和音乐家的'奇思怪想'不过是意指他们的疯癫的婉转说法。"〔32〕正是由于这种疯癫,另一种时代、另一种艺术、另一种道德的价值会引起质疑,但是,疯癫也反映出人类的各种想像,甚至最漫无边际的遐想。这些想像是模糊的、骚动的,却又在一种共同的妄想中奇怪地相互妥协。

在第一种疯癫形式之后接踵而来的是狂妄自大的疯癫。但是,这种疯人没有一种文学典型。他通过一种虚妄的自恋而与自身认同。虚妄的自恋使他将各种自己所缺少的品质、美德或权力赋予自己。他继承了伊拉斯谟作品中那个菲罗提亚(Philautia,自恋)。贫穷却自以为富有;丑陋却自我欣赏;戴着脚镣却自比作上帝。奥苏马大学那位自以为是海神的文学士便是这种人〔33〕。德马雷(Desmarets de Saint-Sorlin)〔34〕的《幻觉者》中的七个人物、西拉诺(Cyrano de Bergerac)的《假学究》中的夏多福,圣埃弗勒蒙(Saint-Evremond)〔35〕的《未来的政治家》中的里奇索斯等等的可笑命运都是如此。这个世界有多少种性格、野心和必然产生的幻觉,不可穷尽的疯癫就有多少种面孔。即便是其最极端的表现,它也是疯癫中最轻微的症状。这就是每个人在自己心中所维护的与自己的想像关系。它造成了人最常见的错误。批判这种自恋关系是一切道德批判的起点和归宿。

属于道德领域的还有寻求正义惩罚的疯癫。它在惩罚头脑混乱的同时还惩罚心灵混乱。但是它还具有其他力量:它所施加的惩罚会自动增强,因为它通过惩罚本身而揭示出真理。这种疯癫的正当性就在于它是真实的。之所以说它是真实的,原因在于受苦者已经在虚妄的幻觉旋涡中体验到,自己受到的惩罚将是永恒存在的痛苦。在高乃依(Corneille)〔36〕的《梅丽特》中,埃拉斯特认为自己早已受到复仇女神的追踪和米诺斯[37]的有罪宣判。之所以说它是真实的，还因为避开一切耳目的罪行从这种奇异的惩罚中暴露出来，正如白天从黑夜中破晓而出；疯癫用粗野不羁的言辞宣告了自身的意义；它通过自己的幻想说出自身的隐秘真理；它的呼喊表达了它的良心。例如，麦克白夫人[38]的呓语向那些"已经知道了不该知道的事情"的人，吐露了长期以来只对"不会说话的枕头"说的话。

最后一种疯癫是绝望情欲的疯癫。因爱得过度而失望的爱情，尤其是被死亡愚弄的爱情，别无出路，只有诉诸疯癫。只要有一个对象，疯狂的爱情就是爱而不是疯癫；而一旦徒有此爱，疯狂的爱情便在谵妄的虚空中追逐自身。让一种情欲受到如此激烈的惩罚是否太悲惨了？这是毫无疑问的。但是这种惩罚也是一种慰藉；它用想像的存在覆盖住无可弥补的缺憾；它用天真的快乐或无意义的勇敢追求反而弥补了已经消失的形态。如果它会导致死亡的话，那么正是在死亡中情侣将永不分离。奥菲莉娅的绝唱便是如此。《聪明误》（*La Folie du sage*）中的阿里斯特的呓语也是如此。《李尔王》痛苦而甜蜜的疯癫更是如此。

在莎士比亚的作品中，疯癫总是与死亡和谋杀为伍。在塞万提斯的作品中，想像者的意象是被狂妄自负支配着。二者是最卓越的典范，后来的仿效者往往都是东施效颦。无疑，二者与其说是表现了自己时代已经发展了的对无理性的某种批判性的和道义上的体验，毋宁说是表现了15世纪出现的悲剧性疯癫体验。他们超越了时空而与一种即将逝去的意义建立了联系，而那种联系将只会在黑暗中得到延存。但是，通过将他们的作品及其所表达的思想，与他们的同时代人和仿效者所展示的意义相比较，我们能够了解在17世纪初文学的疯癫经验中发生了什么变化。

在莎士比亚和塞万提斯的作品中,疯癫依然占据着一种极端的、孤立无援的位置。任何东西都不能使它回归真理或理性。它只能导致痛苦乃至死亡。疯癫虽然表现为一派胡言乱语,但它并不是虚荣自负;填充着它的是空虚感,是麦克白夫人的医生所说的"超出我的医术的疾病";它已经是完全的死亡;这样的疯癫不需要医生,而只需要上帝赐福。奥菲莉娅最后重新尝到了欣喜的甜蜜,这就使她忘却一切不幸;她在疯癫时唱的歌,在实质上近似于麦克白城堡的通道中传出的"妇人的呼喊"——宣告"王后死了"。诚然,唐吉诃德是死在一片安谧之中。他临终时已回归理性和真理。这位骑士突然意识到了自己的疯癫,在他眼中,疯癫表现为愚蠢。但是,这种对自己愚蠢的突如其来的认识难道不是"一种刚刚进入他脑际的新疯癫"吗?这种双关状态可以无限地循环往复,最终只能由死亡来解决。疯癫的消散只能意味着最后结局的来临;"甚至人们借以发现这个病人垂死的症状之一,便是他那么轻易地恢复理智,不再疯癫"。但是,死亡本身并不能带来和平;生命的结束使生命摆脱了疯癫,但是疯癫仍将超越死亡而取得胜利。这是一个令人啼笑皆非的永恒真理。颇具讽刺意味的是,唐吉诃德一生疯癫,并因疯癫而流芳百世;而且疯癫还使死亡成为不朽:"在此安眠的是一位著名骑士,其英勇无畏,虽死犹生。"

然而,疯癫很快就告别了塞万提斯和莎士比亚给它安排的这些终极地位。而且,在17世纪早期的文学中,它受到优遇而占据了一个中心位置。这样它便构成了情节纠葛而不是结局,构成了剧情的转折而不是最后的解脱。由于在叙事和戏剧结构中的位置发生变化,它便认可了真理的显示和理性的复归。

于是，人们不再考虑疯癫的悲剧现实和使疯癫通向彼岸世界的绝对痛苦，而仅仅嘲弄其幻觉。这不是一种真正的惩罚，而只是一种惩罚的意象，因此只是一种虚张声势；它只能与某种罪行表象或死亡错觉相联系。在特里斯丹隐士的《聪明误》中，阿里斯特得知女儿的死讯而变得疯癫，但他的女儿其实并没有死。在《梅丽特》中，埃拉斯特觉得自己因双重罪行而受到复仇女神的追踪并被拖到米诺斯面前，这种罪行是他可能犯下的或可能想犯下的，但实际上这种罪行并没有真正导致任何人的死亡。疯癫失去了令人瞩目的严重性；它只是因错误而受到的惩罚或引起的绝望。只有在我们关注一个虚构的戏剧时，疯癫才具有令人瞩目的功能。而在这种虚构的形式中，只有想像的错误、虚假的谋杀、短暂的失踪。

然而，疯癫并不因丧失其严重性而改变其本质，反而变得更加强烈，因为它使幻觉登峰造极，从而使幻觉不成其为幻觉。剧中人物在疯癫时被自己的错误包裹起来，此时他开始不自觉地解开这个错误之网。他谴责自己，并情不自禁地说出真理。譬如，在《梅丽特》中，男主人公使用各种手段欺骗别人，到头来搬起石头砸了自己的脚。他成了第一个牺牲品，认为自己对对手和女儿的死亡负有罪责，在谵妄状态中责备自己编造了一系列情书。于是，由于疯癫而使真相大白。疯癫是因对某种结局的幻觉引起的，但在实际上解开了真正的情节纠葛。它既是这一纠葛的原因，又是其结果。换言之，疯癫是对某种虚假结果的虚假惩罚，但它揭示了真正的问题所在，从而使问题能真正得到解决。它用错误来掩护真理的秘密活动。《疯人院》的作者正是利用了疯癫的这种既暧昧又关键的功能。他描述一对情侣的故事。这两个人为了逃避人们的追寻而装疯弄傻，躲在疯人中间。少女在假装痴呆之后装扮成男孩,但又假装相信自己是个女孩——其实她本来就是个女孩。通过这两种假装的相互抵销,她说出了最终会取得胜利的真相。

疯癫是最纯粹、最完整的错觉(张冠李戴、指鹿为马)形式。它视谬误为真理,视死亡为生存,视男人为女人,视情人为复仇女神,视殉难者为米诺斯。但是,它也是戏剧安排中最必要的错觉形式。因为无需任何外部因素便可获得某种真正的解决,而只需将其错觉推至真理。因此,它处于戏剧结构的中心。它既是一个孕育着某种秘密"转折"的虚假结局,又是走向最终复归理性和真理的第一步。它既是表面上各种人物的悲剧命运的会聚点,又是实际上导致最终大团圆的起点。透过疯癫建立起一种平衡,但是疯癫用错觉的迷雾、虚假的混乱掩盖了这种平衡;这种构造的严整性被精心安排的杂乱无章的外表所隐匿。生活中的突发事件,偶然的姿态和语言,疾风骤雨般的疯癫(这种疯癫顿时使情节逆转,使人们震惊,使帷幕皱乱——只要将幕绳拉紧一点)这就是典型的巴罗克式的把戏。疯癫是前古典文学的悲喜剧结构中的重要把戏。

斯居代里懂得这种把戏。他使自己的《喜剧演员的喜剧》成为一出戏中戏。从一开始,他就用相互呼应的疯癫错觉来展开剧情。一组演员扮演观众,另一组演员扮演演员。前者必须假装认为舞台就是现实,表演就是生活,而实际上他们是在一个舞台上表演。后者必须装作在演戏,而实际上他们就是在演戏的演员。这是一种双重表演,其中每个因素都是双重的。这样就形成了现实与幻觉之间的再次交流,而幻觉本身就是疯癫的戏剧意义。在斯居代里这个戏的序幕中,蒙多利(Mondory)说:"我不知道我的伙伴们为何会如此放纵,但是我不得不承认有某种魔力使他们丧失了理智。糟糕的是，他们也在设法让我和你们都丧失理智。他们想让我相信我不是站在舞台上，让我相信，这里就是里昂，那边有一个小旅馆，那个旅馆院子里的演员与我们不同，他们是演员，在表演一出田园戏。"这出戏用这种大胆的形式展示了它的真相，即它是幻觉，严格地说，它是疯癫。

　　古典的疯癫经验诞生了。15世纪出现的那种重大威胁消退了。博斯绘画中那些令人不安的力量失去了昔日的威风。那些形式依然保留着，但是现在变得明晰而温和，成为理性的随从和必不可免的仪仗队。疯癫不再是处于世界边缘，人和死亡边缘的末日审判时的形象；疯癫的目光所凝视的黑暗、产生出不可思议形状的黑暗已经消散。愚人船上心甘情愿的奴隶所航行的世界被人遗忘了。疯癫不再凭借奇异的航行从此岸世界的某一点驶向彼岸世界的另一点。它不再是那种捉摸不定的和绝对的界限。注意，它现在停泊下来，牢牢地停在人世间。它留驻了。没有船了，有的是医院。

　　疯人船的时代刚刚过去一个世纪，"疯人院"的题材便出现了。在疯人院里，所有按照人类的真正理性标准属于头脑空空的人都说着智慧的双关语，发表自相矛盾的、具有反讽意味的言论："……在收容不可救药的疯人的医院里，男男女女的疯傻痴呆应有尽有。记录这些疯态不仅有趣而且有意义，这是探索真正智慧的一项必要工作。"[39]在这里，每一种疯态都找到自己适当的位置、自己的特殊标记和自己的保护神。狂躁症的象征是一个跨骑椅子的傻子，它在密涅瓦[40]的注视下猛烈挣扎。抑郁症的象征是乡间孤独而饥渴的狼，其保护神是朱庇特——动物变形的保护神。接着排下来的是"酒癫"、"丧失记忆和理解力的疯人"、

"昏迷不醒的疯人"、"轻佻呆傻的疯人"……。这个无序的世界却在一个完美的秩序中发布了一篇《理智颂》。在这种"医院"里，"禁闭"取代了"航行"。

被驯化的疯癫依然保留了其统治的全部表象。现在它参与对理性的评估和对真理的探索。它在事物的表面，在光天化日之下，通过一切表象的运作，通过现实与幻觉的混淆，通过那整个模糊不清的网——总在编织又总被打破的、既将真理和表象统一起来又将它们分开的网——发生作用。它既遮遮掩掩又锋芒毕露，既说真话又讲谎言，既是光明又是阴影。它闪烁诱人。这个宽容的中心形象，在这个巴罗克时代早已是不稳定的了。

如果我们经常会在小说和戏剧中见到它，那是不足为奇的。同样，如果我们发现它在大街小巷中游荡，也无须惊讶。科莱特（François Colletet）无数次地在街上见到它：

在这条大道上，我看见
一群孩子尾随着一个白痴。
……想想看，这个可怜虫，
这个疯癫的傻瓜，他带着那么多的破烂能有什么用？
我常常见到这种疯人
在大街小巷中高声叫骂……

疯癫是社会画面上一个司空见惯的身影。从旧式的疯人团体中，从他们的节日、聚会和言谈中，人们领略到一种新鲜活泼的愉悦。儒贝尔（Nicolas Joubert），更为人知的名字是昂古莱万（Angoulevent），自称"愚人王"。这是瓦伦梯"伯爵"（Valenti le Comte）和雷诺（Jacques Resneau）所争夺的头衔。

儒贝尔的拥护者和反对者激烈交锋，于是出现了各种传单，一场讼诉和唇枪舌剑的辩论。他的律师证明他是"一个无知的傻瓜、一个空葫芦、一根木棍、一个大脑不完整的人，他的脑子里既无发条也无齿轮"。阿尔贝尔的布鲁埃（Bluet d'Arbéres）自称"应允伯爵"。他受到克雷基（Créquis）、莱迪基耶尔（Lesdiguières）、布永（Bouillons）及内穆尔（Nemours）等贵族家族的保护。1602年，他发表了（或者说有人替他发表了）自己的著作。他在书中告诉读者："他不识字，因为从未学习过"，但是"上帝和天使赐予他灵感"。雷尼耶（Régnier）[41]的第6首讽刺诗提到的杜普伊（Pierre Dupuis），按照布拉坎比尔（Brascambille）的说法，是一个"身着长袍的头号傻瓜"。他在《关于吉约姆先生苏醒的告诫》中宣称他有一个"能驰骋到月亮的头脑"。在雷尼耶的第14首讽刺诗中还出现了许多此类人物。

从任何意义上看，这个世界在17世纪初对疯癫是特别友善的。疯癫在人世中是一个令人啼笑皆非的符号，它使现实和幻想之间的标志错位，使巨大的悲剧性威胁仅成为记忆。它是一种被骚扰多于骚扰的生活，是一种荒诞的社会骚动，是理性的流动。

然而，新的要求正在产生：

> 我千百次地举起灯笼，
> 寻觅，在那正午时分……[42]

注　释

〔1〕 参见勒贝夫（J. Lebeuf）《巴黎城及其教区史》（*Histoire de la ville et de tout le diocèse de Paris*）（巴黎，1754～1758）。

〔2〕 圣文森（1581～1660），又译为"味增爵"，法国人，天主教辣匝禄会

〔3〕 麦笛锡（1573～1642），法国国王亨利四世的王后，1610～1617年摄政。——译者注
〔4〕 勃鲁盖尔（1525～1569），佛兰德斯画家。——译者注
〔5〕 卡尔瓦里是耶稣被钉死在十字架的地方。——译者注
〔6〕 醉舟是19世纪法国著名诗人兰波创造的一个文学意象。——译者注
〔7〕 亚尔古英雄是希腊神话中随伊阿宋到海外觅取金羊毛的英雄。——译者注
〔8〕 布兰特（1458？～1521），德国讽刺诗人。《愚人船》是其最有名的寓言。——译者注
〔9〕 特里斯丹和伊瑟是一个著名的中世纪爱情传说中的两个主要人物。——译者注
〔10〕《特里斯丹与伊瑟》（*Tristan et Iseut*），Bossuat版，第219～222页。
〔11〕 朗克尔（Pierre de Lancre），《魔鬼背信弃义录》（*Tableau de l'inconstance des mauvais anges*）（巴黎，1612年版）。
〔12〕 奥菲莉娅是莎士比亚名剧《哈姆雷特》中的女主人公。因父亲被哈姆雷特杀死而发疯，死于水边。——译者注
〔13〕 罗蕾莱是德国19世纪浪漫派作家海涅等人描绘的莱茵河上的女妖。——译者注
〔14〕 海因洛特（1773～1843），德国医生、生理学家和心理学家。——译者注
〔15〕 傻剧是法国14~16世纪的一种讽刺滑稽剧。——译者注
〔16〕 伊拉斯谟（约1466～1536），荷兰学者。——译者注
〔17〕 就此而言，疯癫的经历显示出与麻疯病的经历完全一脉相承。排斥麻疯病人的习俗表明，麻疯病人虽然是活生生的人，但却是一种已经死亡的状态。
〔18〕 埃米尔·马尔（1862～1954），法国艺术史学者。——译者注
〔19〕 铁匠突巴，是《圣经》中的传说人物，又名突巴该隐，为铁匠的祖师，见《创世纪》第4章。——译者注
〔20〕 布茨，15世纪尼德兰画家；洛赫纳（约1400～1451），德国科隆画派的代表。——译者注
〔21〕 格吕内瓦尔德（约1455～1528），德国画家。——译者注
〔22〕 丢勒（1471～1528），文艺复兴时期德国最重要的画家，具有多方面

才能。——译者注
〔23〕 于格（1096～1141），法国经院神学家，后定居于圣维克托隐修院。——译者注
〔24〕 Mercury，是罗马传信和商业之神。——译者注
〔25〕 拉贝（Louise Labé）《愚蠢与爱情的辩论》（*Débat de folie et d'amour*）（里昂，1566），98 页。
〔26〕 布兰特（Sebastian Brant）《愚人船》（*Stultifera navis*），1497 年拉丁文版，第 11 页。
〔27〕 德谟克利特（约西元前 460—约前 370），希腊哲学家。——译者注
〔28〕 迈尼普斯，古希腊哲学家，生卒年月不详。创作时期在西元前 3 世纪。——译者注
〔29〕 斯居代里（1601～1667），法国剧作家。——译者注
〔30〕 《李尔王》（*King Lear*），莎士比亚的悲剧。——译者注
〔31〕 罗特鲁（1609～1650），法国剧作家。——译者注
〔32〕 圣埃弗勒蒙（Saint-Évremond）《未来的政治家》（*Sir Politik would be*）第 5 幕，第 2 场。
〔33〕 塞万提斯《唐吉诃德》第 2 部，第 1 章。
〔34〕 德马雷（1595～1676），法国作家，法兰西学院首任院长。——译者注
〔35〕 圣埃弗勒蒙（1613/1614～1703），法国作家。——译者注
〔36〕 高乃依（1606～1684），法国古典主义戏剧大师。——译者注
〔37〕 米诺斯是希腊神话中冥界法官。——译者注
〔38〕 麦克白夫人是莎士比亚戏剧《麦克白》中的女主人公。——译者注
〔39〕 加佐尼（T. Gazoni）《瘸疾病院》（*L'Ospedale de passi incurabili*），（费拉拉版，1586）。参见贝伊（Charles de Beys）《疯人院》（*L'Ospital des fous*）（1635）。
〔40〕 密涅瓦，罗马智慧女神。——译者注
〔41〕 雷尼耶（1573～1613），法国讽刺诗人。——译者注
〔42〕 雷尼耶（Mathurin Régnier）《讽刺诗》第 14 卷（*Satire* XIV）第 7～10 行。

第二章　大禁闭

勉强他们进来。[1]

　　文艺复兴使疯癫得以自由地呼喊，但驯化了其暴烈性质。古典时代旋即用一个奇特的强力行动使疯癫归于沉寂。

　　众所周知，在17世纪产生了大型的禁闭所。但鲜为人知的是，几个月内在巴黎城中每一百人中至少有一人被禁闭在那里。众所周知，绝对专制主义王权曾使用"密札"和专横的囚禁手段。但鲜为人知的是，人们的司法意识会鼓励这种做法。自皮内尔、图克[2]、瓦格尼茨以来，我们已经知道，在一个半世纪中疯人受制于这种禁闭制度，他们早晚会被囚入总医院的病室或监狱的牢房，会被混杂在劳动院或教养院的人群中。但是很少有人清楚地知道，他们在那里的处境如何？为穷人、失业者、囚犯和疯人指定同样的归宿，其含义何在？正是在禁闭所的围墙里，皮内尔和19世纪的精神病学将会光顾疯人；而且让我们记住，正是在这些地方，它（他）们又遗弃了疯人，同时却自吹"解救"了疯人。从17世纪中期开始，疯癫就同这个禁闭的国度联系起来，同那种指定禁闭为疯癫的自然归宿的行为联系起来。

1656年这个日期可以作为一个历史标志。在这一年颁布了在巴黎建立总医院的敕令。乍一看，这仅仅是一项改革——不过是一项行政管理方面的整顿。若干早已存在的机构被置于统一管理之下，其中包括先王在世时被改建为武器库的萨尔佩特利耶尔，路易十三曾打算拨给圣路易骑士团作伤员疗养所的比塞特尔，"较大的皮梯耶医院和较小的位于圣维克托郊区的收容院、西皮昂医院、萨翁涅利医院，以及它们的全部土地、花园、房屋和建筑。"[3]所有这些地方都被用于收容巴黎的穷人，"不论其性别、年龄、籍贯……出身，不论其身体状况，即不论健壮或伤残、患病或正在康复、病情能否医治。"这些机构必须接纳自愿来的或被政府和司法机构送来的人，为他们提供食宿，还必须保证维持那些无处安排但符合收留标准的人的最低生活、整洁外表和基本健康。这种责任委托给终身监理。他们不仅在医院里，而且在巴黎全城对那些属于他们管辖的人行使权力："他们对总医院内外的巴黎所有穷人行使全权，包括命令、管理、商业、治安、司法和惩治的权力。"监理们还任命一位年薪一千锂的医生。他住在皮梯耶，但每星期巡视各分院两次。

有一点从一开始就很清楚：总医院不是一个医疗机构。可以说，它是一个半司法机构，一个独立的行政机构。它拥有合法的权力，能够在法院之外裁决、审判和执行。"在总医院及其附属机构里，监理们应掌握着许多必要的、足以达到目标的示众柱、镣铐、监狱和地牢。在他们制定的医院条例中不允许上诉。而且因为这些条例是来自外界对医院的干预，因此在按照这些条例的形式和精神严格执行条例时不管是否遭到反对或是否有人上诉。为了维持这些条例,绝不允许破例,任何司法辩护和起诉都无济于事。"[4]一个准绝对专制主义的权力,剥夺上诉权的司法权力,一个无法抗拒的行政命令,总之总医院是国王在警察和法院之间、在法律的边缘建立的一种奇特权力,是第三种压迫秩序。皮内尔将在比塞特尔和萨尔佩特利耶尔看到的精神病人就属于这个世界。

就其功能或目标而言,总医院与医疗毫无关系。它是该时期法国正在形成的君主制和资产阶级联合的秩序的一个实例。它与王权有直接联系。正是王权将它完全置于市政权力之下。王国大赈济院在过去的救济活动中起了教会的和精神的调解作用。此时,它突然被取消了。国王宣布:"我们决定成为总医院的庇护者。该医院是王室机构。它在各方面均不依赖大赈济院,也不依赖任何高级官员。它完全不受总改革机构的官员和大赈济院官员的指挥、巡视和管辖。其他人也不得以任何方式对它进行调查和管辖。"这个方案是由巴黎高等法院提出的。最初任命的两名行政长官是高等法院院长和首席检查官。但很快又增补了巴黎大主教、救助法院院长、警察总监和商人总监。从此,"大委员会"只起审议作用。实际的管理和责任则委托给选雇的代理人。他们是实际的统治者,是王权和资产阶级财富派到这个贫困世界的代表。法国大革命能够对此作证:"他们是从资产阶级最好的家庭中挑选出来的……因此他们把公正的观念和纯洁的意图注入他们的管理。"[5]

这种结构专属于法国的君主制和资产阶级联合的秩序,与其各种绝对专制主义组织形式同时并举,因此很快便扩展到全国。1676 年 6 月 16 日的国王敕令,要求"在王国的每个城市"都建立"一个总医院"。有些地方,地方当局早已这样做了。

里昂的资产阶级早在 1612 年就建立了一个功能相似的慈善机构。图尔的大主教于 1676 年 7 月 10 日自豪地宣布,他的"城市有幸早已预见到国王的虔敬意图,甚至先于巴黎建立了一所名为慈善院的总医院,其制度已成为王国内外随后建立的一切慈善院的样板。"图尔的慈善院实际上是在 1656 年建立的,国王曾捐助了四千锂的收入。法国各地都开设了总医院。到法国大革命前夕,32 个外省城市建立了这种医院。

虽然由于王权和资产阶级的合谋,教会被有意地排斥在总医院的组织之外,但是教会对这场运动并未袖手旁观。它改革了自己的医院机构,重新分配了自己的基金,甚至创建了其宗旨与总医院极其相似的组织。圣文森改造了原巴黎最重要的麻疯病院——圣拉扎尔病院。1632 年 1 月 7 日,他以遣使会的名义与圣拉扎尔"修道院"签订合同,从此后者要接收"根据国王命令拘留的人"。虔诚信徒会在法国北部开设了这种医院。1602 年出现在法国的圣约翰兄弟会首先在圣日耳曼区建立了巴黎慈善院,后在 1645 年 5 月 10 日迁到沙朗通。他们还掌管着距巴黎不远的桑利慈善院。该院是于 1670 年 10 月 27 日开设的。几年前,布永公爵夫人把位于梯耶里堡的玛拉德列利领地的建筑和土地捐赠给他们——这块领地是 14 世纪由香槟的蒂鲍创建的。他们管理着圣永、彭托松、卡迪亚和罗曼等慈善院。1699 年,遣使会会士在马赛建立了一个机构,后变为圣彼埃尔医院。18 世纪,先后出现了阿门梯耶尔(1712 年)、马莱维尔(1714 年)、康城的真救主(1735 年)等慈善院。法国大革命前不久(1780 年),在雷纳开设了圣梅因慈善院。

这种现象在欧洲具有普遍性。绝对君主制的形成和反宗教改革时期天主教会的强烈复兴,在法国产生了一种十分独特的性质，即政府和教会既竞争又勾结。在其他地方，这种现象则具有迥然不同的形态，但在时间的定位是完全明确的。这种大医院，禁闭所，宗教的和公共团体的机构，救助和惩罚的机构，政府的慈善和福利机构是古典时期的一种现象：不仅这种机构是普遍的，而且其诞生也与古典时期几乎是同时的。在德语国家，是以教养院（*Zuchthäusern*）的创建为其标志的。第一个教养院是于1620年前后在汉堡开设的，先于法国的禁闭所（除了里昂的慈善院）。其他的是在该世纪下半叶开设的：巴塞尔（1667年）、布雷斯劳[6]（1668年）、法兰克福（1684年）、施潘道（1684年）、科尼斯堡（1691年）。在18世纪，这种教养院成倍增加。莱比锡的第一所教养院是在1701年开设的。哈雷和卡塞尔分别于1717年和1720年，布里格和奥斯纳布吕克于1756年，托尔高于1771年都先后开设教养院。

在英国，禁闭的起源更早。1575年一项关于"惩治流浪汉和救济穷人"的法令就规定，每个郡至少建立一所教养院。为维持它们就需要增加一种税，但也鼓励公众自愿捐款。但是，看来这种措施很难付诸实践，因为几年后便决定认可私人兴办这种事业，无须官方批准便可开办医院或教养院，谁有兴趣谁就可以干。17世纪初，曾进行一次普遍的整顿：凡未在自己辖区建立教养院的治安官均课以5英镑罚款；教养院应组织劳动，设置工场、加工厂（磨面、纺织），以利于维持自身，并使被收容者从事劳动；由一名法官负责决定何人应该送入教养院。这些"感化院"没有得到很大的发展；它们往往被自己所依附的监狱合并。而且这种措施也从未扩展到苏格兰。另一方面，劳动院则获得更大的成功。它们产生于17世纪下半叶。1670年的一项法令规定了它们的地位，任命了司法官员监督用于维持它们的税收和财政开支，并将监督其管理的最高权力委托给一名治安官。1697年，布里斯托尔的几个教区联合建立了英国第一所劳动院，并指派了管理机构。第二所劳动院是1703年在伍斯特建立的。第三所是同年在都柏林建立的。其后，在普利茅斯、诺里奇、赫尔和埃克塞特也相继设立了劳动院。到18世纪末，共有126个劳动院。1792年的吉尔伯特法令使教区更容易建立新的劳动院；同时，治安官的管理权也得到加强；为防止劳动院变成医院，该法令建议将所有的传染病患者迁出劳动院。

经过若干年的时间，一个完整的网络遍布了欧洲。18世纪末，霍华德（John Howard）[7]进行了调查。他遍访英国、荷兰、德国、法国、意大利和西班牙的各主要监禁中心——"医院、拘留所、监狱"。他的博爱之心受到极大冲击，因为他看到，违反习惯法者、家庭浪子、无业游民和精神病人都被囚禁在同一大墙之中。有证据表明，曾经导致我们称之为禁闭的古典秩序范畴急迅地、自发地在全欧变成现实的某种意义，甚至早在此时就已经不存在了。在150年间，禁闭已成为各种滥用权力因素的大杂烩。但是，在其起源之初，应该有使禁闭成为必要的某种统一因素；从古典时期到由古典时期所引出的多种禁闭方式，应该有某种一以贯之的原则，而对这种原则我们不能用"（法国）大革命前的丑恶感情"来敷衍塞责。那么，这一批人在一夜之间就被关押起来，受到比麻疯病人更严厉的排斥，这一事实究竟意味着什么？我们不应忘记，巴黎总医院自建立之日起几年之内就收容了六千人，约为巴黎人口的百分之一。无疑，随着时光流转，肯定会悄悄地形成某种贯穿欧洲文化的社会情感，这种情感在17世纪下半叶突然开始表现出来，而且正是这种情感突然将这类注定要住进禁闭所的人分离出来。

为了让早已被麻疯病人遗弃的领域有人居住,他们选定了一批在我们看来其构成奇特的人。但是,那种在今天看来完全是一种混淆不清的情感,对于古典时期的人来说则是一种清晰表达的感受。我们应该研究的正是这种感受,这样才能揭示在我们习惯上所说的理性支配的时代中人们对待疯癫的情感。通过划定禁闭场所,从而赋予其隔离权力,并为疯癫提供一个新的归宿——这样一种行动,虽然可能是一贯的和协调一致的,但并不简单。这种行动在权威主义的强制形式内把对待贫困和救助责任的新感情,对待失业和游手好闲等经济问题的新态度、新的工作伦理以及对一种将道德义务纳入民法的城市的憧憬组成一个复合体。这些情感观念都是在实行禁闭的城市的建设和组织时期出现的,虽然当时还比较模糊。正是它们赋予这种习俗以某种意义,而且在某种程度上促成了古典时期感受和体验疯癫的方式。

禁闭这种大规模的、贯穿17世纪欧洲的现象,是一种"治安"手段。按照古典时期的严格定义,所谓治安就是使所有那些没有工作就无以生存的人能够和必须工作的手段的总和;伏尔泰(Voltaire)[8]将要明确提出的问题,早已被科尔伯(Colbert)[9]的同时代人提出来了:"既然你们已经将自己确定为一个民族,难道你们还没有发现迫使所有的富人为所有的穷人安排工作的秘密吗?难道你们还不知道这些首要的治安原则吗?"

在人们赋予禁闭以医疗意义以前,或者说,至少在人们以为它具有这种意义以前,之所以需要禁闭,不是出于治疗病人的考虑,而是出于完全不同的考虑。使禁闭成为必要的是一种绝对的劳动要求。在我们的博爱主义想辨认出某种救死扶伤的慈善印记的地方，只存在对游手好闲的谴责。

　　让我们回顾"禁闭"的最初时期。1656年4月27日国王敕令导致总医院的创立。从一开始，该机构为自己规定的任务就是制止"成为一切混乱根源的行乞和游手好闲"。实际上，这是自文艺复兴以来为消灭失业、至少消灭行乞而采取的各种重大措施中的最后一着[10]。1532年，巴黎高等法院决定搜捕乞丐，强迫他们在城市的下水道干活。干活时，俩俩铐在一起。形势很快就发展到极其严重的程度：1534年3月23日的一道命令要求"贫困的学者和其他贫民"必须离开该市，并禁止"在街上对着圣像唱赞美诗"。宗教战争使这种可疑的人群成倍增长，其中包括被逐出家园的农民、遣散的士兵或逃兵、失业工人、穷苦学生以及病人。当亨利四世（Henri Ⅳ）开始围困巴黎时，该城居民不到十万人，其中三万多是乞丐。17世纪初开始出现经济复兴。当时决定用强制手段来重新安置社会上漂泊不定的失业者。在1606年最高法院的一项法令中，命令在广场上鞭打乞丐，在胳膊上打上烙印，剪掉头发，然后将其逐出该城。为防止他们倒流，1607年的法令规定，在该城各城关设立弓箭手队，禁止贫民入城。由于发生了三十年战争（1618～1648年），经济复兴的成效都丧失了，行乞和游手好闲问题重新出现。直至该世纪中期，由于捐税不断增加，生产受到阻滞，失业愈益严重。在这个时期，巴黎、里昂和鲁昂分别于1621年、1652年和1639年爆发起义。与此同时，由于出现新的经济结构，原有的劳工社会瓦解了；随着大工场的发展，行会的权力和权利日益丧失，"总法规"禁止一切工人集会、同盟和"协会"。但是，在许多行业里，行会还是重新组建起来。它们受到起诉，但各地的最高法院似乎不以为然。诺曼底的最高法院就拒绝审判鲁昂的暴动者。无疑，这就是为什么教会出面干涉和指控工人举行秘密巫术集会的缘故。索邦神学院[11]于1655年颁布一项命令，宣布所有参加这类邪恶团体的人均犯有"渎圣罪和永罚罪"。

在严厉的教会与宽容的高等法院之间的无声较量中，总医院的创立当然是高等法院的一个胜利，至少在开始时是这样。无论如何，这是一个新的解决办法。纯粹消极的排斥手段第一次被禁闭手段所取代；失业者不再被驱逐、被惩办；有人对他们负起责任了，国家承担了负担，但他们以付出个人自由为代价。在他们和社会之间建立起一种不言自明的义务体系：他们有被赡养的权利，但是他们必须接受禁闭对肉体和道德的束缚。

1657年[12]的敕令所针对的正是这样一大批不加区别的人：一群没有生活来源、没有社会归宿的人，一个被新的经济发展所排斥而漂泊不定的阶层。该法令在签发后不到两个星期便在各街巷宣读。其中第九条规定："我们明确禁止一切人（不论其性别、年龄、籍贯、出身，不论其身体状况，即不论健壮或伤残、患病或正在康复、病情能否医治）在巴黎市区或郊区行乞。无论在教堂内外或居民门前、在街上或其他任何地方，无论是公开的还是秘密的，无论在白天还是黑夜，行乞均受禁止。……初犯者处以鞭刑，再犯者男性处以划船苦役，女性予以驱逐。"一年后，在1657年5月13日（星期日），皮梯耶的圣路易教堂举行圣灵大弥撒。翌日上午，民兵开始搜捕乞丐，把他们赶进总医院各机构。在关于大恐怖的神话中，民兵被描绘成"总医院的弓箭手"。四年后，萨尔佩特利耶尔收容着1460名妇孺；皮梯耶收容着7—17岁的男孩98人、女孩

897人以及95名妇女；比塞特尔收容着1615名成年男子；萨翁涅利收容着8—13岁的男孩305人；西比昂收容着530名孕妇、哺乳期妇女及婴儿。最初，有配偶者即使有困难也不准许被收容。管理部门受命向他们提供救济，让他们留在家中。但是，不久，根据马扎然（Mazarin）[13]的特许令，他们可以住进萨尔佩特利耶尔了。总计起来，共有五千到六千人被收容。

在全欧洲，至少在最初，禁闭都有相同的意义。它是应付17世纪波及整个西方世界的经济危机所采取的措施中的一项。这场危机导致了工资锐减、失业、通货紧缺。这些现象的同时发生很可能是西班牙的一次经济危机造成的。甚至在西欧国家中最为疏远的英国也面临着同样的问题。尽管采取了各种措施来避免失业和减薪，贫困依然在英国蔓延。1622年出现了一个题为《为穷人而悲鸣》的小册子。据认为，它出自德克（Thomas Dekker）[14]之手。书中强调上述危险，指责公众的漠视态度："尽管穷人的数量日渐增多，但各方面还在给他们雪上加霜；……许多教区开始关注自己教区的穷人，甚至包括那些强壮的劳力，因为他们将失去工作，……将为了生存而去行乞、偷窃。这个国家正不幸地受到他们的骚扰。"该文担心他们将充斥整个国家，因为他们不能像在欧洲大陆上那样穿越国境进入其他国家。因此该文建议将他们"驱逐和运往纽芬兰以及东、西印度群岛"。1630年，英国国王设立了一个委员会，负责严格执行"贫民法"。同年，该委员会发布了一系列"命令和指示"。它建议起诉乞丐、流浪汉以及一切以游手好闲为生而不为合理的工资工作的人、在小酒馆中胡乱度日的人，依法惩治他们，将他们投入教养院。它要求调查那些携妇挈幼者，查清他们是否举行过婚礼，其子女是否受过洗礼，"因为这些人像野蛮人那样生活，不履行婚礼、葬礼和洗礼。正是这种放肆的自由使许多人乐于流浪。"尽管在该世纪中期英国的经济已开始复苏，但是在克伦威尔（Cromwell）[15]时代问题仍没有解决。伦敦市长抱怨说："这些寄生虫成群结伙地出现在这个城市中，骚扰公共秩序、袭击马车、在教堂和私人住宅门前大喊大叫，要求施舍。"

在很长一段时间里，教养院或总医院都被用于收容失业者、懒汉和流民。每当危机发生、贫民数量激增时，这些禁闭所都至少暂时地重新具有最初的经济意义。在18世纪中期，又发生了一次大危机。当时鲁昂和图尔各有一万二千名工人靠行乞为生。里昂的制造业纷纷倒闭。"统领巴黎省和骑警队的"阿尔让松伯爵（Count d'Argenson）下令"逮捕王国内的所有乞丐；在巴黎进行搜捕的同时，骑警队在农村执行这一任务，以使他们陷入天罗地网，绝无返回巴黎的可能。"

然而，在这些危机之外的时期，禁闭获得另外一种意义。它的压迫功能与一种新的用途结合起来。其功能不再仅仅是禁闭不工作的人，而且还包括给被禁闭者提供工作，使他们对民族繁荣做些贡献。这种周期变化是很明显的：在就业充分和工资高涨时期，它提供了廉价劳动力；在失业严重时期，它收容了游手好闲者，发挥了防范骚乱和起义的社会保护作用。我们不应忘记，英国的第一批禁闭所出现在最工业化的地区：伍斯特、诺里奇和布里斯托尔；法国的第一个总医院是在里昂开设的，早于巴黎总医院四十年；汉堡是德国第一个设立了自己的 *Zuchthaus*（监狱）的城市（1620年）。汉堡监狱于1622年颁布的规章是相当严格的。所有的囚徒都必须工作。对他们的工作价值有精确的记录，按其价值的四分之一给他们付酬。因为工作不仅仅是一种消磨时间的手段，所以它必须是一项生产活动。监狱的八名监理制定一个总计划。工头为每个人分派一项工作，并在周末检查完成情况。这种劳动规章直到18世纪末一直生效，因为霍华德依然看到他们"在编织和纺织，在织袜子、亚麻布、粗毛物和呢绒，在切洋苏木和鹿茸。每个壮汉每日切碎洋苏木的定额是45磅。一些人和马围着一架漂洗机干活。那里还有一个铁匠在不停地干活。"德国的各禁闭所都有各自的专业：不来梅、不伦瑞克、慕尼黑、布雷斯劳和柏林的禁闭所以纺纱为主，汉诺威的禁闭所以织布为主。在不来梅和汉堡，囚徒切碎洋苏木。在纽伦堡，囚徒打磨光学玻璃。在梅因兹，主要工作是磨面。

英国的第一批教养院是在一次全面经济衰退时期开设的。1610年的法令仅建议所有的教养院应附设磨坊和织布、梳毛工作间，以使这些吃救济的人有事可做。但是在1651年以后，因航海条例的实行和商业贴现率的下降，经济形势恢复正常，原来的道德要求就变为经济策略。所有的强壮劳力都被用于实现最大的效益，即都被最便宜地加以利用。当凯里（John Carey）制定布里斯托尔劳动院的方案时，首先提出工作的必要性："男女贫民……可以用于剥大麻纤维、梳纺亚麻、梳理羊毛或棉花。"在伍斯特劳动院，他们生产棉布和呢绒，另外还有一个童工工作间。这一切都不是一帆风顺的。有人建议，劳动院可以加入当地的工业和市场，理由是其低廉的产品会对销售价格有制约的作用。但是制造商们提出抗议。笛福（Daniel Defoe）[16]注意到，由于劳动院有强大的竞争力，结果是打着在一个领域里制止贫困的幌子在另一个领域里造成贫困："这是在剥夺一部分人而给了另一部分人，是在诚实者的工作岗位上安排了一个懒汉，是在迫使勤奋者惶惶然地寻找其他工作来维持家庭。"面对这种竞争的危险,当局便让这种劳动逐渐消亡。靠救济金生活的人甚至再也不能挣到足以维生的报酬;而且常常有必要把他们投入监狱,这样他们至少有免费的口粮。至于感化院的情况,正如霍华德所目睹的,在那里几乎"不干活,或无活可干。囚犯既无工具又无原料,仅仅在懒散、粗野和放荡中打发时间。"

当巴黎总医院创立时,其意图首先是制止行乞,而不是给被拘留者提供某种职业。但是,科尔伯似乎与当时某些英国人一样,把劳动自救视为一项消除失业的措施和一种对制造业发展的刺激。在外省,监理们都以为慈善院有某种经济意义。"凡是有劳动能力的穷人都必须在工作日干活。这样才能避免万恶之源——游手好闲,同时也使他们习惯于诚实的劳动,并能挣得维持生活的一部分衣食。"

有时候,甚至做出某些安排,允许私人企业家使用收容院的人力来为他们牟利。譬如,根据1708年的一项协议,某企业家应向蒂勒的慈善院提供羊毛、肥皂和煤,而该院则以梳纺好的羊毛作为回报。其利润由该企业家和该院分享。在巴黎,人们甚至几次试图把总医院的建筑改造成工厂。如果1790年的一部匿名《回忆录》的内容属实的话,那么,在皮梯耶,曾经试着生产"各种能向首都提供的产品";最后,"万般无奈,只得生产成本最低的一种花边绦带"。在其他地方,这种努力也同样很少收到成效。在比塞特尔曾做了各种尝试:生产细线和粗绳,磨光镜面等。尤其著名的是1781年尝试的"大井",即用囚徒代替马车拉水,几组囚徒从早晨五点轮流干到晚上八点。"人们出于什么理由决定安排这种不可思议的工作?是为了节约还是仅仅为了让囚徒忙碌?如果出于后一种考虑,让他们从事既有益于他们又有益于医院的工作不是更好吗？如果是为了节约，我们难以理解。"[17] 在整个 18 世纪，科尔伯想赋予总医院的那种经济意义愈益减弱了。这个强制劳动中心日益变为游手好闲的特权场所。大革命时期的人会一再质问："是什么造成了比塞特尔的混乱？"他们也会提供 17 世纪已经给出的答案："是游手好闲。消除它的手段是什么？是工作。"

古典时期以一种含混的态度来使用禁闭，使其具有双重作用。一方面，它被用于吸收失业，至少消除其最明显的社会后果。另一方面，在成本可能变得太高时，它被用于控制成本。也就是说，它对劳动力市场和生产成本交替发生作用。但是，从结果上看，禁闭所似乎并不能有效地发挥人们所期待的双重作用。如果它们吸收了失业者，这主要是为了掩盖他们的贫困，以避免造成恶劣的社会或政治后果的骚动。但是当失业者被赶进强制劳动车间时，邻近地区或类似地区的失业就会激增。至于对生产成本的影响也只能是虚假的，因为按照禁闭本身的费用来计算，这种产品的市场价格与制造成本是不成比例的。

如果单纯按照禁闭所的实用价值来衡量，那么禁闭所的创立应视为一种失败。在 19 世纪初，作为穷人收容中心和穷人监狱，它们在欧洲普遍消失了。这就证明了它们的彻底失败，表明它们是工业化初期很笨拙地提出的一种暂时性的、无效的救治措施和社会防范措施。然而，正是在这种失败中，古典时期进行了一项不可约减的实验。今天看来是某种生产与成本的拙劣的辩证关系，在当时则具有其现实意义，即包括着某种劳动伦理意识。在这种意识中，经济机制的困境变得无足轻重，重要的是肯定某种价值。

在工业世界的这个最初阶段,劳动似乎同它将引起的问题毫无关联;相反,它被视为一种消除各种贫困的通用办法,一剂万应灵药。劳动和贫困被置于一种简单的对立关系和反比例关系中。按照古典时期的解释,劳动所具有的消除贫困的力量和特点,与其说是源于其生产能力,不如说更多地源于某种道德魅力。劳动的效力之所以被承认,是因为它以某种道德升华为基础。自从人类堕落[18]以后,人类就把劳动视为一种苦修,指望它具有赎罪的力量。不是某种自然法则,而是某种诅咒的效力迫使人们劳动。如果人类游手好闲,致使大地沉睡不醒、不结果实,那么大地是没有罪过的。"土地没有罪过。如果它受到咒骂,那是耕作它的堕落的人造成的。除非投入力量和持续不断地劳动,否则不可能从它那里获得果实,尤其是最必需的果实。"[19]

劳动的义务与任何对自然的信念毫无关联;甚至与那种模糊地相信土地会报答人的劳动的信念也无关系。天主教思想家以及新教徒们经常重复的主题是,劳动并不产生自己的果实。加尔文(Calvin)[20]告诫说:"我们绝不可认为,如果人们警觉而灵巧,如果人们忠实地履行了义务,那么人们就能使自己的土地物产丰富。统治万物的乃是上帝的恩惠。"如果上帝不以无限的仁慈插手其中的话,劳动会无所收获。对此,鲍须埃(Bossuet)也予以承认:"我们对劳动后的丰收和独特果实的希望,每时每刻都可能落空。我们指靠着变化无常的上天发慈悲,普降甘露滋润禾苗。"如果没有上帝的特殊恩惠,大自然绝不必然给劳动以回报。尽管如此,不可靠的劳动依然是十分严格的义务:这种义务不是自然的综合体,而是道德综合体。穷人不想"折磨土地",而是坐等上帝的帮助，因为上帝曾允诺供养天上的飞禽。这种穷人是在违抗《圣经》的戒律："不可试探上帝。"不愿工作不就意味着加尔文所说的"妄图试探上帝的力量"吗？这是在试图抑制奇迹[21]。作为对人的劳动的奖赏，奇迹每日都在降临人间。如果劳动并非铭刻在自然法中，那么它就内在于这个堕落世界的秩序中。这就是为什么说游手好闲就是造反。在某种意义上，游手好闲是最恶劣的行为，因为它像在伊甸园里那样等待着自然的施舍，强求某种仁慈，而人类自亚当以来已无权提出这种要求。在堕落之前，傲慢是人类犯下的罪孽。自堕落之后，游手好闲是人类傲慢的最极端表现。这是荒唐地以贫困为自豪。在我们这个世界中，凡是野草丛生的土地，游手好闲乃最大的祸根。在中世纪，最大的罪孽是傲慢。按照赫伊津哈（Johan Huizinga）[22]的说法，在文艺复兴初期，最大的罪孽是贪婪，即但丁（Dante）所说的 *cicca cupidigia*〔无所不贪〕。而17世纪的全部文献都宣告，懒散取得该死的胜利，懒散领导和压倒了一切恶习。我们不应忘记，按照创办总医院的敕令，总医院应该制止"成为一切混乱根源的行乞和游手好闲"。布尔达罗（Louis Bourdaloue）支持那些对懒散——堕落的人类的可悲傲慢——的谴责。他说："那么，混乱的游手好闲生活意味着什么呢？圣安布罗斯（Saint Ambrose）[23]回答道，它的真正含义是这个创造物对上帝的第二次反叛。"这样，禁闭所的劳动便获得了道德意义：因为懒散已成为一种最坏的反叛方式，所以必须强制游手好闲者工作，用一种无休止的、不带来任何利益或利润的劳动来打发时间。

正是在某种劳动体验中，形成了这种经济和道德交融的禁闭要求。在古典世界里，劳动和游手好闲之间划出了一条分界线。这种划分取代了对麻疯病的排斥。不论是在地理分布图上还是在道德领域中，贫民收容院取代了麻疯病院。旧的社会排斥习俗复活了，但转到生产和商业领域里。正是在这些谴责和蔑视游手好闲的地方，在从劳动法则中提取出道德升华的社会所发明的空间，疯癫将要出现，而且很快便会扩展开，将这些地方吞并。总有一天，它会凭借某种非常古老、非常模糊的继承权，占有游手好闲所留下的荒芜领域。19世纪的人将会同意，甚至会坚决主张，把一百五十年前人们力图用以关押贫民、流浪汉和失业者的地方转让给疯人，而且仅仅转让给他们。

在取缔游手好闲时将疯人也包容在内，这一点并非无足轻重。从一开始，疯人就与贫民并列（不论贫民是何种情况），与游手好闲者并列（不论游手好闲是自愿的还是被迫的）。同那些人一样，疯人也要服从强制劳动的规章。而实际上，在这种统一的强制中，他们一再地表现出他们的独特之处。在工作间里，他们明显地与众不同，因为他们没有工作能力，不能跟上集体生活的节奏。18世纪，人们发现必须为精神不健全者提供一种特殊制度。这种必要性和大革命前夕发生的禁闭大危机，是同劳动成为普遍要求时所能感受到的对疯癫的体验相联系的。人们并不是到了17世纪才"关押"疯人，但是，正是在这个时期人们才开始把他们和一大批被认定属于同类的人"禁闭"和"拘留"在一起。直至文艺复兴时期，对疯癫的感受还是与天马行空的想像联系在一起。到了古典时期，人们第一次通过对游手好闲的谴责和在一种由劳动社会所担保的社会内涵中来认识疯癫。劳动社会获得了一种实行隔离的道德权力，使它能够驱逐各种社会垃圾，就像是把它们驱逐到另一个世界。正是在劳动的神圣权力所圈定的"另一个世界"里，疯癫将取得我们现在认为属于它的地位。如果说，在古典时期的疯癫中有什么指涉着另外的地方，"另外的东西"，那么其原因已不在于疯人是来自那个非理性的世界，带有非理性的烙印，而在于他自愿地越出资产阶级秩序的雷池，置身于其神圣的伦理界限之外。

　　实际上，禁闭的实践与必须工作的主张之间的关系不是由经济条件规定的。远非如此。是一种道德观念维系和推动着这种关系。当（英国）商业部发表关于贫民问题的报告、提出"使之变成对社会有用之人"的措施时，报告清楚地指出，贫困的根源既不是商品匮乏也不是失业，而是"纪律松懈和道德败坏"。（法国）1657年的敕令也充满了道德谴责和奇特的威吓。"由于对各种犯罪的过分宽容，乞丐的自由放任已超过了限度。如果他们依然不受惩罚的话，上帝就会诅咒这个国家。"这种"自由放任"不是那种与伟大的劳动法则相关的东西，而是一种道德上的自由放任："从事慈善工作的人从经验中得知，他们之中许多人未婚而同居，他们的子女有许多未受过洗礼，他们中的大多数都昧于宗教，蔑视圣事，屡屡犯罪。"因此，总医院从外表上并不仅仅是老弱病残者的收容所。它后来也不仅仅是强制劳动集中营。它还是一个道德机构，负责惩治某种道德"阻滞"，这种"阻滞"既不能受到法庭审判，也不能单纯靠苦修来医治。总医院具有一种道德地位。它的监理们负有道德责任，同时被授权掌有各种司法机构和压迫手段。"他们有命令、管理、商业、警察、司法和惩治的权力"；为了完成这一任务，他们可以使用"示众柱、镣铐、监狱和地牢"[24]。

　　正是在这种背景下，工作义务就取得了既是伦理实践又是道德保障的意义。它将成为禁欲苦行（askesis），成为惩罚，成为某种心态的表征。凡是能够和愿意工作的囚徒都将获释，其原因与其说是他已再度成为对社会有用之人，不如说是他再次在人类生存的伟大道德公约上签了字。1684年4月的一项法令规定，在总医院内设立一个收容25岁以下少男少女的部门，在该部门里，每日大部分时间必须工作，还必须辅以"读讲宗教著作"。但是，按照规定，这种工作完全是约束性的，没有任何生产的考虑："应该在他们的体力和状况所允许的限度内让他们尽可能长时间地、辛苦地工作。"根据他们在这最初活动中的积极态度"判断他们改过自新的愿望"。然后才能教他们学习一门"适合他们性别和禀赋"的职业。最后，凡有过失"都将受到总监认为适当的惩罚，如减少粥食、增加劳动、禁闭以及该医院通用的其他惩罚手段。"读了《萨尔佩特利耶尔圣路易医院日常生活条例》后，就完全能够懂得，劳动规定是作为道德改造和约束的一种练习而被制度化。如果说这种规定没有揭示出禁闭的根本意义的话，那么它至少揭示了禁闭的基本理由。

发明一个强制场所，使用行政措施进行道德训诫，这是一个很重要的现象。在历史上第一次出现了一批令人瞠目的将道德义务和民法组合在一起的道德机构。各国的法律将不再容忍心灵的混乱。虽然，在欧洲文化中，道德错误，甚至完全私人性的错误，被视为对社会成文法或习惯法的冒犯，这并不是第一次。但是，在古典时期的大禁闭中，最基本的也是最新的特点在于，人们被禁闭在纯粹道德的城市中，在那里，毫不妥协、毫无保留地用严厉的肉体强制来实行统治心灵的法律。道德也像商业或经济那样接受行政管理。

于是我们便看到，在绝对君主制的机构中——在这些长期以来一直成为其专横权力象征的机构中,铭刻着资产阶级和继之而来的共和主义的重要思想:美德也是一种国家大事,可以用法令来振兴美德,可以设立权力机构来确保美德受到尊重。禁闭的围墙实际上是把17世纪资产阶级的良心开始憧憬的道德城市中的消极因素圈封起来。这种道德城市是为那些从一开始便唯恐避之不及的人设立的,因为在那里正义的统治完全凭借着不许上诉的暴力来维持。这是一样美德的统治,在那里人人自危,对奉行美德的唯一回报(美德本身也就是报酬)就是避开了惩罚。在这个资产阶级城市的阴影笼罩之下诞生了这种奇怪的美德共和国。它是用暴力强加给所有被疑为有罪的人的。它是古典时期资产阶级的伟大梦想和严重偏见的阴暗面:国家法律和心灵法律最终合二为一。"让我们的政治家们停止他们的计算吧,……让他们彻底懂得,金钱可以支配一切,但不能支配道德和公民。"[25]

看上去,难道萦绕在汉堡禁闭所创建者们心头的不正是这种梦想吗?有一位监理希望看到"在这所教养院所教导的一切都完全符合宗教和道德义务。……教师应该用宗教来教诲儿童,在合适的时候鼓励他们学习和背诵《圣经》的段落。他还应教他们学习读写和计算,教他们学会用文雅举止对待参观者。他应该负责让他们井然有序地参加宗教仪式。"[26]在英国,劳动院的条例用很大篇幅规定道德监督和宗教教育。譬如,普利茅斯劳动院指定一名教师来贯彻"虔诚、庄重和谨慎"三项要求。在每日早晚的规定时间,由他主持祷告。每个星期六下午和节假日,他要向被收容者们发表讲话,"根据英国国教教义,用新教的基本内容"规劝和教诲他们。不论在汉堡还是在普利茅斯,不论是教养院还是劳动院,在整个欧洲的新教地区都建立起道德秩序的堡垒。在那些地方灌输着宗教和各种有利于国家安宁的东西。

在天主教国家,目标是同样的,但是正如圣文森的工作所显示的,其宗教烙印较为明显一点。"将这些人迁移至此,避开世界风暴,与世隔绝,成为被救济者,其主要目的完全是为了使他们不受罪恶支配,不致成为遭受天罚的罪人,完全是为了使他们在这个世界和来世心满意足地享受欢乐,使他们在这个世界中尽其所能地礼拜上帝。……我们沉痛地从经验中得知,今日的青年人之所以迷乱,其原因在于缺乏宗教教育和宗教谦卑,他们宁愿顺从自己的邪恶意愿而不服从上帝的神圣启示和父母的谆谆教诲。"[27]因此,必须将这些人从那个诱使其弱点发展为罪恶的世界中拯救出来,召回到一个与世隔绝、只有"护卫天使"陪伴的地方。护卫天使的化身就是每日出现的监护者。监护者"给了他们像护卫天使在冥冥中给予的那种帮助,即教诲他们,安慰他们,拯救他们。"在(法国)天主教会慈善院里,主要精力放在生活和良心的整顿上。在18世纪,这一点愈益明确地成为禁闭的理由。1765年,梯耶里堡的慈善院制定了新的规章,明确规定"院长每星期至少逐个会见所有的被救济者一次,安慰他们,鼓励他们,并了解他们是否受到应有的待遇。下属官员则应每日这样做。"

所有这些道德秩序监狱都会有霍华德在美因茨教养院还能看到的警言:"野兽尚且能被锁链制服,管教迷途的人更不必悲观失望。"正如在新教国家中那样,对于天主教会来说,禁闭以一种权威主义模式体现了社会幸福的神话:这是一个浸透宗教原则的治安秩序,也是一种用治安条例及其强制手段来使自己的要求得到无限满足的宗教。在这些机构中,人们力图证明这种秩序足以实现美德。在这个意义上，禁闭既掩盖了政府的非世俗意图，又掩盖了宗教的现世政治活动。作为专制综合体的一个成果，它被置于一个广阔的空间中，这个空间将上帝的花园同被逐出天堂的人们自己建成的城市隔开。古典时期的禁闭所成为"治安"的一个浓缩的象征。"治安"认为自身就相当于建设完美城市的世俗宗教。

　　禁闭是17世纪创造的一种制度。它从一开始便获得一种重要意义，从而使它与中世纪的囚禁毫无关联。作为一种经济措施和一种社会防范措施，它是一项发明。然而，在非理性的历史上，它标志着一个决定性时刻：此时人们从贫困、没有工作能力、没有与群体融合的能力的社会角度来感知疯癫；此时，疯癫开始被列为城市的问题。贫困的新意义、工作义务的重要性以及所有与劳动相关的伦理价值，最终决定了人们对疯癫的体验，改变了其历程。

　　有一种感受诞生了。它划出一道界限，安放下一块基石。它选择了唯一的方案：放逐。在古典社会的具体空间里保留了一个中立区，一个中止了现实城市生活的空白地。在这里，秩序不再会随便地遇到混乱，理性也不用试着在那些会躲避它或力图拒绝它的事物之间拼杀出一条路来。在这里，理性通过一次预先为它安排好的对狂暴的疯癫的胜利，实行着绝对的统治。这样，疯癫就被从想像的自由王国中强行拖出。它曾凭借想像的自由在文艺复兴的地平线上显赫一时。不久前，它还在光天化日之下——在《李尔王》和《唐吉诃德》中——踉跄挣扎。但是，还不到半个世纪，它就被关押起来，在禁闭城堡中听命于理性、受制于道德戒律，在漫漫黑夜中度日。

注　释

〔1〕《路加福音》第14章。——译者注
〔2〕 萨缪尔·图克（1784～1857），英国慈善家，接管了其父威廉·图克创办的约克隐卢疗养院。——译者注
〔3〕 1656年法令第4条。后来又增添了圣灵宫（Saint-Esprit）和儿童劳动院（Enfants-Trouvés），萨翁涅利医院被撤销。
〔4〕 1656年法令第12条。
〔5〕 罗什富科·利昂库尔（La Rochefoucauld-Liancourt）代表乞丐问题委员会向国民大会提交的报告（载《国民议会记录》[*Procès verbaux de l'Assemblèe nationale*]），第21卷。
〔6〕 布雷斯劳，今波兰的弗罗茨瓦夫。——译者注
〔7〕 霍华德（1726～1790），英国慈善家，监狱管理及公共卫生领域的改革者。——译者注
〔8〕 伏尔泰（1694～1778），法国启蒙思想家。——译者注
〔9〕 科尔伯（1619～1683），法国路易十四时期的财政大臣。——译者注
〔10〕 按照一种宗教观点，16世纪末和17世纪初的贫困是一种末日审判的体验。"圣子和末日来临的最明显的标志之一，就是世界在灵俗两个方面都陷于极端贫困。这是邪恶的岁月，……犯罪滋生，灾难频仍，痛苦相随。"（卡缪[Jean-Pierre Camus]《论穷人行乞的合法性》[*De la mendicité légitime des pauvres*]）（杜瓦[Douai],1634, 第3～4页。）
〔11〕 索邦神学院是巴黎大学的前身。——译者注
〔12〕 原文如此，疑系1656年之误。——译者注
〔13〕 马扎然（1602～1661），法国红衣主教，在路易十四年幼时摄政。——译者注
〔14〕 德克（约1572～约1632），英国剧作家和散文小册子作者。——译者注
〔15〕 克伦威尔（1599～1658）英国清教革命时期的军事家、政治家。1653～1658年任护国公。——译者注
〔16〕 笛福（1660～1731），英国小说家，最著名的作品是《鲁滨逊漂流记》。——译者注
〔17〕 巴尼（Musquinet de la Pagne）《改革后的比塞特尔——一个教养院的建立》(*Bicêtre réformé on établissement d'une maison de discipline*)（巴黎，

1790），第22页。
〔18〕 人类堕落指亚当和夏娃吃了禁果后，被逐出伊甸园，堕入尘世。——译者注
〔19〕 鲍须埃（Bossuet）《圣饼捧戴的奥义》(Èlevations sur les mystères)，第6周，第12次圣饼捧戴。
〔20〕 加尔文（1509～1564），法国神学家，16世纪宗教改革领袖之一，新教加尔文宗创始人。——译者注
〔21〕 "我们想让上帝满足我们疯癫的欲望，让他似乎听命于我们。"加尔文《关于〈申命记〉的第49篇布道词》，1555年7月3日。
〔22〕 赫伊津哈（1872～1945），荷兰历史学家。——译者注
〔23〕 圣安布罗斯（约339～397），古代基督教拉丁教父。——译者注
〔24〕 总医院条例，第12、13条。
〔25〕 卢梭（Jean-Jacques Rousseau）《论科学与艺术》(Discours sur les sciences et les arts)。
〔26〕 霍华德（John Howard）《英格兰和威尔斯的监狱状况》(The State of the Prisons in England and Wales)（伦敦，1784），第73页。
〔27〕 转引自科莱（Pierre Collet）《圣味增爵的生平》(Vie de Saint Vincent de Paul)（巴黎，1818）。

第三章 疯 人

从总医院创立,德国和英国的第一批教养院开设,直至18世纪末,这个理性的时代实行着禁闭政策。被禁闭的人包括道德败坏者、挥霍家产的父辈、放荡的不肖子孙、亵渎神明的人、"想放纵自己"的人和自由思想者。而通过这些相似现象,这些奇特的共谋,这个时代勾画出自己对非理性的体验的轮廓。

但是,我们在每一个城市中还发现了一大批疯人居民。在巴黎,被拘捕送交总医院的人中有十分之一是"疯子"、"痴呆者"、"精神错乱"者、"神志恍惚"者、"完全疯癫"者。对他们和对其他人没有任何区分。从登记簿看,人们以同样的感受来收容他们,以同样的态度来隔离他们。那些因"道德败坏"或因"虐待妻子"和几次自杀未遂而被送入该院的人,究竟是病人,还是罪犯,还是疯子,这个问题我们留给医学考古学去研究。

然而,不应忘记的是,这些"疯子"在禁闭世界中占据着一个特殊位置。他们的地位不仅仅是囚徒。在一般的对待非理性的情感中，对待疯癫似乎有一种特殊感受，用于针对所谓的疯子、精神错乱者、神志不清者、痴呆者和不能自制者（这些称呼没有严格的语义差异）。

这种特殊感受要追寻出这个非理性世界中疯癫的特征。它首先涉及丑闻。在最一般的情况下，禁闭是出于避免丑闻的愿望，至少可以以此为理由。由此也表明了罪恶意识的某种重要变化。在文艺复兴时期，人们允许各种无理智自由地展示于光天化日之下。公众的义愤能使罪恶具有儆戒和赎罪的力量。在15世纪，雷斯（Gilles de Rais）[1]被指控为"异端、叛教者、巫师、鸡奸者、召唤魔鬼者、占卜者、谋杀无辜者、偶像崇拜者、离经叛道者"。他本人在法庭外的忏悔中承认自己犯下"足以造成血流成河"的罪行。他在法庭上用拉丁文重复了自己的供词，然后主动要求："该自白书应用世俗语言公之于众，因为大多数人不懂拉丁文。让公众知道他因上述过失而羞愧，以使他更容易获得宽恕、获得上帝的慈悲。"在公开审判时，他被要求当众做出同样的自白："法庭庭长要求他详细陈述案情，他因此受到的羞辱将能减轻以后受到的惩罚。"直至17世纪，即使是最粗暴最残忍的罪恶，也不会不公之于众便加以处置和惩罚。光明正大的忏悔和惩罚完全可以抵销产生罪恶的黑暗。在做出消灭罪恶的结论之前，必须使罪恶受到公开的供认和展示。这样才能完成罪恶的全部历程。

相反，禁闭显示了某种将非人的罪恶完全视为耻辱的意识。罪恶在某些方面具有传染力，具有制造丑闻的力量，公之于众反而使其无限繁衍。只有遗忘才能制止它们。譬如，在一个投毒案件中，庞查尔特兰（Pontchartrain）[2]没有命令进行一次公开的审讯，而是指示由一个收容所秘密处理："由于该案涉及巴黎的许多人，国王认为不应该将如此之多的人送交审判，其中许多人并不知道自己在犯罪，另外有些人只是因为行事便利才这样做。陛下如此决定是因为他相信有些罪行应完全被人遗忘。"[3]除了防止带坏世风外，为了家族或宗教的名誉也足以将一个人送进禁闭所。譬如，有一名教士被送进圣拉扎尔："人们如此热衷于维护宗教和僧侣的名誉，因此不把这样的教士藏匿起来是不行的。"[4]甚至到18世纪晚期，马尔塞布（Malesherbes）[5]还认为，禁闭是家庭设法避免耻辱的一种权利。"人们所说的卑鄙行为属于公共秩序所不能容忍的那些行为之列。……看来，为了一个家庭的名誉，因其恶习而使亲属蒙受耻辱的人应该从社会中消失。"相反，当造成丑闻的危险消失、家族或教会的名誉不会受到玷污时，就可以将人释放。修道院长巴尔日德（Abbé Bargedé）受到长期禁闭。他百般恳求，也不能获释。但到了年老体衰时，便不会有丑闻了。阿尔让松写道："此外，他已多年瘫痪，不能写作，甚至不能签名。我认为，出于公正和仁慈，应该将他释放。"所有与非理性沾边的罪恶，都应密藏起来。古典时代因这种非人性存在而感到耻辱，而这种感情是文艺复兴时期所没有的。

然而，在这种掩盖之中有一个例外，即对疯人例外[6]。毫无疑问，展示疯子是一个非常古老的中世纪风俗。德国的某些疯人塔装有栅窗，让人们可以看到锁在里面的疯人。这些疯人成为城关的一景。奇怪的是，当收容院的大门紧闭之后，这种风俗并没有消失。相反，它继续发展，几乎成为巴黎和伦敦的一种有特色的制度。迟至1815年，据一份提交（英国）国会下院的报告说，伯利恒医院在每个星期日展览精神病人，参观费为一便士。展览收入每年高达近四百镑。这就是说每年参观者多达九万六千人次[7]。在法国,迄大革命为止,游览比塞特尔、参观疯子一直是巴黎塞纳河左岸市民的周末娱乐项目之一。米拉波(Mirabeau)在《一个英国人的游记》中报道,比塞特尔的疯人"像稀有动物一样"展示给"愿意付一个硬币的大傻瓜"看。管理员展览疯人就像圣日耳曼区市场上耍猴人让猴子做各种表演一样[8]。有些管理员因善于使疯人表演舞蹈和杂技而闻名,当然也稍稍挥舞鞭子。18世纪末,唯一的改善是:允许疯人展览疯人。似乎疯癫负有证实自己的责任。"我们不必责备人性。这位英国旅游者的看法是对的:展览疯人的作法超出了最冷酷的人性。我们也早就这样说过。但是,凡有困境必有出路。正是疯人自己在清醒的片刻受托展示自己的同伴。后者也表示赞同。于是这些不幸者的管理人便坐收表演的盈利,而自己却从未降低到冷酷无情的水准。"[9]在这里,疯癫打破了收容所的沉寂而成为一种表演,从而变成一种娱乐公众的公开丑闻。非理性被隐匿在禁闭所的沉寂中,但疯癫继续出现在这个世界的舞台上,而且比以往更耸人听闻。在法兰西第一帝国时期,情况很快达到了中世纪和文艺复兴时期从未达到的地步。过去蓝舰兄弟会曾摹仿疯人进行表演,而现在有血有肉的疯癫自己登台表演。在19世纪初,沙朗通的监理库尔米埃(Coulmier)组织了引起轰动的演出,有时让疯人担当演员的角色,有时让他们担当观众的角色。"这些参加业余演出的疯子成为轻浮的、不负责任的乃至恶毒的公众的观赏对象。这些不幸者的古怪表现及其境遇引起观众的嘲笑和侮辱性怜悯。"[10]疯癫变成这个世界的纯粹景观。这个世界正愈益受到萨德的影响,正成为某种信心十足的理性的良知的一种消遣。直至19世纪初,使鲁瓦耶-科拉尔(Royer-Collard)[11]大为愤慨的是，疯人依然是怪物——所谓怪物就词源意义而言，就是值得被展示的东西。

禁闭将非理性隐匿起来，从而泄露了它所引起的丑闻。但是它公开地把人们的注意力引向疯癫，集中于疯癫。如果说，在对待非理性时，其主旨是避免丑闻，那么在对待疯癫时，其目的则是营造丑闻。这里有一个奇怪的矛盾：古典时期用一种全面的非理性经验把疯癫包围起来，重新吸收了它的各种特殊形态。这些特殊形态是中世纪和文艺复兴时期明确地加以区分的，并使之进入普遍意识，在这种意识中疯癫可以同任何一种非理性形态相结合。与此同时，古典时期给疯癫打上了一个特殊的记号：这个记号不是疾病的记号而是受到赞美的丑闻的记号。然而，在18世纪有组织地展览疯癫与文艺复兴时期自由地显示疯癫之间毫无共同之处。在文艺复兴时期，疯癫无所不在，透过它的形象或它的威胁与各种经验混合在一起。在古典时期，疯癫被隔着栅栏展示。凡是在它出现的地方，它都被隔开一段距离，受到某种理性的监督。这种理性不再认为自己与之有任何联系，不允许自己与之有过于相似之处。疯癫变成某种供观看的东西，不再是人自身包含的怪物，而是具有奇特生理机制的动物，是人类长期受其压制的兽性。"我很容易想像一个无手、无脚、无头的人（说头比脚更不可或缺只是经验之谈）。但是我无法想像一个没有思想的人。那样的人应该是一块石头或一只野兽。"[12]

德波尔特（Desportes）在《关于照看疯人问题的报告》中描述了18世纪末比塞特尔的单人囚室："这些不幸者的全部家具就是这个草垫。他躺下时，头、脚和身子都贴着墙。石缝里滴出的水浸透他全身，使他不能安睡。"关于萨尔佩特利耶尔的单人囚室,他写道:"冬天一到,这个地方更可怕,更经常地造成死亡。当塞纳河水上涨时,这些与下水道处于同一水平的小囚室不仅更有损健康,而且更糟糕的是,它们变成大批老鼠的避难所。每到夜晚,它们就袭击在此禁闭的不幸者,咬能咬到的任何人。那些疯女人的手、脚、脸都被咬破。这种伤害很严重,已有几人因此而死亡。"不过,这些地牢和单人囚室长期以来都是为最危险、最狂暴的疯子准备的。如果他们安静下来,如果他们不使其他人感到恐惧,他们就被塞进大小不同的病室。萨缪尔·图克最活跃的追随者之一希金斯(Godfrey Higgins)作为一个志愿检查员,花了二十镑获得参观约克收容所的权利。在参观时,他发现一个被精心遮蔽的门,在门后发现一个长宽均不足八英尺的房间。晚上这里挤着13个妇女。白天她们待在另一间并不大多少的房间。

特别危险的疯子会受到某种方法的约束。这种方法不具有惩罚性质,而仅仅旨在将狂暴的疯人固定在很小的活动范围里。这种人一般被锁在墙边或床上。在伯利恒医院,狂暴的疯女人被套上脚镣,固定在一个长廊的墙边。她们只穿一件土布长袍。在贝斯纳尔格林医院,一个乱打乱闹的女人被放在猪圈里,手脚都被捆住。发作平息后,她被捆在床上,身上只盖一条床单。当允许她稍微行动时,在她两腿间放了一根铁条,一头连着脚镣,一头连着手铐。图克在《关于穷苦疯人状况的报告》中详细描述了伯利恒医院发明的控制公认危险的疯人的复杂方法:疯人被锁在一根从墙的另一侧伸过来的长链上,这样管理员就可以从外面指挥他的活动。他的脖颈也套上一个铁环,这个铁环由一根短链与另一个铁环联在一起,后一个铁环套在一根垂直固定在地面和天花板的铁棍上。当伯利恒医院开始改革时,人们发现在这间囚室里有一个人被这样关了十二年。

当这些做法达到如此极端的程度时,事情就很清楚了:这些做法既不是惩罚的欲望所激发的,也不是矫正的职责所导致的。"悔过自新"的观念与这种制度毫不沾边。但是,有某种兽性意像困扰着这个时期的医院。疯癫借用了野兽的面孔。那些被铁链拴在囚室墙边的人不再是精神错乱的人,而是被某种狂暴本性攫住的野兽:似乎疯癫发展到了极点便越出了包容其最脆弱形态的道德失常范围,而借助于某种突发的力量与纯粹的兽性发作结合在一起。这种兽性模式在收容院很流行,从而使收容院具有一种囚笼的形象,一种动物园的外观。科盖尔(Coguel)在描述18世纪末的萨尔佩特利耶尔时写道:"狂暴发作的疯女人像狗一样被拴在囚室门上。有一个铁栅长廊将其与管理员和参观者隔开。通过铁栅给她们递进食品和睡觉用的稻草。用耙子把她们周围的污物清扫出来。"在南特的收容院里,这种动物园是由一个个兽笼组成的。埃斯基罗尔(Esquirol)[13]以前从未见过"用这么多的锁、门栓、铁条来锁囚室的门。……门旁的一个小窗口也装有铁条和窗板。小窗口旁有一根固定在墙上的铁链。铁链的一端有一个木鞋形状的铁容器。这是用于通过铁窗递送食品的。"1814年,福德雷(François-Emmanuel Fodéré)在斯特拉堡医院发现了一种精心制造的囚笼:"为了对付惹是生非和污秽不堪的疯人,在大病室的角落设置了一种只能容下一个中等身材的人的囚笼,或者说是小木屋。"这种囚笼以木栅为底,底部与地面间隔十五厘米,木栅上铺了一些草,"疯人赤裸着或几乎赤裸着躺在上面进食和大小便。"

可以肯定,这是一种对付疯子狂乱发作的安全系统。这种发作主要被看作一种对社会的威胁。但是,十分重要的是,这是从兽性发作的角度来考虑的。"不把疯人当作人来对待"这一否定性事实却有着肯定性内容：这种非人道的冷漠实际上包含着某种萦绕于怀的价值，它植根于古老的恐惧。自古代以来，尤其自中世纪以来，这种恐惧就使动物界具有常见的陌生感、令人战栗的怪异形象和无法倾吐的焦躁。但是，这种与疯癫观念形影不离的对兽性的恐惧以及它的整个想象世界，其含义已与两三个世纪前大不相同。动物的变形形象不再是地狱魔力的显性标志，也不再是某种非理性的魔性炼丹术的产物。人身上的兽性不再具有作为另一个世界标志的价值。它已变成人的疯癫，只与兽性本身有关：那是处于自然状态中的人的疯癫。这种以疯癫形式发泄出来的兽性使人失去其特有的人性。它没有把人转交给其他力量，而只是使人处于自身人性的零度。对于古典主义来说，最彻底的疯癫乃是人与自己的兽性的直接关系，毫不涉及其他，也无药可救。

从进化的远景来看，存在于疯癫中的兽性总有一天会被视为疾病的征状甚至疾病的本质。但是在古典时期，它所表现的是这样一个事实，即疯人不是病人。实际上，兽性使疯人免于受到人身上脆弱、不稳定、不健康因素的伤害。疯癫时的那种顽强的兽性，以及从鲁莽的野兽界借来的愚钝，使疯人能够忍受饥饿、高温、寒冷和疼痛。直至18世纪末，一般人都认为，疯子能够无限度地承受生活中的苦难。他们不需要保护，不需要保暖御寒。1811年，图克参观（英国）南部的一个劳动院时看到，单人囚室仅在门上有很小的栅窗让阳光投射进来。囚室中的妇女均赤身裸体。当时"气温很低。头天晚间温度计的读数是零下18度。其中有一名妇女躺在疏稀的麦草上，身上没有盖任何东西"。疯人的这种野兽般的耐寒能力也是皮内尔所信奉的一个医学定论。他经常称赞"某些男女疯子能够持续和泰然地承受长时间的严寒。共和三年雪月[14]的若干天,温度计的读数是零下10度、11度,甚至零下16度。而比塞特尔医院的一个疯人竟然不愿盖毛毯,一直坐在结冰的囚室地面上。早上刚刚打开他的门,他就穿着衬衫跑到院子里,抓起一大把冰雪压在胸部,高兴地看着冰雪融化。"当疯癫发展到野兽般的狂暴时,它能使人免受疾病的伤害。它赋予人某种免疫力,就像大自然预先赋予野兽某种免疫力一样。奇怪的是,疯人的理智紊乱使之回归兽性,但因此而受到大自然的直接恩惠。

这就是为什么极端的疯癫从来很少与医学相联系。它也不可能与改造教养领域有关联。脱缰的兽性只能用驯戒和残忍来驾驭。18世纪,兽性疯人的观念在个别人的尝试中得到实际体现。这些人试图对疯子进行某种强制教育。皮内尔提到了"法国南部一所非常著名的修道院"的例子。在那里,对狂躁的疯人下达"改邪归正的严格命令"。如果他拒不上床睡觉或吃饭,他将"受到警告:他若坚持错误,将在第二天受到鞭打十下的惩罚。"相反,如果他顺从的话,他就被允许"在餐厅用餐,坐在实施纪律者身边",但是他若稍有不规矩之处,便会立刻受到警告,"会被用教鞭打手指"。这样,由于使用了某种奇怪的辩证法——这种辩证法可以解释所有这些"不人道"的禁闭实践——疯癫的自由兽性只能被这样的驯戒来驯服,即不是把兽性提高到人性,而是使人回到自己身上的纯粹兽性。疯癫泄露了兽性的秘密:兽性就是它的真相,通过某种方式,它只能再回到兽性中。将近18世纪中期,苏格兰北部的一个农夫曾名扬一时。据说他能医治精神错乱。皮内尔曾附带说到,这位教皇式人物具有赫拉克勒斯(Hercules)[15]的体魄:"他的方法是强迫疯人从事最艰难的农业劳动,像使用牲畜、使用仆人一样使用他们。他们稍有反抗便会遭到一顿毒打,从而迫使他们最终彻底屈服。"疯癫在还原为兽性的过程中既发现了自己的真相,又获得了治疗。当疯人变成一只野兽时,就消灭了这种在人身上显现兽性的现象——这种显现造成疯癫的丑闻。不是兽性被压制了,而是人本身被消灭了。在变成牲畜的人那里,非理性听从着理智及其命令,于是疯癫被治愈了,因为它被异化于某种东西中,这种东西就是它的真相。

将来总有一天会从这种疯癫的兽性中推导出一种机械心理学的思想以及这样一种观念,即认为疯癫的种种形态可以归因于动物生命的种种伟大结构。但是在17和18世纪,将自己的面孔借给疯癫的兽性丝毫没有使自己的表现形态具有一种决定论性质。相反,它将疯癫置于一个可以无所限制地狂乱的不可预知的自由领域。如果说决定论能对它有所影响的话,那么这种影响是在限制、惩罚和驯戒的形态里。疯癫通过兽性不是与伟大的自然法则、生命法则结合起来,而是与千姿百态的寓言动物结合起来。但是,中世纪流行的那种寓言动物是用很多象征形象来图解邪恶的各种形态,而此时看到的是一群抽象的寓言动物。在这里,邪恶不再有奇异的身躯,我们能领悟到的只是它的最极端形式,即野兽的真相。这是一种没有内容的真实。邪恶摆脱了它的丰富肖像,目的只在于保存一种普遍的威慑力,这是一种兽性的隐秘威胁。它潜伏着,在某个时刻突然使理性消解于暴力中,使真理消解于疯人的狂怒中。尽管当时有人试图建构一种实证的动物学,但是这种认为兽性是疯癫的自然巢穴的顽固念头始终盘踞着古典时期的那个阴森角落。正是这种念头造成了一种意象,从而导致所有的禁闭实践及其种种最奇特的野蛮行为。

毫无疑问，将疯癫观念，同肖像式的人与兽的关系联系起来，对于西方文化一直是极其重要的。从一开始，西方文化就不认为动物参与了全部自然、参与了它的理智和秩序。那种观念是后来才有的，而且长期以来只存留在西方文化的表面。或许它从未渗透进深层的想像领域。实际上，经过认真的研究就会发现，动物属于一种反自然，一种威胁着秩序的消极因素，以其狂乱威胁着自然的积极理智。劳特列阿蒙（Lautréamont）[16]的作品就证明了这一点。按照西方人的定义，西方人两千多年来作为一种理性动物生活着。为什么这个事实就应该必然意味着他们承认理性和兽性可能有一个共同的秩序？为什么按照这个定义他们应该必然把自己放在自然的肯定方面？如果抛开亚里士多德的本意，难道我们不能认为，对于西方来说，这种"理性动物"长期以来一直是一种尺度，用以衡量理性的自由在非理性的巢穴运作的方式——那种非理性偏离理性直至构成理性的反题？从哲学变成了人类学的时候起，人们力求在一种完整的自然中确认自己，动物也失去了其否定力量，从而成为自然的决定论和人的理性之间的一种积极的进化形式。"理性动物"的说法现在已经完全改变了其含义。它所暗示的作为全部理性根源的非理性完全消失了。从此，疯癫必须服从人的决定论，即人是自然的存在，这一点可以从其动物性中感知到。在古典时期，如果说使科学和医学分析确如下文将谈到的那样力求使疯癫立足于这种自然机制中，那么，对待疯人的实际做法则足以证明，疯癫依然被包裹在兽性的反自然的狂暴中。

总之，禁闭加以荣耀颂扬的正是这种疯癫的兽性，同时它又力求避免无理智者的非道德所必然带来的耻辱。这就揭示了古典时期在疯癫和其他非理性形态之间所规定的距离,虽然从某种观点看,它们以前是被视为同一的或相通的。如果整个非理性领域都被压制得沉默不语,唯有疯癫可以自由表达其丑闻,那么非理性的整体所不能表达的而疯癫能告诉人们的是什么呢?疯人的各种狂乱的意义——不可能在其他被收容者的、或许更明智的言谈中找的意义——是什么呢?也就是说,在哪个方面疯癫具有更独特的意义呢?

从17世纪起,最一般意义的非理性就不再具有更多的教训价值。文艺复兴时期仍很常见的理性的那种危险的可转换性正在被遗忘,它的丑闻正在消失。属于文艺复兴时期基督教经验的十字架上的疯癫的重大主题,在17世纪开始消失,尽管还有詹森主义[17]和帕斯卡的著作。更确切地说,它继续存在着,但是改变了甚至在某种意义上颠倒了自己的含义。它不再要求人类理性放弃骄傲和确定,以便沉湎于牺牲的伟大非理性之中。当古典时期的基督教谈到十字架上的疯癫时,仅仅是为了羞辱虚假的理性,给永恒的真理之光增添光辉。肉身显灵的上帝的疯癫只不过是尘世间非理性的人所不能辨认的一种智慧。"被钉在十字架上的耶稣……是这个世界的丑闻,在当时人们的眼中他是愚昧和疯癫的体现。"但是,这个世界后来被基督教征服了,上帝的意旨通过这种历史的曲折和人们的疯癫显示出来。现在完全可以说:"基督已成为我们智慧的顶峰。"[18]基督教信仰和基督遭屈辱的这一丑闻——其启示的力量和价值仍为帕斯卡所维护——很快将不再对基督教思想有更多的意义。它可能将只有一种意义,即在这些因这一丑闻而群情激愤的良心中揭示出众多盲目的灵魂:"不要让你的十字架——它已为你征服了世界——依然成为傲慢者的疯癫和耻辱。"基督教的非理性被基督徒自己放逐到理性的边缘,因为理性已被等同于肉身显灵的上帝的智慧。自波尔罗亚尔女隐修院〔19〕直至陀思妥耶夫斯基和尼采的两个世纪里,人们将不得不等待着基督重新获得对其疯癫的赞美,等待着耻辱恢复其启示的力量,等待着非理性不再仅仅是理性的公开羞辱对象。

但是,在这个时候,基督教的理性摆脱了长期以来作为自身组成部分的疯癫,疯人则因抛弃理性,在其兽性发作中,获得了独一无二的证明力量。从与上帝相联系的、上帝肉身显灵的超人领域中被驱逐出来的丑闻似乎重新出现了。它以巨大的力量和新的教训出现在人与自然、与自身的兽性相联系的领域里。教训的适用范围转向较低的疯癫领域。十字架不再具有丑闻的意义;但是不应忘记,基督在尘世生活时始终赞美疯癫,使之变得圣洁,正如他治愈疾病,宽恕罪孽,用永恒的富有安慰贫困,从而使疾病、罪孽和贫困变得圣洁。圣文森提醒那些受命照看禁闭所中疯人的人,说:"在这里主宰他们的是我们的主,他决定让精神错乱者、魔鬼附体者、疯人、受引诱者和迷狂者围在他身边。"这些受非人力量支配的人们在那些代表了永恒智慧的人周围,在这个体现了永恒智慧的人子周围,组成一个永恒的礼赞机会:他们用簇拥来赞美拒绝他们的智慧,同时又给智慧一个羞辱自身的口实,承认智慧只能得自于上帝恩惠。进一步说,基督并不仅仅让精神错乱者聚在自己周围,而且他决定让自己在他们眼中成为一个疯人,通过自己的化身来体验人类所遭受的一切不幸。疯癫因此而成为在被钉上十字架时和从十字架上抬下来之前上帝人形的最终形态:"噢,我的主,你喜欢成为犹太人眼中的一个耻辱,异教徒眼中的疯癫。你喜欢看上去像是失去了理智,正像《圣经》中所说的,人们以为我们的主精神错乱了。*Dicebant quoniam in furorem versus est.*(他们说他疯了。)他的使徒有时仰望着他,好像仰望着一个雷霆震怒的人,他让他们有这种印象,是为了让他们证明,他曾承受了我们的全部疾病和痛苦,是为了教诲他们和我们对那些陷于这些不幸的人应报以同情。"[20]基督来到人世时应允要在自己身上打上人类状况的一切记号和堕落本性的各种污点。从贫困到死亡,他走完受难的漫长历程。这也是情欲的历程,被遗忘的理智的历程和疯癫的历程。因为疯癫是受难的一种形式,在某种意义上是临终前的最后形式,所以它现在对于那些正承受它的人来说,就将成为一个受尊敬和同情的对象。

尊敬疯癫并不是要把它解释成不由自主的、不可避免的疾病事故,而是承认这个人类真相的较低界限。这个界限不是偶然的,而是根本性的。正如死亡是人类生命在时间领域的极限,疯癫是人类生命在兽性领域的极限。正如基督的死使死亡变得圣洁,最充分体现兽性的疯癫也同样因此而变得圣洁。1654年3月29日,圣文森通知一个教友巴罗(Jean Barreau),他的兄弟因精神错乱被收容进圣拉扎尔:"我们应该荣耀我们的主。那些想捆绑他的人说'他是疯子'。这是主的荣耀,他想以此来使他给那些人安排的同样状况变得圣洁。"[21]疯癫是上帝在其肉身中所承受的最低人性,他借此表明在人身上没有任何非人性是不能得到救赎的;这个堕落的极点因神性的在场而受到赞美。这就是疯癫在17世纪依然在传递的教训。

我们看到了当其他形式的非理性被精心掩盖起来时,疯癫的丑闻却能受到赞扬的原因。非理性的丑闻只能产生具有传染性的离经叛道的榜样，而疯癫的丑闻则向人们展示，人类的堕落如何使他们接近兽性，上帝拯救人类的仁慈能远及何处。对于文艺复兴时期的基督教来说，非理性及其耻辱的全部教益都体现在上帝化身的疯癫中。对于古典主义来说，这种化身不再是疯癫，而疯癫是人的野兽化身，是人类堕落的极点，是人的罪恶的最明显记号，是上帝仁慈的最远对象，是重新获得普遍宽恕和清白的象征。因此，疯癫的全部教益及其力量必须在这个模糊不清的领域，这个人性的低级范围中寻找。在这个领域中人听命于自然，既是彻底的堕落又是绝对的无辜。圣文森及其遣使会、慈善兄弟会以及所有留意疯癫并将其向世界展示的教团，不正是突出体现了古典时期教会对疯人的关注吗？不正表明教会在疯癫中发现了一种难以理解却十分重要的启示——人的兽性是无辜的罪孽？这种教训需要在疯癫的公开展示中解读。在那种展示中疯人所体现的人的兽性发作受到颂扬。似乎很矛盾的是，基督教的兽性意识为后来把疯癫视为一种自然现象做了准备；而到了那个时候，这种"自然"在古典主义思想中的含义则会很快被遗忘。那种含义是，这种"自然"并不是一个随时能够接近的客观分析领域，而是一个对人来说时时可能出现某种疯癫的丑闻的领域——那种疯癫既是人的终极真相，又是废除人的形式。

所有这些现象，这些围绕着疯癫进行的奇异措施，这些对疯癫既赞美又惩戒、将其归结为兽性、使其成为赎罪的教训的习俗，把疯癫置于一个有别于整个非理性的奇怪地位。在禁闭所里，疯癫与各种形式的非理性共居一室。后者包围着它，界定它的最一般的真相。但是疯癫又遭到孤立，受到特殊对待，而显示其独特性，似乎它虽然属于非理性，但是它以一种特有的运动穿越了这个领域，不停地将自己与最吊诡的极端联系起来。

我们现在已习惯于认为，疯癫中有某种堕入决定论的倾向，在那种决定论中，一切自由都逐渐受到压制；疯癫向我们展示的不过是某种决定论的自然常数，这种决定论有一定的因果关系及有关其各种形式的话语运动；因为疯癫用于威胁现代人的仅仅是使其回到野兽和非生物的凄凉世界，回到自由受束缚的状态。在 17 和 18 世纪，人们不是从这种自然观而以非理性为背景来认识疯癫；疯癫不是暴露了某种物理机制，而是揭示了某种以兽性的可怕形态肆意横行的自由。今天我们所能理解的非理性，只能是用形容词表示的形态：无理智的。这是一个修饰行为或言语的符号。它向一般人显示了疯癫的存在及其各种病理症状。对于我们来说，"无理智的"只是疯癫的表现形式中的一种。但是，对于古典主义来说，非理性具有一种名义价值；它构成某种实质性功能。疯癫只有相对于非理性才能被理解。非理性是它的支柱，或者说，非理性规定了疯癫的可能范围。对于古典时代的人来说，疯癫不是自然状态，不是"非理性"的人性和心理根源。它仅仅是"非理性"的经验形式。疯人复现了人堕落到兽性狂乱极点的历程，暴露了潜在的非理性领域。这个领域威胁着人，在极大的范围内包围着人的各种自然生存形式。这里没有走向某种决定论的问题，而只有正在被某种黑暗所吞噬的问题。与其他类型的理性主义和今天的实证主义相比，古典理性主义能够更有效地防范非理性的隐秘危险，后者正威胁着绝对自由的空间。

第三章 疯人

注 释

〔1〕 雷斯（1404～1440），法国元帅，因鼓吹撒旦崇拜而被处死。——译者注
〔2〕 庞查尔特兰（1643～1727），巴黎高等法院院长、元帅、国务大臣。——译者注
〔3〕 拉韦松（François Ravaisson）《巴士底档案》（Les Archives de la Bastille）（巴黎，1866～1904），第 13 卷，第 161—162 页。
〔4〕《国立图书馆馆刊》（Bibliothèque national），克莱朗波特基金会（Fonds Clairambault），986。
〔5〕 马尔塞布（1721～1794），法国律师和行政官。——译者注
〔6〕 展览性病患者的情况也有，但出现较晚，而且肯定是受展览疯人的做法的影响。理查德（Père Richard）在其《回忆录》中谈到，孔代亲王（Prince de Condé）带着当甘公爵（Duke d'Enghien）参观性病患者，旨在"激起他对罪恶的恐惧"。（《理查德神甫回忆录》[Mémoires du Père Richard] 手稿，存巴黎市图书馆[Bibliothèque de la Ville de Paris]。）
〔7〕 沃德（Ned Ward）在《伦敦密探》（The London Spy）（伦敦，1700）一书中，说参观费是两便士。
〔8〕 "任何人都可以参观比塞特尔。天气好时，每天至少有两千名参观者。只要付了钱就会有一名导游带你到疯人区。"（《理查德神甫回忆录》）参观内容包括：一名"在稻草上睡觉"的爱尔兰牧师、一名船长——人们的观看目光就会使之狂怒，"因为他正是因受到不公正待遇而变疯的"，还有一个"以动人方式唱歌"的年轻人。
〔9〕 米拉波（Mirabeau [H]）《一个英国人的游记》（Observations d'un voyageur anglais）（巴黎，1788），第 213 页，注释 1。
〔10〕 埃斯基罗尔（Jean-Étienne-Dominique Esquirol）"关于沙朗通皇家收容所的历史和统计资料"（Mémoire historique et statistique sur la Maison Royale de Charenton），载《精神疾病》（Des maladies mentales）（巴黎，1838），第 2 卷，第 212 页。
〔11〕 鲁瓦耶·科拉尔（1763～1845），法国政治家和哲学家。——译者注
〔12〕 帕斯卡（Pascal）《沉思录》（Pensées）（布伦士维格版）第 339 节。

〔13〕埃斯基罗尔（1772～1840），法国早期精神病学家。——译者注
〔14〕雪月是法国大革命时期实行的共和历法的第 4 月，相当于公历 12 月 21、22 日或 23 日至 1 月 19、20 日或 21 日。——译者注
〔15〕赫拉克勒斯，希腊神话中的大力神。——译者注
〔16〕劳特列阿蒙（1846～1870），法国诗人。——译者注
〔17〕詹森主义，17、18 世纪天主教的非正统派别。——译者注
〔18〕鲍须埃（Bossuet）《圣贝尔纳赞》(*Panégyrique de Saint Bernard*)，前言。
〔19〕波尔罗亚尔女隐修院，17 世纪法国詹森派活动中心。——译者注
〔20〕圣文森在此暗指圣保罗的经文（《哥林多前书》第 1 章第 23 节）："在犹太人看来是一个耻辱，在异教徒看来是荒唐。"
〔21〕《圣文森书信集》(*Correspondance de Saint Vincent de Paul*)，科斯特版（巴黎，1920～1924），第 5 卷，第 146 页。

第四章　激情与谵妄

　　疯癫的野性危害是与激情的危害、激情的一系列致命后果相联系的。

　　索瓦热（Sauvages）早就概述了激情的基本作用，认为它是导致疯癫的更恒在、更顽固、在某种程度上更起作用的原因："我们头脑的错乱是我们盲目屈从我们的欲望、我们不能控制和平息我们感情的结果。由此导致了迷狂、厌恶、不良嗜好、伤感引起的忧郁、遭拒绝后的暴怒、狂饮暴食、意志消沉以及引起最糟糕的疾病——疯癫的各种恶习。"[1]但是，这里所说的仅仅是激情在道德上的首要作用和责任，而且表述得很含混。而这种批评实际上是针对着疯癫现象与激情之间的根本联系。

　　在笛卡儿（Descartes）之前和在他作为哲学家和生理学家的影响减弱之后，激情一直是肉体和灵魂的聚合点。在这里，主动的灵魂与被动的肉体发生接触，同时每一方都限制着对方并限制着相互交流的范围。

　　体液医学理论认为，这种结合主要是一种相互作用："激情必然引起体液的某种运动：愤怒刺激胆汁，悲伤刺激忧郁液（黑胆汁）。体液运动有时非常强烈，以致引起整个身体系统的紊乱，甚至导致死亡。另外，激情还使体液增多。愤怒使胆汁增多，悲伤使忧郁液增多。体液通常会受到某些感情的刺激。反过来，体液又使那些体液丰富者听命于这些感情，专注于通常会刺激他们的对象。胆汁质的人易于愤怒和专注于所痛恨者。忧郁质的人易于感伤和专注于令人讨厌的事物。多血质的人易于快乐。"[2]

元气医学理论用较严密的物理机械传递运动观念取代了上述含混的"气质"观念。如果说激情只能出现于有肉体的存在物中，而这一肉体并不完全听命于它的大脑的信号和它的意志的直接指挥，那么这是因为大脑的运动服从于某种机械结构，即元气运动结构。这是不依我们的意志为转移的，并且通常会违背我们的意志。"在看到激情的对象之前，动物元气散布在全身以维系身体的各部分；但是当新对象出现时，整个系统就被打乱了。大多数元气被送到手臂、腿、面部和身体各个外表部分的肌肉里，使之有助于产生这种主要激情，使身体具有趋善避恶所需要的沉稳和运动。"[3] 激情就是这样调遣着元气，而元气则听命于激情。也就是说，在激情的作用下，在激情的对象出现时，元气根据一种空间设计而循环、分散和集中。这种空间设计批准对象在大脑中的轨道和在灵魂中的图像，从而在身体中形成一种激情的几何图形。这种图形仅仅是激情的表达转换。但是它也构成激情的基本原因的基础。因为当全部元气围绕着这种激情对象至少是这种对象的意象而组合起来时，思想就再也不能无视它，并因此而服从激情。

再向前发展一步，这整个系统变成一个统一体，肉体与灵魂直接以共同性质的象征价值相互交流。这就是支配着18世纪实践的固体和流体医学中所说的情况。紧张和放松，坚硬和柔软，僵硬和松弛，充盈和干瘪，这些性质状态既用于描述灵魂也用于描述肉体，但主要是表示某种模糊的、复杂的激情状态。这种激情状态能够主动地影响观念的联想过程、情感过程、神经状态和液体循环。因果关系的观念在这里显得太生硬了，它所归纳的因素互不联结，无法应用到因果关系的图式中。"积极的感情，如愤怒、高兴和贪欲"是"精力过度、紧张过度、神经纤维过分灵活、神经液过分活跃"的原因还是结果？反过来说，难道不能认为"呆滞的感情，如恐惧、沮丧、怠倦、没有食欲、因思乡而冷漠、古怪的偏食、愚钝、健忘"是"脑髓和分布在各器官的神经纤维虚弱、神经液供应不足和阻滞"的原因或结果吗？[4] 我们确实不应再试图将激情置于某些因果关系中，或置于肉体和精神之间。激情在一种新的更深刻的层次上标志着灵与肉具有一种持久的隐喻关系。在这种关系中，无须交流其性质，因为二者的性质是共同的。在这种关系中，表现的现象不是原因，因为灵与肉一直是彼此的直接表现。激情不再严格地处于肉体和灵魂复合体的几何中心，而是处于二者的对立尚未形成、但二者的统一和差别都已明确的区域中。

但是，在这个层次上，激情不再简单地是疯癫的重大原因之一，而是成为疯癫发生的基础。如果说存在着一个领域，在这里，灵与肉的关系中原因和结果、决定性和表现仍然盘根错节，因而在实际上构成同一个不可分解的运动，而且只在后来才分开；如果说在肉体剧烈活动和灵魂急速活跃之前，在神经和大脑放松之前，存在某些灵魂和肉体尚未共有的先在性质，这些性质随后将把同样的价值赋予机体和精神，那么我们就会看到，诸如疯癫之类的疾病，从一开始就同时是肉体和灵魂的疾病，在这些疾病中，大脑的疾病具有同样的特点、同样的起因、同样的本质，总之同灵魂的疾病一样。

因此，疯癫的可能性也就隐含在激情现象之中。

诚然，在18世纪前的很长时间里，在现代人出现之前的许多世纪里，激情和疯癫之间就保持着密切联系。但是，我们还是要让古典时期保持原创性。希腊—拉丁传统的道德家们认为疯癫是对激情的惩罚。为了更进一步肯定这一点，他们宁愿把激情定义为暂时的、轻微的疯癫。但是，古典主义思想不是基于某种虔诚的希望、某种有教益的威胁、某种道德体系来规定激情和疯癫的关系。它甚至与传统决裂，颠倒了传统的逻辑关系。它把激情本性作为疯癫妄想的基础。它认为激情决定论仅仅是提供了使疯癫进入理性世界的机会。而且，如果说灵与肉的无可怀疑的结合显示了人的激情的限度，那么它也同时使人面临着摧毁他的无限运动。

于是，疯癫就不仅仅是灵与肉的结合所提供的多种可能性中的一种。它也不完全是激情的后果之一。灵与肉的统一造就了疯癫，但疯癫却转而反对这个统一体，并一再地使之受到怀疑。激情使疯癫成为可能，但疯癫却以一种特有的运动威胁着使激情本身成为可能的条件。疯癫属于这样一类统一体：在这种统一体中规律受到损害、歪曲和破坏，从而表明这种统一体既是明显的和确定的，又是脆弱的和已注定要毁灭的。

在激情的历程中有这样一个时刻：规律似乎由于自己的缘故而暂时失效，激情运动要么在没有任何能动力量冲撞或吸引的情况下戛然中止，要么被延长，停留在激情爆发的高潮

第四章 激情与谵妄

点。怀特（Whytt）承认，正如冲击能引起运动，强烈的情绪也能引起疯癫，因为情绪既是灵魂中的冲击，又是神经纤维的震颤："凄惨的或动人心弦的故事、可怕而意外的场面、极度悲痛、大发脾气、恐怖以及其他效果强烈的感情，常常会引起突然而强烈的神经症状。"严格地说，疯癫便由此开始。但是，这种运动有时也会因过于强烈而立即消失，突然引起某种停滞而导致死亡。在疯癫的机制中，平静似乎不一定就是没有症状，也可能是与平静相反的剧烈运动，这种运动因过于强烈而突然产生矛盾而无法继续下去。"人们有时会听到这种情况：十分强烈的激情产生一种强直性痉挛或强直性昏厥，使人变得像一座雕像，似乎不像一个活人。更有甚者，过度的恐惧、苦恼、欢乐和羞愧不止一次地导致死亡。"[5]

反过来看，有时候，从灵魂到肉体和从肉体到灵魂的运动会在某种焦虑的场所无限地扩散，这种场所更接近于马勒伯朗士（Malebranche）[6]安放灵魂的空间，而不是笛卡儿安放肉体的空间。这些往往由外界的轻微冲击所引起的细微运动不断积聚和强化，最后爆发为强烈的痉挛。兰奇西（Giovanni Maria Lancisi）[7]早已解释了罗马贵族经常患忧郁症的原因。他指出，他们经常歇斯底里地发作，自疑患病，其原因在于，在宫廷生活中"他们的头脑不断地受到恐惧和希望的交替刺激，从无片刻安宁。"许多医生都认为，都市生活、宫廷或沙龙生活，使人疯癫，因为大量的刺激不断地积累、拖长和反复，从不减弱。但是，在这种意象中，在其较强烈的形态中，在一系列构成其有机形式的事件中，有一种不断增强的、能够导致谵妄的力量，似乎运动不仅没有在传达自身的力量时逐渐损耗，而且能把其他的力量卷进来，并从其他力量那里吸取新的活力。索瓦热正是这样解释疯癫的起源的：某种恐惧的印象与某种髓纤维的肿胀或受到的压迫有关。因为这种肿胀完全是局部的，所以这种恐惧只限于某个对象。这种恐惧持续得越久，灵魂就越发注意它，愈益使它孤立和偏离其他东西。但是，这种孤立更强化了恐惧。给予恐惧以特殊地位的灵魂渐渐倾向于将一些间接的观念附加在恐惧上："它使这种简单的思想同所有可能使之强化的观念结合在一起。譬如，一个人在睡梦中以为自己受到犯罪指控，他就会把这种想法与其他有关的东西——法官、刽子手、绞刑架联系起来。"这种想法由于增添了新的因素，使这些因素加入自己的进程，因此便具有了附加的力量。这种新力量最终甚至使它能够压倒意志的最大努力。

在激情现象中，在双重因果关系——从激情本身出发既向肉体扩散又向灵魂扩散——的展开过程中，疯癫找到了自己的首要可能性。同时，疯癫又是激情的中止，因果关系的破裂，统一体的解体。疯癫既参与激情必然性的运动，又参与由这种激情所释放出来的，但又超越激情、最终向激情的全部含义挑战的东西的狂乱活动。疯癫最终成为一种神经和肌肉运动。其程度之强烈，在意象、思想和意志的活动中似乎没有任何东西可与之相对应。躁狂症的情况便是如此。它要么突然加剧形成惊厥，要么变成持续的狂乱。反之，疯癫也能在身体处于平静和迟钝的情况下造成和维持心灵无休无止的、无法平复的骚动。忧郁症的情况便是如此。这种病人对外部对象的印象不同于健康人。"他的印象很淡薄。他对它们几乎视若罔闻。他的心智几乎完全沉迷于某些思想的活动。"[8]

诚然，肉体的外部运动和思想活动二者之间的脱节并不意味着灵与肉的统一体必然瓦解，也不意味着它们各自在疯癫中分立。无疑，这个统一体的活力和完整性会受到损害，但是，它最终表明，它的分裂并不是导致废除它，而是使它被武断地分割成不同部分。譬如，当忧郁症偏执于某个离轨的思想时，牵涉的不仅仅是灵魂，而是与大脑相连的灵魂，与神经、神经起端、神经纤维相连的灵魂。总之，灵与肉统一体的一个完整部分脱离了整体，尤其脱离了借以感受现实的器官。惊厥和激动不安时的情况也是如此：灵魂并未脱离肉体，而是受到肉体的急速冲击，以至于不能维持自己的全部思想功能；它脱离了自己的记忆、自己的意向、自己最根深蒂固的观念，从而脱离了自身，脱离了肉体中所有稳定的因素，而听命于变化无常的神经纤维；因此它的反应丝毫不顾及现实、真相，没有任何审慎的考虑；尽管神经的颤动可能是对知觉变化的模拟，但是病人不能分辨二者的差别。"急速混乱的脉冲或其他方面的失调使神经感受到（与知觉中）相同的运动；它们就像呈现客观对象（其实这些客观对象并非如此）一样把幻想当真地表现出来。"[9]

在疯癫中，灵与肉的整体被分割了：不是根据在形而上学上该整体的构成因素，而是根据各种心象来加以分割，这些心象支配着肉体的某些部分和灵魂的某些观念的荒诞的统一体。这种片断使人脱离自身，尤其脱离现实。这种片断因本身的游离状态而形成某种非现实的幻觉，并且凭借着这种幻觉的独立性而把幻觉强加给真实。"疯癫不过是想像的错乱。"[10] 换言之，疯癫虽然从激情出发，但依然是灵与肉的理性统一体中的一种剧烈运动。这是在非理性层次上的运动。但是这种剧烈运动很快就摆脱了该机制的理性，并因其粗暴、麻木和无意义的扩散而变成一种无理性的运动。正是在这个时候，虚幻摆脱了真实及其束缚而浮现出来。

因此,我们发现我们现在必须加以追踪的第三种循环的线索:奇想、幻觉和谬误的循环——非存在的循环。

我们来听一听在这些异想天开的片断中说了些什么。

想像不是疯癫。即使说在天马行空的幻觉中精神错乱找到了第一个通向其虚妄自由的道路,但是当头脑陷于这种任意性而成为这种表面自由的俘虏时,疯癫也不是从这里开始的。一个人从梦中醒来后可能会说:"我还以为自己死了。"他这样说就是在否定和纠正想像的任意性。他并没有发疯。但是当他认为这种中性的心象——"我已经死了"——具有某种真义时,他就是一个疯子了。此外,真理意识不会仅仅因这种心象的存在而迷失,而是在限制、比较、统一或分解这种心象的行为中迷失,因此,疯癫也只会始于赋予这种心像以真理价值的行为。想像本身是无辜的:"想像本身没有犯错误,因为它既没有否定也没有肯定,而只是极度地陷于对某种心象的冥思苦想之中。"[11]而只有心智才能将这种心象中产生的东西变成歪曲的真理,即谬误或被承认的谬误:"一个醉汉会把一根蜡烛看成两根蜡烛。而一个有斜眼病但头脑受过训练的人虽然也可能看到两根蜡烛,但会马上认识到自己的错误,而使自己习惯于只看到一根蜡烛。"[12]因此,疯癫是超越了想像,但又深深植根于想像。因为疯癫完全表现为它允许这种心象具有一种自发的价值,即全面而绝对的真理。有理性的人无论对错总要对一个心象的真伪做出判断。这种行为超出了心象,是凭借着另外的东西来超越和衡量心象。而疯人的行为从未越出现有的心象,而是屈服于对它的直觉,只是在它的范围内来肯定它:"在陷于疯癫的人中,即使不是所有的人,也确实有许多人仅仅是由于过分关注一个对象。"[13]然而,虽然疯癫存在于心象之中,专注于心象,无法摆脱心象,但是疯癫并不完全是想像,而是构成一种内涵模糊的行为。

这种行为是什么呢?是一种信仰行为、一种肯定和否定行为,即一种论述话语。这种话语既维系着同时又侵蚀和破坏着心象,在一种推理过程中使心象扩张,围绕着一个语言片断来组织这个心象。一个人在睡梦中想像自己是用玻璃制成的。他没有发疯。因为任何熟睡者都可能在梦中产生这种心象。但是,如果他相信自己是用玻璃做的,并因此得出结论:自己轻脆易碎,不能接触任何坚硬的物体,应该静止不动等等,那么他就是发疯了。这种推理是疯人的推理。但是我们必须指出,这些推理既不荒谬也不违反逻辑。相反,它们完全符合严格的逻辑格式。扎奇亚(Paul Zacchias)很轻易地在疯人中发现了这些严格的推理形式。有一个人在让自己饿死的推理中就使用了三段论法:"死人是不吃东西的。我是一个死人,因此我不吃东西。"有一个患迫害妄想症的人使用从个别到一般的归纳法:"甲、乙和丙是我的敌人。他们都是人,因此凡是人就是我的敌人。"还有一个疯人使用省略三段论:"在这间房子里生活过的人大多已死了,我在这间房子里生活过,因此我是个死人。"疯人的这种不可思议的逻辑似乎是对逻辑学家的逻辑的嘲弄,因为二者十分相似,更确切地说,二者完全相同,还因为在疯癫的隐秘核心,在无数谬误与不合逻辑的言行的深处,我们最终发现了一种隐蔽的完整语言。扎奇亚得出的结论是:"从这些事情中你确实可以看到讨论智力的最佳方式。"疯癫的根本语言是理性语言,但是这种理性语言被显赫的心象笼罩着,因此只限于在心象所规定的现象范围内出现。它在心象整体和通用话语之外形成一种被滥用的独特结构，这种结构的引人注目的性质便是疯癫。因此，疯癫并不完全存在于心象，因为心象本身无所谓真伪、理智或疯狂。疯癫也不存在于推理中，因为推理只是形式，只能显示不容置疑的逻辑格式。但是，疯癫又存在于心象和推理之中，存在于它们的一种特殊关系之中。

我们来考虑迪默布罗克（Diemerbroek）举的一个例子。有一个人患严重的忧郁症。他的思想完全陷于一个固定想法。这个想法经常使他哀痛不已。他指控自己杀了儿子。他在极度内疚时宣称，上帝为了惩罚他曾派一个魔鬼来诱惑他，这个魔鬼就像曾经诱惑基督的那个魔鬼。他看到这个魔鬼，与魔鬼说话，回答魔鬼的问话。他不明白为什么周围的人不承认这种事情。这种内疚、自信、幻觉和言谈，就是疯癫的表现。简言之，这种信念和心象的组合就构成了一种谵妄。迪默布罗克试图找出这种疯癫的"原因"，搞清它是怎样发生的。他得出的结果是：这个人曾带着儿子洗澡，他的儿子溺水而死。从此，这位父亲便认为自己对儿子的死负有责任。于是，我们可以重构这个发疯过程了：这个人认为自己有罪，并且认为在上帝眼中这种杀人罪是不可饶恕的。由此他开始想像，他将被打入地狱。因为他知道被罚入地狱的主要痛苦是被交给撒旦，所以他告诉自己"有一个可怕的魔鬼被派来缠住他"。他并没有见到这个魔鬼，但是因为"他一直在想它"，"认为这个观念必然是真实的"，所以他硬往自己的脑袋里塞进这个魔鬼的心象。这个心象通过大脑和精神的持续作用而呈现给灵魂，使他相信自己不断地看到这个魔鬼本身。[14]

按照迪默布罗克的分析，疯癫有两个层次。一个层次是显而易见的，即一个莫须有地指控自己杀死儿子的人的忧郁症；刻画出魔鬼的荒谬想像；与幻觉进行交流的不健全理性。但是在另一个更深的层次上，我们发现了一个严谨的结构。这个结构依存于一种无懈可击的话语。这种话语在逻辑上拥有一种坚定的自信。它在紧密相连的判断和推理中展开。它是一种活跃的理性。简言之，在混乱而明显的谵妄下面有一种秘密谵妄的秩序。第二种谵妄在某种意义上是一种纯粹理性。而这种理性完全脱去了痴呆的外表。在这种谵妄中包含着疯癫的似是而非的真相。这里有双重含义。我们在这里似乎既发现了使疯癫具有真理性的东西（无可辩驳的逻辑、结构完善的论述话语，一种实际语言的无懈可击的明晰表达），又发现了使之变成真正的疯癫的东西（疯癫的本性、疯癫表现的特殊风格以及谵妄的内在结构）。

更深入一步看，这种谵妄语言是疯癫的结构方式，是肉体或灵魂的一切疯癫表现的决定性要素，因此也是疯癫的终极真相。譬如，迪默布罗克分析的忧郁症患者之所以与魔鬼交谈，其原因在于魔鬼心象已由精神运动深深地铭刻在可塑的大脑中。但是，这种有机的形象仅仅是纠缠着病人思想的某种成见的另一面。它所体现的是某种无限重复的话语——关于上帝必定对犯有杀人罪者予以惩罚的话语——在肉体的积淀。肉体及其所隐匿的痕迹，灵魂及其所感受的心象在这里都不过是谵妄语言句法中的层阶。

为了避免让人们指责说我们的全部分析都是围绕着一个作者的一项观察（因为它涉及的是忧郁症谵妄，所以它是一个特例）展开的，我们将用另一个时代另一个作者关于另一种迥然有别的疾病的论述，来确证谵妄话语在古典时期疯癫概念中的基本角色。这就是边维尔（Bienville）所研究的"女子淫狂"的例子。有一名叫朱丽叶的少女，她的想像因过早读了些书而被激发起来，又因听了一个年轻女仆的意见而变得强烈。这个女仆"初知维纳斯的秘密，……在母亲眼中是一个本分的侍女"，但她"是一个给女儿带来欢乐的可亲而妖娆的女管家"。朱丽叶用自己在受教育过程中所获得的全部印象来同这些新奇的欲望进行斗争。她用宗教和道德知识来对抗小说中的挑逗语言。尽管她的想像十分活跃，但只要她拥有"一种推理能力，使自己相信，屈从这种可耻的情欲既不合法又不道德"，她就不会生病[15]。但是，她听到的下流议论和读到的诱惑文字越来越多。这些东西每时每刻都在使日益脆弱的神经变得愈益激动不安。后来她用来作为抗拒武器的基本语言逐渐失效了："本来只有天性在说话。但是不久，幻觉、怪念和狂想都产生作用了。最后她不幸获得一种力量，向自己证实这个可怕的格言：世上没有什么比顺从情欲更美妙、更甜蜜。"这种基本话语打开了疯癫之门：想像获得自由，欲望不断扩大，神经达到亢奋的程度。严格体现了某种道德原则的谵妄直接导致了惊厥，从而有可能危及生命本身。

这最后一种循环是从自由的幻觉开始的，至此结束于严格的谵妄语言。至此，我们可以做出以下结论：

1. 在古典时期，疯癫中存在着两种谵妄。一种是某些精神疾病，尤其是忧郁症所特有的症状。在这个意义上，我们可以说有些病伴随有谵妄，有些疾病不带有谵妄。但无论如何，这种谵妄总是明显的，它构成疯癫表征的一个组成部分。它是疯癫的真相所固有的，构成其中一部分。但是，还存在着另一种谵妄，它并不总是明显的。它不是由病人自己在生病过程中明确表达出来的。但是，凡是从根源上追溯这种疾病并力图明确表述其秘密和真相的人，都不会看不到它的存在。

2. 这种隐蔽的谵妄存于心智的一切变动之中，甚至存在于我们最想不到的地方。古典时期思想确信，在仅有默默的姿态、无言的狂暴、古怪的行为的病例中，背后都是疯癫在直接地和不断地起作用，从而将这些特殊的表征与疯癫的一般实质联系起来。詹姆斯（James）在《医学大辞典》中明确地主张，"凡是做出任何有悖理性和体统的、过分或错误的有意行为的病人"均应视为处于谵妄状态，"例如有些病人用手撕扯毛衣的毛线或用手抓苍蝇；某个病人的行为毫无原因地违反常态，或滔滔不绝地讲话或沉默不语；或者他在本该慎重的言谈中出言不逊、满嘴污言秽语，或者在有人接近他时，他呼吸异常困难或暴露自己的私处。我们还应认为那种因感官迷乱而头脑不清的人或违反常态使用感官的人处于谵妄状态，如病人丧失某种意识行为的能力或行动异常。"[16]

3. 不难理解，话语涵盖了整个疯癫领域。在古典意义上，疯癫与其说是指精神或肉体的某种特殊变化，毋宁说是指在肉体的变化下面、在古怪的言谈举止下面，有一种谵妄话语存在。可以说，古典时期的疯癫的最简单最一般的定义就是谵妄（delire）："这个词是从 lira（犁沟）衍生出来的，因此 deliro 实际上意指偏离犁沟，偏离正确的理性轨道。"[17] 因此，毫不奇怪，18世纪的病理学家常常把头晕列为一种疯癫，而很少将歇斯底里性惊厥列为疯癫。这是因为在歇斯底里性惊厥中往往不能发现这种语言，而头晕则提供了谵妄证明：世界确实在"旋转"。对于一种能被称作疯癫的疾病来说，这种谵妄是一个充分必要条件。

4. 语言是疯癫最初的和最终的结构，是疯癫的构成形式。疯癫借以明确表达自身性质的所有演变都基于语言。疯癫的实质最终可以用某种话语的简单结构来确定，这一点并没有把疯癫简化为某种纯粹的心理状态，而是使它涵盖了灵与肉的整体。这种话语既是心智用自己特有的真理自言自语的无声语言，又是肉体运动的有形表达。类比、补充以及我们明显看到的各种直接交流方式，在疯癫中都因这种语言及其作用而悬留在灵魂和肉体之间。激情的一直持续到中止并转而反对自身的运动，心象的突然出现，随之而来的肉体骚动，所有这一切早已被这种语言悄悄地推动着，甚至在我们试图对之加以重构时也是如此。如果说激情的决定作用在心象的幻觉中被超越和消除，如果心象反过来扫除了整个信仰和欲望世界，那么这是因为谵妄语言已经存在，这种话语使激情摆脱了一切限制，并用其全部强制性的肯定力量来维持自我放纵的心象。

这种谵妄既是肉体的又是灵魂的，既是语言的又是心象的，既是语法上的又是生理学上的。疯癫的所有循环都是在这种谵妄中结束和开始。正是这种谵妄从一开始就以其严格的意义将这些循环组织起来。正是疯癫本身，及其对个别现象的默默超越，构成了疯癫的真相。

最后余下的问题是：这种基本语言为什么被视作谵妄？即便说它是疯癫的真相，那么是什么使它成为真正的疯癫以及精神错乱的原生形式？为什么偏偏在这种话语中——其形式就我们所见而言十分符合理性的法则——我们发现所有十分明显地宣告理性缺席的表征？

这是一个核心问题，但是古典时期并没有明确给出一个直接的回答。我们只能通过研究在这个疯癫的基本语言的毗邻领域中发现的经验,即做梦和妄想,来间接地考察它。

疯癫的似梦性是古典时期的常见说法之一。这个说法无疑源于十分古老的传统。16 世纪末,洛朗的安德烈(André du Laurens)依然在论证这一说法。在他看来,忧郁症和做梦有相同的根源和相同的真实价值。"自然梦境"再现了头一天感受或认识的,但被主体的特殊气质无意中加工的东西。同样,有一种忧郁症纯粹起源于病人的生理气质,它在病人的头脑中改变了实际事件的意义、价值或色调。但是也有另一种忧郁症,它能使病人预言未来,说一种无人知晓的语言,看见一般人所看不见的事物。这种忧郁症起源于某种超自然的干预,而这种干预同样使睡眠者做梦预见未来,看见"不可思议的事物"。

然而,到了 17 世纪,人们之所以还保留这种疯癫和做梦相比拟的传统,只是为了更彻底地打破它,为了造就二者之间更根本的关系。这些新关系不仅包括对疯癫和梦境的终极根源和作为符号的直接价值的理解,而且包括对二者作为现象的发展和性质的比较。

此时,做梦和疯癫似乎具有相同的实质。它们的机制是相同的;因此,扎奇亚可以确认,在梦游中引起梦幻的运动也能在清醒时引起疯癫。

在人刚刚入睡时,许多雾气从身体内产生,上升到头部。它们密密麻麻、汹涌骚动。它们十分模糊,因此不能在大脑中唤起任何心象。它们仅仅以其飘忽跳动刺激着神经和肌肉。狂怒者和躁狂症病人的情况也是如此。他们几乎没有什么幻觉,也没有任何错误的信念,而只是感受到他们无法控制的强烈刺激。我们再接着看睡眠的发展:在最初的骚动之后,升至大脑的雾气被澄清了，其运动变得有序了。正是在这个时候，奇异的梦境产生了。人们看到了无数不可思议的事物和奇迹。与这个阶段相对应的是痴呆。此时人对许多"现实生活中不存在的"事情信以为真。最后，雾气的刺激完全平复下来，睡眠者开始更清楚地看到一些事物。透过从此变得明晰的雾气，对头一天的种种回忆浮现出来，而且与现实完全吻合。这种心象至多在一两点上是被错置的。忧郁症病人，"尤其是那些没有完全精神错乱的人"的情况也是如此，他们也承认事物的本来面目。睡眠的各个发展阶段都对想像的性质有所影响。在睡眠的渐进过程和疯癫的形态之间有一种固定的相似关系，这是因为二者的机制是相同的；有同样的雾气和元气运动，同样的心象释放过程，在现象的物理性质和情感的心理或道德价值之间有同样的对应关系。"从精神错乱恢复到正常无异于大梦初醒。"[18]

在扎奇亚的分析中，一个重要之点在于，疯癫不是与做梦的种种肯定现象相联系，而是与睡眠和做梦组成的整体相联系，这个复合体不仅包括心象（幻觉、记忆和预感），而且还包括睡眠造成的大空虚，感觉的迟钝以及所有使人离开非睡眠状态及其明显的现实感的否定状态。过去的传统是将疯癫的谵妄同活跃的梦境加以比较，而古典时期则认为谵妄完全是与心象和头脑休眠的复合状态同一的，正是在这种复合状态下谵妄获得了自由。这种状态若被完全错置在非睡眠状态，便构成了疯癫。我们正是应该这样来理解在整个古典时期反复出现的疯癫定义。做梦这个心象和睡眠的复合状态几乎一直被纳入这种定义；在否定的形式中，非睡眠状态被当作是区分疯人和睡眠者的唯一标准，在肯定的形式中，谵妄被定义为一种梦幻方式，而非睡眠状态则被当作具体的特点："谵妄是非睡眠者的梦幻。"[19] 把做梦视为一种暂时的疯癫的古代观念被颠倒过来了。现在，情况不再是做梦向精神错乱借用其困扰力量，以显示理智是多么脆弱有限，而是疯癫从睡梦获得自己的本性，并通过这种亲密关系揭示它是现实黑夜中的心象的一种解放。

梦是骗人的。它导致混淆。它是虚幻的。但它不是错误。而这就是为什么不能用醒时的梦幻方式来完全概括疯癫，为什么疯癫还包括谬误的原因。诚然，在睡梦中，想像塑造了"不可思议的事物和奇迹"，或者说它"用一种非理性方式"聚合了栩栩如生的形象。但是，正如扎奇亚指出的，"在这些事物中不存在谬误，因此绝无精神错乱。"而疯癫是在与梦境十分相似的心象受到肯定或否定从而构成谬误时发生的。正是在这个意义上，《百科全书》提出了著名的疯癫定义：偏离理性"却又坚定地相信自己在追随着理性——这在我看来就是所谓的发疯了。"在古典主义的精神失常的定义中，谬误是伴随着梦幻的另一个因素。在17和18世纪，疯人并不完全是某种错觉、幻觉或他的思想运转的牺牲品。他不是受到欺骗，而是欺骗自己。如果确实可以说，一方面疯人的头脑受到心象的梦幻任意性的引导，另一方面他同时用错误意识的循环论证来束缚自己，那么索瓦热当然可以说："我们把那些实际上丧失了理性或固执某种明显错误的人称为疯人。正是这种在想像、判断和欲望中表现出来的灵魂对错误的执迷不悟，构成了这类人的特征。"

疯癫是从人与真理的关系被搅得模糊不清的地方开始的。正是在这种关系中，同时也正是在这种关系的破坏中，疯癫获得了它的一般含义和各种特殊形态。扎奇亚说，痴呆——在此是在最一般的疯癫意义上来使用这个词——"就源出于此，即理智不能区分真伪"。但是，如果我们仅仅把这种崩溃理解为否定的话，那么它也有肯定的结构，从而也具有各种独特的形态。接近真理的方式不同，因此也有各种不同的疯癫类型。正是在这种意义上，克里奇顿（Chrichton）列出疯癫（vesania，精神病）序列：谵妄、幻觉和痴呆。谵妄改变了在感知中形成的与真理的关系（"在精神器官的一般谵妄中，被歪曲的感知被当作现实来接受"）。幻觉则改变了再现功能（"由于精神的谬误，想像的事物被当作了现实，或者现实事物被歪曲地再现出来"）。痴呆并不取消或改变接近真理的能力，而是削弱和缩小这些能力。

但是，我们也可以从真理本身、从真理的形态来分析疯癫。《百科全书》正是用这种方式区分了"自然真理"和"道德真理"。"自然真理存在于我们的感觉与自然对象的准确联系之中。"因此，不能接近这种真理便会造成一种疯癫。这种关于物质世界的疯癫包括错觉、幻觉以及各种感知紊乱。"像某些狂信者听到天使的合唱，便是这种疯癫。"而"道德真理存在于我们能觉察到的道德对象之间或这些对象与我们自身之间的严格关系之中。"丧失这些关系，便会造成一种疯癫。这种疯癫是性格、行为和感情方面的疯癫。"因此，各种精神失常、各种自恋错觉、各种感情，发展到盲目的地步便是名副其实的疯癫。因为盲目是疯癫的突出特征。"[20]

盲目是最接近古典时期疯癫的实质的词之一。它意指的是笼罩着疯癫心象的那种犹如睡眠的昏蒙状态。这种状态赋予被隔绝的心象以无形的支配权。但是它也意指不可靠的信念，错误的判断，与疯癫密不可分的、由谬误构成的整个背景。这样，谵妄的基本话语凭借着它的各种构成力量揭示了自己在多大程度上不是理性的话语。尽管在形式上十分相似，尽管这种话语的含义十分严格，但是它是在盲目昏蒙中说出来的。它不仅仅是某种梦境的松散而混乱的本文，因为它欺骗自己。但是它也不仅仅是某种错误的陈述，因为它陷入了睡眠时的那种浑然状态。谵妄作为疯癫的基本要素，是用梦的一般语法体系表达的一个假命题系统。

疯癫恰恰处于梦幻和谬误的接触点上。它以各种变形在它们的接触面上纵横移动。这个接触面既将二者结合起来又将二者区分开。疯癫既分担了谬误的非真理性和肯定或否定的任意性，又从梦幻那里借来了源源不断的心象和五彩缤纷的幻觉。但是，因为谬误是纯粹的非真理，而且梦幻既不能肯定也不能判断，所以疯癫就用心象来填补谬误的空白，而且用对假象的肯定来把幻觉联结起来。在某种意义上，正是这种充实将白昼的力量与夜晚的影象结合起来，将清醒头脑的活动与各种幻想结合起来，换言之，把光明的形式和黑暗的内容结合起来。但是，这样一种充实不正是极度的空虚吗？心象的出场提供的不过是被黑夜笼罩的幻觉、铭刻在睡梦角落的影像，因而脱离任何现实感受。无论这些心象是如何栩栩如生，无论它们在肉体中有着如何严密的生理基础，它们不过是虚无，因为它们没有再现任何东西。至于错误的判断，那也仅仅是表面上的判断：当它确认毫不真实的东西时，就等于根本没有确认；它陷入了错误的非存在之中。

疯癫把视觉和盲目、心象和判断、幻觉和语言、睡眠和清醒、白昼和黑夜结合起来，最后成为一种虚无，因为它是将它们中的各种否定因素结合起来。但是这种虚无的悖论在于它要表现自己，透过符号、语言和姿态爆发出来。这真是一种有序和无序、事物的合理存在和疯癫的虚无状态难解难分的结合！因为对疯癫来说，如果它是虚无的话，那么它只能通过背离自身，采用某种理性秩序的外表，从而变成与自己相反的东西，才能表现自己。这就暴露了古典时期疯癫体验的矛盾：疯癫总是不露面，永远退缩到令人无法接近的地方，没有任何现象特征或实证特征；但是它又出现在疯人的独特证据中，而且是完全可见的。虽然疯癫是无意义的混乱，但是当我们考察它时，它所显示的是完全有序的分类，灵魂和肉体的严格机制，遵循某种明显逻辑而表达出来的语言。虽然疯癫本身是对理性的否定，但是它能自我阐述出来的一切仅仅是一种理性。简言之，虽然疯癫是无理性，但是对疯癫的理性把握永远是可能的和必要的。

只有一个词能够概括这种体验，即非理性：因为对于理性来说，它的一切既是最贴近的又是最疏远的，既是最空洞的又是最完全的；它的一切都是以熟悉的结构呈现给理性，从而批准了某种力求实证的知识并进而批准了某种力求实证的科学；但是它的一切又不断地避开理性，处于不可接近的领域。

现在，如果我们试图考虑古典主义的非理性在与梦幻和谬误的关系之外就其本身而言有何价值的话，那么我们就不能把它理解为一种理性的扭曲、丧失或错乱，而应简单地将它理解为理性的眩惑。

眩惑是光天化日之下的夜晚，是笼罩着任何光照过于强烈的地方的核心部分的黑暗。眩惑的理性睁眼看太阳，看到的是虚无，也就等于什么也没看。在眩惑时，对象退缩到黑夜之中，同时也伴随着对视觉本身的压制。当视觉看到对象消失在光亮的神秘黑夜时，也在自身消失的时刻迷失于自身之中。

如果说疯癫是眩惑，也就是说疯人看到日光，看到有理性的人所同样看到的日光（二者都生活于同样的光明之中）。但是，虽然疯人看到同样的日光，却仅仅看到日光，在日光中什么也没看见，因此他是看着虚空、看着黑夜、看着虚无。对他来说，阴影是感知日光的途径。这就意味着，由于他看到的是黑夜和黑夜的虚无，因此，他什么也没看到。但是他相信自己看到了什么，他就把自己想像中的幻觉和各种黑夜居民视为现实。这就是为什么谵妄和眩惑的关系构成了疯癫的本质，正像真理和光明的基本关系构成古典时期的理性。

在这个意义上，笛卡儿的怀疑原则当然是祛除疯癫的伟大符咒。笛卡儿闭上眼睛、堵住耳朵，是为了更好地看到本质性日光的真正光亮。这样他就避免了疯人的眩惑。而疯人睁大着眼睛，看到的只是黑夜，虽然什么也没看见，却自以为看到了想像的东西。由于笛卡儿的闭合的感觉具有不变的洞察力，他就打破了一切可能的迷惑。如果他在看什么，他就能确信他所看到的东西。而在被某种其实是黑暗的光亮所陶醉的疯人眼前，浮现和繁衍的是各种心象，这些心象没有自我批判能力（因为疯人看见它们），却又无可补救地脱离现实存在（因为疯人什么也没看见）。

非理性与理性的关系正如眩惑与日光本身的关系一样。这并不是一个比喻。我们现在正接触到滋润着全部古典时期文化的大宇宙观的核心。文艺复兴时期的"宇宙"有着十分丰富的内在联系和象征意蕴，完全受星辰互动现象支配。这种"宇宙"现在消失了。但是"自然"还未取得普遍性的地位，也没有获得人类抒情式的承认，并迫使人服从它的季节韵律。古典时期思想家在这个"世界"中所保留的和在"自然"中所预置的是一种极其抽象的法则，而这种法则却构成了十分生动具体的对立，即白昼与黑夜的对立。这种时间不再是星相的宿命时间，也还不是抒情式的季节时间。它是普遍的时间，但又是将光明与黑暗截然分开的时间。这种观念用一种数学科学来主宰一切——笛卡儿的物理学其实是一种光的数学。但是，这种观念同时也勾画出人类生存中的重大悲剧性停顿：它以同样的专横支配着拉辛的戏剧时间和图尔（Georges de la Tour）[21]的空间。白昼和黑夜的循环是古典时期世界的法则。它是这个世界最简约而最有强制力的要素，是自然中最必然的也是最简单的规律。

这个法则排斥一切辩证关系和妥协，因此它既确立了知识的完璧无瑕的统一，又肯定了人类悲剧生存中不可协调的分裂。它统治着一个没有晨曦暮霭的世界。这个世界没有热烈的喷发，也没有似水的柔情。一切事物要么是清醒的，要么是梦幻的，不是真理就是蒙蔽，不是光明的存在就是黑暗的虚无。这种法则规定了一种必然的泾渭分明的秩序，从而使真理得以存在并一成不变。

但是，在这个秩序的两个方面都有两种相反而对称的形象。它们表明，在某些极端的情况下这个秩序可能被侵犯，同时还表明，不使这个秩序受到侵犯是何等重要。一方面是悲剧。把戏剧情节限定在一天之内的规则具有一种肯定性内涵；它迫使悲剧的时段必须在这种独一无二的但又永恒普遍的白昼与黑夜的交替中保持平衡；整个悲剧必须在这种时间统一体中完成[22]，因为说到底，悲剧完全是两个由时间联系起来的领域的不可调和的对抗。在拉辛的戏剧中，每一个白昼都面临着一个黑夜，可以说白昼使黑夜得到揭示，如特洛伊的大屠杀之夜，尼禄

（Nero）[23]的欲望之夜，提图斯（Titus）[24]的罗马之夜，亚他利雅（Athalie）[25]的黑夜。这些都是漫漫长夜，黑暗王国。它们毫不放松地骚扰着白昼，使之不得片刻安宁。它们只有在新的死亡之夜才会消失。反之，这些怪异之夜又被某种光亮所骚扰，这种光亮是一种可怕的白昼折映，如特洛伊的焚毁、罗马禁卫军的火炬、梦中昏暗不明的光亮。在古典主义悲剧中，白昼和黑夜犹如一对镜子，无始无终地相互映照，并为这种简单的结合提供了一种出人意料的深邃意蕴，后者用单一的运动笼罩了人的全部生死。在图尔的《镜子中的玛德莱娜》中，光亮和阴影以同样方式相互掩映，使面孔和它的镜像、骷髅和它的幻象、警醒和沉默既分立对峙又统一结合。在《圣阿列克西像》中，侍童举着火炬，映照出棺椁的阴影所笼罩的主人。这是用一个肃穆而色调明亮的男孩来比照人类的全部苦难，用一个孩子来揭示死亡。

在另一方面，面对悲剧及其神圣语言的是疯癫的混乱不清的喃喃低语。在这里，庄重的对立法则也受到冒犯。如同悲剧中的混乱一样，阴影和光亮混合在疯癫的狂暴之中。但这表现为另一种方式。在黑夜，悲剧人物发现了一种阴沉的白昼真理。特洛伊之夜成为安德洛玛克（Andromache）[26]的真理，正如亚他利雅的那一夜预示了即将来临的白昼的真理。黑夜反而具有了揭示作用。它成为现实存在的最深刻的白昼。反之，疯人在光天化日之下发现的仅仅是不协调的夜间形象；他听任光亮被各种梦幻所遮蔽；他的白昼不过是最浮浅的现象之夜。正是在这种意义上，悲剧人物比其他人更介入现实存在，更是自身真相的承载者，因为他就像菲德拉（Phèdre）[27]一样当着无情的太阳喊出黑夜的全部秘密。而疯人则完全脱离现实存在。既然他用白昼的幻觉反映出黑夜的非存在物，那么他怎么可能不被排斥在现实存在之外呢？

我们知道，悲剧主人公与前一阶段的巴罗克人物不同，他绝不可能是疯子，反之，疯癫也不可能负载着我们自尼采和阿尔托以来所了解的那些悲剧价值。在古典时期，悲剧中的人和疯癫的人相互对峙，绝无对话的可能，绝无共同语言。因为前者只能说出有关存在的关键词语，在一刹那间把真理的光明和深沉的黑暗统一起来。而后者则无休止地发出无谓的低语，既没有白昼的高谈阔论，也没有晦暗的谎言。

疯癫标示出黑夜幻觉的虚浮和白昼判断的不存在之间的分界。

虽然我们已经能够从知识考古学中逐步了解这一点，但是，一个简单的悲剧闪电，即《安德洛玛克》（拉辛的悲剧作品，于1667年首演。——译者注）中的最后一部分台词，就已经告诉了我们许多。

当疯癫正从悲剧表演中消失之时，当悲剧人物正要在今后两个多世纪中与非理性的人分道扬镳之时，正是在这个时刻仿佛必须有一个疯癫的最后造型。《安德洛玛克》最后一场大幕降落也正落在疯癫的重要悲剧化身的最后一人身上。但是，在它即将消失之时的出场中，在这种将永久禁锢自身的疯癫中，表达了它此时及在整个古典时期的意义。即将消失之时不正是它能最充分地呈现自己的真理、自己缺席的真理、处于黑夜边缘的白昼的真理的时刻吗？这只能是第一部伟大古典主义悲剧的最后一幕，或者说，这是在最后一部前古典主义戏剧中第一次用悲剧情节表达出古典主义的疯癫真理。但是无论如何，这个真理是转瞬即逝的,因为它的出现只能是它的消失;这一闪电只能在夜色已浓时看到。

　　奥瑞斯忒斯(Orestes)在疯狂中度过了三重黑夜,即经历了围绕一个中心的三次眩惑。在此之前,白昼刚刚降临到皮洛斯(Pyrrhus)的宫殿,黑夜尚未离去,给曙光嵌镶上阴影的黑边,明确地标出白昼的界限。就在这个喜庆的早晨,罪恶发生了,皮洛斯在黎明之时闭上了眼睛:一块阴影投射在祭坛的阶梯上、投射在光明和黑暗的交界。疯癫的两大宇宙主题就是这样以不同的方式呈现出来,成为奥瑞斯忒斯的疯狂的前兆、背景和衬托[28]。疯癫在这个时候才开始了:在对皮洛斯的谋杀和赫耳弥俄涅(Hermione)的背叛真相大白之时,在一切最终突然暴露出一个既古老又新鲜的真理的那个黎明,出现了第一重阴影:奥瑞斯忒斯周围的世界开始退缩到这片阴霾之中;真理出现在这个若明若暗的晨曦中、这个黎明时分的夜色中,此时严酷的真理将变成脱缰的幻觉:

　　　　但是,多么浓重的夜色竟突然笼罩了我?

　　这是谬误的虚空之夜;但是在这第一片朦胧的背景前将出现一片华彩,一种虚假的光亮。那是心象的虚假光亮。梦魇产生了,但不是在曙光的照耀下,而是在一种昏暗的闪光中,即在风暴和谋杀的光亮下。

　　　　噢,神呀!有何等血河在我身边流淌!

　　于是梦幻王国便出现了。在这种夜色中,幻觉获得了自由。

复仇女神出现了并开始行使权力。她们虽飘曳不定却来势汹汹。她们在人的孤独心境中相继出现并轻而易举地取得胜利。没有什么能够抗拒她们。心象和语言在呼语中交错，这些呼语就是符咒，就是既被确认又被拒斥、既是被召唤来的又让人恐惧的精灵。但是，所有这些心象都向第二个黑夜汇聚。这个黑夜是惩罚的黑夜，永恒复仇的黑夜，死亡中的死亡之夜。复仇女神被重新召回到属于她们自己的黑暗之中，那里是她们的诞生地，她们的真实情况，也就是她们自身的虚无状态。

你是把我拉入那永恒的黑夜中吗？

正是在这个时候才显示出疯癫时的心象只是梦幻和谬误。如果受折磨者被它们所蒙蔽而求助于它们，那么就会在它们的必然破灭中与它们同归于尽。

此时，我们度过了第二重黑夜。但是我们并未因此而返回到世界的白昼现实。我们超越了疯癫的现象，接触到了谵妄，即自始便暗中维系着疯癫的那种根本性的结构。这个谵妄有一个名字，即赫耳弥俄涅。赫耳弥俄涅不再作为幻觉中的佳丽，而是作为疯癫的终极真相而重新出现。意味深长的是，赫耳弥俄涅正是在狂乱之时出面干预了：她既不是成为复仇女神中的一员，也不是在她们前面引导她们，而是在她们之后，与她们有一个黑夜之隔——她们把奥瑞斯忒斯拖入了那个黑夜，她们自己现在也消散在那个黑夜之中。赫耳弥俄涅是作为谵妄的形象、作为自始便暗中支配着一切的真理而出面干预的。复仇女神根本上只是她的仆人。在此，我们看到的恰与希腊悲剧相反。在希腊悲剧中，复仇女神就是在黑夜中一直等待着剧中人物的最终命运和真理,剧中人物的激情不过是她们的工具。而在这里,复仇女神仅仅是谵妄的侍女,谵妄则是最初的和最终的真理,它早已在激情中出现,而现在则赤膊上阵。这个真理把心象赶开,独自支配一切:

> 但是,滚开吧,让赫耳弥俄涅自行其事吧。

赫耳弥俄涅自始至终一直在场。她一直在折磨奥瑞斯忒斯,一点点地摧毁他的理智。为了赫耳弥俄涅,奥瑞斯忒斯变成"叛逆者、杀人犯和渎神者"。赫耳弥俄涅最终表明自己是奥瑞斯忒斯疯癫的真理和顶峰。而谵妄达到僵直的程度时再也说不出别的,仅仅把一个早已陈腐可笑的真理当作紧迫的决断宣布出来:

> 我最终把我的心送给她吃。

很久以前奥瑞斯忒斯就已经奉献了这种野蛮的牺牲。但是现在他把他的疯癫的这种基本要素当作一种结局表达出来。因为疯癫不可能走得更远了。在通过其本质性的谵妄说出了自身的真理之后,它只能是在第三个黑夜中崩溃了。这是无人能从中返回的黑夜,是一个不断吞噬的黑夜。只有在语言归于沉寂、谵妄本身受到阻遏、人心最终被吞噬的那一瞬间,非理性才会出现。

在17世纪初的悲剧中,疯癫也产生戏剧效果,但它是通过揭示真理(真相)来产生戏剧效果;疯癫依然通向语言,通向一种更新后的阐释语言和关于被重新征服了的现实的语言。

它至多只能是悲剧的倒数第二个时刻,而不能成为《安德洛玛克》中那样的最后时刻。而在后者那种最后时刻,没有揭示其他任何真理,只能通过谵妄揭示激情的真理,因为激情在与疯癫结合时达到了登峰造极的程度。

古典时期学术所追循和探索的非理性运动已经用简洁的悲剧语言走完了自己的全部轨迹。以后,沉默便能成为主宰了,在总是退缩的非理性中,疯癫消失了。

我们现在对非理性的认识使我们进一步理解了禁闭的意义。

这种将疯癫放逐到一个中性的和划一的隔离世界的行为,既不标志着医学技术演变的停顿,也不标志着人道主义观念进步的停顿。它用下列事实来表明自己的准确意义:古典时期的疯癫不再是另一个世界的符号,它已成为非存在物的荒谬表现。说到底,禁闭的目的在于压制疯癫,从社会秩序中清除一种找不到自己位置的形象。禁闭的实质不是被除一种危险。禁闭仅仅表明了疯癫在实质上是什么:是一种非存在物的表现;禁闭通过提供这种表现来压制疯癫,因为它使疯癫恢复了虚无真相。禁闭是对付被视为非理性即对理性的空洞否定的疯癫的最恰当的做法;通过禁闭,疯癫被公认为虚无。也就是说,一方面,疯癫在人们的直觉中是异常(差异):因此,不是医生而是神智正常的人们的自发的集体判断要求做出禁闭一个疯人的决定;另一方面,禁闭只能有一个目的——矫正(即压制异常或用死亡来完成这种虚无状态);因此,在禁闭所的登记簿上常常可以看到护理员记录下的那些选择死亡的人,但这并不表明禁闭的野蛮、不人道或邪恶,而是严格地表达了其意义:它是一个消灭虚无状态的手术[29]。禁闭虽然是一种表面现象而且

第四章 激情与谵妄　　109

被包上一套临时拼凑的道德，但却勾画出疯癫的秘密而别致的结构。

那么，禁闭真的是出自于这种深切的直觉吗？疯癫最终被打上非存在的耻辱烙印，难道不是由于禁闭的作用而使疯癫实际上从古典时期视野中消失了吗？这些问题的答案是一个连环套。毫无疑问，陷于这种无结果的循环质询将一无所获。因此，最好是让古典时期文化从一般结构上来概括自己对疯癫的体验。这种体验以同样的含义出现在古典时期文化内在逻辑的统一秩序中、思辨的秩序和制度的秩序中，出现在话语和法令中、言词和暗语中——实际上，无论在什么地方，凡是表意因素对于我们都能具有一种语言的价值。

注 释

〔1〕索瓦热（François Boissier de Sauvages）《疾病分类学体系》（*Nosologie méthodique*）（里昂，1772）第 7 卷，第 12 页。

〔2〕贝尔和格朗戎（F. Bayle and H. Grangeon）《关于几位自称拥有图卢兹法院权力的人的情况》（*Relation de l'état de quelques personnes prétendues possédées faite d'autorité au Parlement de Toulouse*）（图卢兹，1682），第 26~27 页。

〔3〕马勒伯朗士（Malebranche）《寻找真理》（*Recherche de la vérité*），第 5 部，第 3 章。

〔4〕索瓦热，前引书，第 7 卷，第 291 页。

〔5〕怀特（Robert Whytt）《论神经疾病》（*Traité des maladies nerveuses*）（法文译本，巴黎，1777），第 2 卷，第 288~291 页。

〔6〕马勒伯朗士（1638~1715），法国天主教教士、神学家。——译者注

〔7〕兰奇西（1654~1720），意大利临床医生、植物学家，被认为是最早的现代卫生学家。——译者注

〔8〕里夫（Charles-Gaspard de la Rive）《关于一个精神病人疗养所》（*Sur un établissement pour la guérison des aliénés*），载《不列颠丛书》（*Bibliothèque*

britannique）第 8 卷，第 304 页。
〔9〕《百科全书》（Encyclopédie）"躁狂症"条。
〔10〕《论有形的灵魂——并于古代和现代哲学中灵魂无形论的新论纲》
（L'Ame matérielle, ou nouveau système sur les purs principes des philosophes anciens et modernes qui soutiennent son immatérialité)，阿尔森纳尔（Ars-enal）手稿，第 2239 号，第 169 页。
〔11〕扎奇亚（Paul Zacchias）《医学法规问题》（Quaestiones medico-legales）（阿维农，1660～1661），第 2 部，第 2 卷，问题 4，第 119 页。
〔12〕索瓦热，前引书，第 7 卷，第 15 页。
〔13〕同上，20 页。
〔14〕迪默布罗克（Ysbrand van Diemerbroek）"关于致命疾病的实践分歧"（Disputationes practicae, de morbis capitis），载《解剖学和医学全集》（Opera omnia anatomica et medica）（乌特列支，1685）历史卷Ⅲ，第 4～5 页。
〔15〕边维尔（J.-D.-T. Bienville）《论女子淫狂》（De la nymphomanie）（阿姆斯特丹，1771），第 140～153 页。
〔16〕詹姆斯（Robert James）《医学大辞典》（Dictionnaire universel de médecine）（法文译本，巴黎，1746～1748）第 3 卷，第 977 页。
〔17〕同上。
〔18〕扎奇亚，前引书，第 1 部，第 2 卷，问题 4，第 118 页。
〔19〕皮特凯恩（Archibald Pitcairne）的观点，转引自索瓦热，前引书，第 7 卷，第 33、301 页。
〔20〕《百科全书》，"疯癫"条。
〔21〕图尔（1593～1652），法国画家，作品大多描绘烛光效果。——译者注
〔22〕这里指的是欧洲 17 世纪古典主义戏剧的三一律，即一出戏必须以一个情节为限，在一个地点并于一天之内完成。——译者注
〔23〕尼禄（37～68），罗马皇帝。——译者注
〔24〕提图斯，传说中的罗马国王。——译者注
〔25〕亚他利雅，《圣经·旧约》中记载的以色列女王。——译者注
〔26〕安德洛玛克，希腊传说中赫克托尔的妻子，特洛伊被攻陷后成为俘虏。拉辛所写同名悲剧的剧情是，厄庇洛斯国王皮洛斯欲娶其为妻，皮洛斯的未婚妻赫耳弥俄涅因嫉恨于是让自己的追求者奥瑞斯忒斯在

举行婚礼之时杀死皮洛斯。——译者注
〔27〕菲德拉，希腊传说人物，拉辛以其为题写出同名悲剧，描述她对养子的一厢情愿的狂热感情反而招致了灾难。——译者注
〔28〕作为这种疯狂的衬托还应再添上安德洛玛克本人（这位寡妇、新娘和再次的寡妇先后身着丧服和礼服，而这些服装最后混穿在身，表达同样的意思）以及她在受奴役之夜的坚贞所闪耀的光芒。
〔29〕例如，有一个在圣拉扎尔禁闭了17年的疯人。"他的健康状况每况愈下，真希望他尽早死去。"（《国立图书馆馆刊》〔*Bibliothèque national*〕，克莱朗波特基金会〔Fonds Clairambault〕986，自第113页以后。）

第五章 疯癫诸相

在本章中,我们不想论述17和18世纪精神病学各种观念的演变史,而是要展示古典时期思想借以认识疯癫的具体形态。这些形态依然常常被附着上神话形象,但这些神话形象在我们实际知识的构成中往往是十分重要的。

1. 躁狂症和忧郁症

在16世纪,忧郁症的观念是由两个方面确定的,一方面是某种症状定义,另一方面是这个词所包含的一种说明性原则。在那些症状中,我们发现了一个人所能产生的关于自己的各种谵妄想法:"有些人自以为是野兽,便模仿野兽的声音和动作。有些人认为自己是玻璃器皿,因此避开过路人,以防自己被打碎;有些人畏惧死亡,然而他们却往往更容易致使自己夭亡。还有些人在想像中认为自己犯有某种罪行,每当有人走近他们,他们就惊恐战栗,以为来者要逮捕他们下狱和判处他们死刑。"[1]谵妄的想法始终是孤立割裂的,并没有损害理智整体。西德纳姆(Thomas Sydenham)[2]甚至注意到,忧郁症患者"是这样一些人:除了有所抱怨外,有些人小心谨慎、通情达理,有些人眼光敏锐、聪慧超群。因此,亚里士多德说得很对,忧郁症患者比其他人更聪敏。"

这种清晰而一致的病症是用一个蕴含着一个完整的因果系统的词来表示的,即忧郁症:"我请你们仔细注意忧郁症患者的思想、言语、想像和行为,你们会发现,他们的全部感觉都被遍布他们大脑的忧郁汁败坏了。"[3]某种程度的谵妄和黑胆汁(即忧郁汁)的作用被并置在忧郁症的概念里,但是除了由一个意指名词把一组符号跳跃地放在一起外,二者之间暂时还没有联系起来。到了18世纪,某种结合关系被发现了,或者说某种交流产生了。这种胆汁的阴冷暗淡的性质成为谵妄的主要特点,成为其有别于躁狂症、痴呆和狂乱的实证价值,成为其一致性的基本要素。尽管布尔哈夫(Hermann Boerhaave)[4]仍仅仅把忧郁症定义为"一种不发烧的长期持续的谵妄,犯病时病人完全沉溺于一个想法",但是几年后杜福尔(Dufour)就把该病的定义重心转移到"恐惧和悲伤"上,认为能够以此解释谵妄的部分特征:"因此,忧郁症患者喜欢独处,躲避人群;这就使他们更沉溺于他们谵妄的对象或屈从于支配他们的感情,与此同时他们似乎对其他一切都无动于衷。"这一观念被确定下来,不是出于更严密的观察,也不是由于在病因领域有了新发现,而是根据一种性质传递,即从该名称所蕴含的某种原因转移到对实际效果的明显感知。

17世纪初以前,在很长一段时间里,关于忧郁症的讨论局限于四种体液及其性质的说法中。人们普遍认为,物质本身具有各种稳定的性质，物质本身就是这些性质的原因。在费纳尔（Jean Fernel）看来，忧郁汁与大地和秋天相关，是一种"黏稠、阴冷、干燥的"汁液。但是在17世纪上半叶，展开了一场关于忧郁症起因的争论：是否必须具有忧郁气质才会患忧郁症？忧郁汁是否总是阴冷干燥的？难道它绝不会是温暖湿润的吗？是这种物质在起作用吗？或者说这些性质是被传递的吗？这场争论旷日持久，其结果大体如下：

1. 物质的原因作用逐渐被性质的一种运动所替代。这些性质无须任何媒介便直接从肉体传送到灵魂，从体液传送到思想，从器官传送到行为。例如，在邓肯的辩护士看来，忧郁汁产生忧郁症的最好证据是，人们在忧郁汁中能够发现该病的性质："忧郁汁所拥有的产生忧郁症的必要条件远远超过了使人震怒的条件；因为它的阴冷性抑制了元气的数量，它的干燥性使精神能长时间地保存强烈而持久的想像；它的晦暗性使精神失去天然的明快和敏锐。"[5]

2. 除了这种性质力学外，还有一种动力学。后者分析每一种性质所隐含的力量。譬如，阴冷和干燥会与气质发生冲突，这种对立会产生忧郁症的症状，其强度与这种冲突成正比，其力量会战胜和扫荡任何抗拒力量。例如，妇女就其本性而言是不易忧郁的，而一旦陷于忧郁症反而更严重："她们受其残酷的玩弄和强烈的骚扰，因为忧郁症与她们的气质更矛盾，因而使她们更偏离自己的天然素质。"[6]

3. 但是，有时在性质本身内部也产生冲突。一种性质会在自身发展过程中发生变化，成为与自身相反的东西。例如，"当怒火中烧、热血沸腾……所有的体液都消耗殆尽之时"，这种沸腾状态就会转变为阴冷的忧郁症——产生"几乎与火炬倒

第五章　疯癫诸相　　115

置、燃蜡横流之后同样的情况。……这种肉体的冷却是无节制的怒火宣泄殆尽之后的通常后果。"[7]这里有一种性质的辩证法。这些性质一旦摆脱了物质的各种束缚，摆脱了各种预定轨道，就会产生颠倒和矛盾。

4. 最后，性质会因偶然事件、环境和生活条件而改变。因此，一个体液干燥阴冷的人会因其生活方式而变成一个体液温暖湿润的人。再如妇女的情况，如果她们"总是无所用心，她们的身体排出的汗液会（比男人）少一些，热情、精力和体液也会得到保存"[8]。

因此，在脱离了限制性的物质基础之后，性质将能在忧郁症观念中起一种组织和整合作用。一方面，它们能描绘出悲伤、阴郁、迟钝和呆滞等症状与现象。另一方面，它们能提示一种因果原则。这种因果原则不再是体液生理学，而是关于某种观念，忧虑和恐惧的病理学。这种病理不是根据观察到的症状或设想的原因来确定的，而是在这二者之间和二者之外的某个地方所感知到的某种质的联系。它有自身的传导、发展和变化的规律。正是这种性质自身的神秘逻辑，而不是医学理论，支配着忧郁症观念的发展。这一点早已由威利斯（Thomas Willis）的著作证明了。

乍看上去，他们的分析在逻辑推理上是严密的。威利斯的阐释完全借助于元气及其力学特征。忧郁症是"一种没有高烧和狂乱但伴有恐惧和悲伤的疯癫"。如果说它是谵妄——即一种与真理的根本决裂——的话，那么其根源在于元气的无序运动和大脑的不良状态。但是，致使忧郁症患者"悲伤和谨小慎微"的恐惧和焦虑仅仅用这种运动能解释得了吗？是否存在着某种恐惧机制和悲伤所特有的元气运转呢？这在笛卡儿看来是不言而喻的，但是威利斯则不再做如是观。不能像看待麻痹、中风、眩晕或痉挛那样看待忧郁症。甚至不能简单地把它看作一种痴呆，尽管忧郁性谵妄可能是一种类似的元气运动紊乱；用机制失调很容易解释谵妄——但是这种错乱是痴呆或忧郁症等一切疯癫所共有的——不能解释谵妄所特有的性质，也不能解释使忧郁症的外表独具一格的悲伤和恐惧的色调。我们必须探究先在结构的秘密。说到底，正是隐藏在这种微妙事物中的这些基本性质能够解释元气的貌似矛盾的运动。

患忧郁症时，元气（精神）完全陷入某种躁动，但这是一种微弱的躁动，没有任何狂暴的力量，而是一种软弱无力的激动。这种激动不是沿着明显的途径或公开的途径（aperta opercula）推进，而是通过不断创造新的细孔穿行于大脑。但是元气并没有在其途径上游荡得很远。一旦躁动减弱平息，元气也就萎靡不振，运动就停止了："它们不会传得很远。"[9]因此，各种谵妄所共有的这种骚动在身体表面既不会产生暴烈的行动，也不会造成在躁狂症和狂乱中所能看到的那种哭喊。忧郁症从来不会达到狂暴的程度。它是软弱无力的疯癫。这种矛盾是元气秘密变化的结果。通常元气具有近乎立竿见影的快速反应和绝对的透光性。但是在忧郁症里，它们则被黑暗渗透，变得"模糊、浑浊和幽暗"。它们传递给大脑的物像被"阴影"遮蔽。它们变得沉重，近似于化学黑烟而非纯粹的光影。这是一种酸性烟雾，而不是硫化气或酒精雾。因为酸性烟雾的分子是活动的，甚至不能静止下来，但是它们的活动很微弱，不会产生影响。当它们挥发时，在蒸馏器里除了一点无臭的黏液外什么也不会留下。如果说酒精雾随时都会爆炸变成火焰，使人联想到狂乱，硫化气剧烈不息的运动使人联想到躁狂症，那么酸性烟雾不也具有忧郁症的特征吗？如果有人想探寻忧郁症的"正式理由和原因"，那么他就应考虑这种从血液上升到大脑并逐渐衰变为酸性和腐蚀性的气体。从表面上看，威利斯的分析偏重于一种元气忧郁症、一种体液化学变化。但是，实际上，主要思路是由忧郁症痛苦症状的直接性质提供的：软弱无能的混乱、头脑的昏沉、侵蚀着思想和情感的酸苦。酸性化学不是对症状的解释，而是一种定性方法，一种忧郁体验的现象学。

大约七十年后，元气说丧失了科学上的优势地位。人们转而在人的液体和固体成分中探寻疾病的秘密。詹姆斯于1743年在英国发表《医学大辞典》。该书中的"躁狂症"条提出一种躁狂症和忧郁症的比较病因学："显然，大脑是这类疾病的活动场所，……正是在大脑，造物主用一种不可思议的方式安置了灵魂、精神、才气、想像、记忆和各种感觉。……如果血液和体液的品质和数量受到损害，不再能均匀而适度地输入大脑，而是在大脑里剧烈地循环或是艰难缓慢地扩散，那么所有的高贵功能都会变化、败坏、减弱乃至完全毁坏。"如果心脏向整个机体输送的是这种愈益减弱的、沉重而受到阻滞的血液，如果这种血液是很艰难地渗入大脑的细微动脉，而大脑则需要急速的血液循环才能维持思维活动，那么就会造成不幸的梗阻。由此便可以解释忧郁症。在此，迟滞、梗阻这些基本性质依然是进行分析的指导概念。这种解释开始转到从病人的状况、言行中所感知到的性质的机制上。我们从对性质的理解转到假设的解释了。但是这种理解依然居于主导地位，并总是胜过理论逻辑。洛里（Anne-Charles Lorry）平列了两种主要的医学解释（从固体成分和从液体成分），并最终使二者并行不悖，从而区分出两种忧郁症。起源于固体的是神经忧郁症。其过程是一个特别强烈的感觉刺激了接受它的神经纤维，结果，其他神经纤维紧张起来，变得僵直，同时还能颤动。但是，如果这种感觉变得更加强烈，那么其他神经纤维就会更加紧张，以致不能颤动。这种僵直状态使血液停止流动、元气停止运动。忧郁症便产生了。在另一种"液体型"忧郁症中，体液浸满了黑胆汁，变得黏稠。血液因充斥着这种体液也变得黏稠，并滞留在脑膜里，直至压迫了神经系统的主要器官。此时我们又会看到神经纤维的僵直，但这完全是体液现象的一个后果。洛里因此而区分了两种忧郁症。实际上，他在两个解释体系中成功地运用了同一组性质，这些性质使忧郁症具有实际的同一性。理论大厦扩大了一倍，但是经验方面的性质基础依然不变。

液体的倦滞，动物元气的消沉及其散播在物象上的暗影，在血管中艰难流淌的血液的黏滞，变得暗淡、有毒和有腐蚀性的气体愈益浓密，内脏功能的减慢等等，构成了一个象征性统一体。这个统一体与其说是思想、理论的产物，不如说是感觉的产物。是它给忧郁症打上了特征烙印。

正是这种研究，而不是忠实的观察，重新编排了忧郁症的症状和表象模式。将某种程度的谵妄当作忧郁症患者的一个主要症状（以便像悲伤、疼痛、孤僻、呆滞那样作为定性依据）的说法逐渐消失了。在18世纪末，凡是没有谵妄但有呆滞、绝望和某种恍惚特点的疯癫往往被归入忧郁症[10]。另外，早在詹姆斯的《医学大辞典》中就已论述了中风性忧郁症。这种病人"不愿起床，……即使站起来，除非受到亲友或看护的强迫，否则也不愿走动。他们绝不躲避人，但是当人们对他们说话时，他们似乎心不在焉，而且一言不答。"如果说在这种例子中呆滞和沉默十分突出，并能因此而诊断为忧郁症，那么还有一些例子，人们只能观察到疼痛、倦怠和孤僻。但是观察者不会不注意到他们的躁动不安，也不会草率地诊断为躁狂症。这些病人肯定患了忧郁症，因为"他们回避亲友，宁愿独处，无目的地乱走。他们脸色焦昏、口干舌燥。他们的眼睛呆滞无神，毫无泪水。他们全身发干发热，面容阴沉，一副恐惧和悲伤的神情。"〔11〕

在古典时期，对躁狂症的分析及其演变也遵循着同样的一致性原则。

威利斯将躁狂症与忧郁症相互对照。忧郁症患者的头脑完全沉溺于省思，因此他的想像力便处于无所事事的休息状态。反之，躁狂症患者的想像则被源源不断的、蜂涌而至的思想所充斥。忧郁症患者的头脑专注于一个对象，并仅仅不合理地夸大这一对象，而躁狂症患者则扭曲所有的概念和思想。二者都丧失了和谐能力，或者说，二者所表现的价值都是没有根据的。总之，思想完整性与真理之间的基本联系受到了干扰。最后，忧郁症总是伴有悲伤和恐惧，而躁狂症则表现出放肆和暴怒。无论是躁狂症还是忧郁症，病因总是出在动物元气的运动上。但是，在躁狂症中，这种运动是很特别的。它是持续不断的、暴烈的，总能在大脑刺出新的小孔。作为不连贯思想的物质基础，它产生出激烈的举止和滔滔不绝的言谈，从而表现为躁狂症。这种有害的运动也正是那种地狱之水、那种硫黄液、那种由硫黄液、玻璃液、锑液以及其他液体组成的冥河之水的运动：它的粒子处于永恒的运动之中；这些粒子能在任何物体上造成新的孔隙和新的管道。它们有足够的力量使自身得以扩散，正如躁狂情绪能够引起全身各部位的骚动。一股地狱之水在秘密的运动中汇集了躁狂症的各种具体的物像。它构建了自己的化学神话和动力学真理，使二者难解难分。

在18世纪，具有力学和形而上学含义的神经系统中的动物元气意象经常被神经、脉管以及整个组织纤维系统的张力（紧张）意象所取代。张力意象具有更严格的物理含义，也更具有象征价值。躁狂症就是这样一种导致突然发作的神经紧张状态。躁狂症患者就像一件乐器，琴弦紧绷，受到很远很弱的刺激便开始振动。躁狂谵妄就是情感的不停振动造成的。通过这种意象，躁狂症与忧郁症的差别变得明确了。这些差异组成了一种严格的对照：忧郁症患者绝不会与外部世界产生共鸣，因为他的神经纤维过于松弛，或者因为过于紧张而变得僵硬（我们看到，张力机制如何既解释了忧郁症的呆滞又解释了躁狂症的骚动）：忧郁症患者只有少数神经纤维在振动，这些振动的神经纤维与患者谵妄的兴奋点是相吻合的。反之，躁狂症患者的神经受到任何刺激都会振动。他的谵妄是无所不包的。在忧郁症患者那里，滞重的木然状态会吞没各种刺激。与之相反，当躁狂症患者的肌体对刺激做出反应时，刺激反而变多变强，仿佛他早已在神经紧张状态中积累了补充的能量。而且，正是这种情况反而使躁狂症患者变得麻木，不是忧郁症患者的那种嗜睡麻木，而是由于内在振动造成的紧张麻木。无疑，这就是为什么躁狂症患者"对冷热均无所畏惧，严寒时节却扯烂衣衫、赤身裸体席地而眠，浑然不觉寒冷"的原因。这也就是为什么尽管现实世界仍在诱惑他们，他们却用自己谵妄的虚幻世界取代现实世界："躁狂症的基本症状出自这个原因，即病人所感受到的对象与其实际状况不同。"[12] 躁狂症患者的谵妄不是由某种异常的判断失误造成的，而是感觉印象传递给大脑的过程中的缺陷、传导方面的缺陷造成的。在这种疯癫心理学中，旧的真理观念，即"思想与事物相吻合"的观念，变成了关于某种共鸣的隐喻，即神经纤维如乐器那样忠实于使其振动的感觉。

这种躁狂紧张的观念除了发展成一种固体医学外，还形成了更强烈的性质直觉。躁狂症患者的神经僵直总是让人感到干枯。躁狂症通常都伴有体液的耗尽，整个肌体的干热。躁狂症的实质是沙质。博奈（Théophile Bonet）在其《墓地解剖》中宣布，就其所观察到的而言，躁狂症患者的大脑总是显得很干硬松脆。稍后，哈勒（Albrecht von Haller）[13]也发现，躁狂症患者的大脑干硬脆弱。梅努莱（Menuret）重申了福雷斯梯埃（Forestier）的一项研究结果。该研究表明，脉管和神经纤维变干以及某种体液丧失过多，会引起躁狂症。例如，一个年轻人"在夏季娶妻，因交合过度而患躁狂症"。

有些人提出设想，有些人有所察觉，而杜福尔则加以证实、定量和命名。在一次尸体解剖中，他从一个死于躁狂状态的人的大脑中取出一块脑髓体，切下"边长二分之一英寸的立方块"，其重量为 3j. g. Ⅲ，而取自一般人大脑的同样体积的重量为 3j. g. V: "这种重量差别乍一看没有多大意义，但是如果我们考虑到常人的大脑总量一般为三法国古斤，疯人和常人大脑总量相差八分之七盎司，那么这种重量差别就不是那么微不足道的了。"躁狂症患者又干又轻，甚至表现在天平上。

躁狂症患者的耐寒能力也进一步证实了这种体内的干热。众所周知，他们在众目睽睽下赤条条地在雪中行走，他们在收容所里不需要取暖，他们甚至能被寒冷治愈。自海耳蒙特（Jean-Baptiste van Helmont）[14]起，将躁狂症患者浸入冰水的做法被广泛采用。梅努莱讲述过他所认识的一个躁狂症患者的例子：

这个患者从监狱中逃出来,"没戴帽子,身上几乎一丝不挂,在暴雨中走了几里格(leagues)"[15],却因此完全恢复了健康。"蒙乔(Montchau)在医治一个躁狂症患者时,"从高处向病人泼浇冰水",病人被治愈。蒙乔对取得良好疗效毫不惊奇。在对此进行解释时,他综合了自17世纪以来盛行的各种并行不悖的关于身体发热的观点:"当血液沸腾、肝火太盛、体液紊乱,致使全身躁动不安时,冰水能产生如此迅速而彻底的疗效,是不足为怪的";由于寒冷的作用,"脉管收缩得更猛烈,排走了充盈的液体,固体部分因液体的高温而产生的紊乱也平息下来,而且,由于神经放松了,失调的元气也恢复了正常状态。"

忧郁症的世界是阴湿、滞重的,而躁狂症的世界则是干热、躁动和松脆的。在后一个世界,高温——是人所感觉不出的,但却处处显现出来——造成干涸和松脆,但这个世界随时可能在湿冷的作用下放松。在这些简单化的定性认识的发展中,人们确定了躁狂症的内涵和外延。无疑,17世纪初的说法依然保留下来,即"不发烧的狂暴"。但是除了这两个完全描述性的特征外,还产生了一种感性认识,这种认识是临床实践的真正主导。一旦阐释神话消失,体液、元气、固体、液体等说法不再流行,留下的就只会是相关性质的系统。而这些系统甚至不再被命名。由这种热量和运动动力学所逐渐构造的躁狂症特征体系此时将会被视为一种自然体系,被视为心理学研究的一个直接真理。过去所感受的热力、所想像的元气失调、所设想的神经紧张,从此将被失去透明性的心理学观念所取代,如内省印象的过分活跃,联想的急促,对外部世界的麻木。里夫(De la Rive)[16]已经清晰地做了描述:"外部对象对一个病人的头脑不能产生与健康人同样的印象。这些印象很微弱,病人几乎不会留意它们。他的头脑几乎完全专注于大脑失调所产生的想法。这些想法异常活跃，因此病人以为它们反映了真实对象，并据此做出判断。"但是，我们不应忘记，这种躁狂症心理学结构是在 18 世纪末出现和确立的，它仅仅是对一个完整而深奥的结构的肤浅勾画。它是根据关于一个性质世界的半感觉半图像的法则发展起来的，它终将坍塌。

无疑，这整个有冷有热、有干有湿的宇宙提醒正要走向实证主义的医学思想不要忘记自身起源的环境。但是，这种由意象组成的标志不仅仅是表示怀旧，而且也表示一项工程。为了形成关于躁狂症或忧郁症的实际体验，在某种意象背景下，由一种感觉和感情亲和关系体系而造成的各种性质互相吸引的这种引力是极其重要的。如果说躁狂症或忧郁症从此具有了我们现有科学所认识的形态，那么这不是因为经过几个世纪我们已经学会了"正视"实际症状，不是因为我们已使我们的感觉净化得极其透彻，而是因为在疯癫体验中，这些概念围绕着某些关于性质的说法组织起来，因而得到统一，彼此有了重要联系，最终使人们能够感知。这样我们就从一个简单的纯理念的描述（不发烧的狂暴，谵妄的固执想法）进入到一个性质领域。这个领域表面上不太严整、比较简单、没有太严格的界限，但是它完全能建构整个疯癫经验中实际出现的可认识和可感知的各种单元。这个研究领域被分隔为两个区域，模糊地使两种疾病具有各自的类型和结构。一方面是一个潮湿的、经历了大洪水的世界，在这个世界中，人对一切不是他独有的恐怖充耳不闻、视而不见、麻木不仁，这个世界被极端地简单化了，并被不合理地夸大其中的一个细部。另一方面则是一个焦干的沙漠般的世界，一个惊恐万状的世界，在那里，一切都是过眼烟云、混乱不堪。在躁狂症和忧郁症的宇宙模式中的这两个主题恰恰涵盖了关于这两种病的体验（这种体验与我们现在的体验几乎相同）。

威利斯因自己的钻研精神和医学感觉的敏锐完全有资格被誉为躁狂—忧郁交变现象的"发现者"。诚然，威利斯的研究方法很值得注意，尤其是在这一点上：从一种病到另一种病的转变并没有被当作是一种观察的现象——当时的问题是要寻找有关的解释——而是被看作一种深奥的自然关系的结果。那种自然关系是这两种疾病的隐秘本质的结构所决定的。威利斯并没有引用他偶尔观察到的交变例子。他首先发现的是造成奇异变形的一种内在联系："在讨论了忧郁症之后，我们必须考虑躁狂症，这二者有千丝万缕的联系，因此这两种疾病常常互相转化。"实际中有这种情况：忧郁倾向发展严重时变成了狂乱，反之，狂乱益渐减弱，最终平息下来，变成忧郁。严格的经验论者会在此看到两种病的联系，甚至会看到同一种病的两种相继出现的症状。但是，威利斯不是从症状的角度，也不是从疾病本身的角度提出问题，而仅仅是探寻在动物元气的运动中联结两种状态的纽带。我们知道，在忧郁症中元气是阴沉暗淡的；它们给物像罩上阴影，形成一种晦暗的涌流。反之，在躁狂症中，元气沸腾不息，其运动漫无规律且循环往复，甚至在毫不发烧的情况下消耗和散发热量。在躁狂症和忧郁症之间有一种明显的亲和关系。这不是经验所联结起来的症状的亲和关系，而是更强有力的在想像画面中更为明显的亲和关系，这种关系把烟和焰统一在同一种火中。"如果可以说在忧郁症中大脑和动物元气被浓烟所笼罩，那么躁狂症就像点燃了原先被浓烟所抑制的大火。"烈焰能够驱散浓烟，而烟尘降落下来能扑灭火焰、消除其光亮。对于威利斯来说，躁狂症和忧郁症的结合不是一种疾病，而是包含着相互冲突的烟和焰的秘密之火，是那种光亮和阴影的混合。

实际上，18世纪所有的医生都承认躁狂症和忧郁症的毗邻关系。但是，有些人拒绝将二者称为同一种疾病的两种现象。许多人看到了一种交替现象，但没有觉察到症状上的统一性。西德纳姆宁愿将躁狂症分为两种，一种是普通躁狂症，起因于"血液的过分沸腾和过快循环"，另一种是往往"恶化为痴呆"的躁狂症，"起因于血液因长时间的骚动耗尽了大部分精华而变得虚弱。"而更多的人承认，躁狂症和忧郁症的交替或者是一种变形现象或者是一种有更深的原因的现象。例如，利厄托（Joseph Lieutaud）认为，当忧郁症持续很久、其谵妄愈益加剧时，就会失去通常的症状而变得与躁狂症相似："忧郁症在最后阶段与躁狂症有许多相似之处。"但是他没有展开论述这种相似性。在杜福尔看来，这种联系不那么紧密，而是一种间接的因果联系。忧郁症与"额窦中的或曲张的脉管中的蠕虫"一样能引起躁狂症。当时若不借助于一种意象，任何研究都无法把交替现象改造成既精细又必要的症状结构。

当然，在威利斯的后继者那里烟和焰的意象已销声匿迹，但是为了形成有条理的成果依然在借助意象。这些意象愈益具有功能性质，愈益驻足于关于循环和升温的重大心理学观念中，愈益远离威利斯曾借用的宇宙图像。例如，布尔哈夫及其著作的注释者范·斯维腾（Gerard van Swieten）认为，躁狂症十分自然地成为最高程度的忧郁症，这不仅仅是经常性的变形所造成的，而且是必然的机能运转的结果：在忧郁症中滞积的脑液在一段时间后会活跃不安，因为内脏中的黑胆汁会因静止不动而变得"愈并苦涩"，其中会形成酸性更强的和毒性更强的成分，这些成分被血液输送到大脑，就引起了躁狂症患者的强烈不安。因此，躁狂症与忧郁症仅仅是程度上的差异，躁狂症是忧郁症的自然后果，出于同样的原因，因而通常受到同样的治疗。在霍夫曼（Friedrich Hoffmann）看来，躁狂症和忧郁症的统一是运动和冲击规律的结果。但是，在他那里，纯粹的力学原则变成了生命和疾病发展的辩证法。忧郁症实际上以静止为其特征。换言之，黏稠的血液充满了大脑。血液在大脑里必须循环流动，但却因浓重而易于阻滞。如果说血液的浓重阻滞了运动，那么它有时也会造成更强烈的冲击。大脑、大脑血管、脑体受到的刺激越强烈，就越有抗拒性，因此越容易硬化。这种硬化使浓稠的血液更猛烈地倒流。这种运动越来越强烈，很快就卷入了那种躁狂症的骚动。这样，我们很自然地从一种静止的充血的意象过渡到干、硬、急速运动等意象，其结果是，为了忠实于这种功能统一体的真正组织者——图像式观念，古典力学的原则在每一阶段都受到修正和扭曲。

因此，人们还将添加其他的意象，但它们不能起建构作用。它们仅仅是对于已获得的统一体做出许多不同的解释。例如，史宾格勒（Spengler）提出的关于躁狂症和忧郁症交变的解释，就是借用了电池的原理。首先，神经能量和神经液在该系统的一个地方集中。只有这一段受到搅动，其他地方都处于休眠状态。这就是忧郁阶段。但是当这种局部负荷达到一定的强度时，就会突然扩展到整个体系，在一定的时间里强烈地刺激着整个系统，直到负荷排放完为止。这就是躁狂阶段。从这种层次的阐释看，这种意象太复杂、太完整，它所借用的模式太间接，因此在感知一种病理统一体时不能起到组织作用。相反，它是那种本身基于具有初步统一功能的意象的感性认识产生之后所引起的联想。

这些具有统一功能的意象在詹姆斯的《医学大辞典》中已悄悄地出现了。其中之一展示了一种客观精细的观察很容易觉察的现象：躁狂—压抑循环。"将躁狂症和忧郁症归结为一类疾病，用同一种眼光来看待它们，是绝对必要的。因为我们从实验和逐日的观察中发现，这二者有同样的起因……十分严格的观察和我们的日常经验证实了这一点，因为我们看到，忧郁症患者，尤其是长期患者，很容易变得躁狂，而当躁狂平息后，忧郁症又重新开始，每过一段时间就会有这样一次反复。"[17]因此，在17和18世纪，受意象影响而建构起来的是一种感性认识结构，而不是一种理念体系，甚至也不是一组症状。其证据在于，正如在感性认识中那样，性质的转移并不影响图像本身的完整性。因此，卡伦（William Cullen）[18]能够在躁狂症中像在忧郁症中那样发现"谵妄的一个主要对象"，反之也能将忧郁症归因于"脑髓体的某部分组织的干硬"。

重要的是，观察没有发展为对解释性意象的建构，相反，意象加强了综合的主导作用，它们的组织力造成了一种感性认识结构，在这种结构中，症状最终能获得其重要价值，并被组织成可见的真理。

2. 歇斯底里和疑病症[19]

就这两种病而言，首先有两个问题。

1. 在多大程度上可以正当地将它们视为精神疾病或某种疯癫症？

2. 我们是否有根据把它们放在一起，把它们视为类似躁狂症和忧郁症那样的真正的对偶关系？

要回答这些问题，只需简单地考察一下各种分类。人们对疑病症并不总是与痴呆症和躁狂症相提并论；歇斯底里更是很少与它们并列。布莱特（Felix Plater）根本没有把这二者列入感官病变之中。在古典时期末期，卡伦依然把它们列入非精神病的范畴：疑病症属于"体力衰竭，或因虚弱或因生命机能运转失灵而导致的疾病"；歇斯底里则属于"生理机能的痉挛性疾病"。

此外，在病情图表上，人们很难发现这两种疾病因一种逻辑关系而被列为一组，甚至很难发现它们被列为相反的一对。索瓦热将疑病症列入幻觉——"仅仅关注自身健康的幻觉"，将歇斯底里列入痉挛。林奈（Linnaeus）[20]也采用同样的划分。看来，这俩人都是威利斯的忠实信徒。威利斯是在《痉挛病》一书中研究歇斯底里，而在论述头部疾病的《禽兽之魂》中研究疑病症，给它起名为"绞痛感"（passio colica）。这里无疑是在谈两种迥然不同的疾病。在歇斯底里中，亢奋的精神受到相应的压力，从而造成一种印象：它们正在爆炸，正在引起超常的不规律运动。这种运动在精神方面表现为歇斯底里惊厥。反之，在"绞痛感"中，由于有一种东西有害于和不适于精神，因此精神激动不安，然后引起敏感的神经的骚动、失调和皱褶。因此，威利斯告诫我们不必因症状上的某些相似而大惊小怪：诚然，我们看到痉挛会产生疼痛，似乎是歇斯底里的剧烈活动会引起疑病症的痛苦。但是这些相似是虚假的。"实质并不相同，而是小有区别。"

然而，在这些病情学家所做的固定分类的现象背后，有一种缓慢的努力正愈益倾向于把歇斯底里和疑病症视为同一种疾病的两种形式。布莱克默（Richard Blackmore）[21]于1725年发表《论疑病症和歇斯底里》(*Hypochondriacal and Hysterical Affections*)。文中，这两种病被定义为同一种病的两种形式——"精神的病态"和"精神的外溢和消耗"。怀特（Whytt）认为，在18世纪中期，鉴别工作已经完成，从此症状系统统一了，包括"对冷热和身体某些部位疼痛的特殊感觉；晕厥和歇斯底里惊厥；强直性昏厥和痉挛；胃气和肠气；贪食；呕吐；小便清白但又急又多；消瘦和精神萎靡；神经性咳嗽；心悸；脉搏不齐；间发性头疼；间发性晕眩；视力衰退；压抑、绝望、忧郁以至疯癫；梦魇。"

另外，在古典时期，歇斯底里和疑病症逐渐被纳入精神疾病领域。米德（Richard Mead）[22]在论述疑病症时还在说："这是一种全身性疾病。"而且，我们必须恢复威利斯关于歇斯底里论述的真正价值："在妇女疾病中，歇斯底里的名声很坏，就像是人已半入地狱一般（*semi-damnati*），它必须承担无数其他疾病的过失。如果一个妇女患上一种莫名其妙的病，我们既查不出原因，又不能确定治疗方法，我们马上就会归罪于子宫，而其实子宫往往受到冤枉。当我们碰到一种少见的症状时，我们就宣布，其中必有歇斯底里的踪影。这往往是掩饰我们对医疗对象无知的遁词。"凡是研究歇斯底里的材料都会引用这段文字。对于所有循规蹈矩的注释者来说，这段话绝不意味着威利斯认为歇斯底里症状没有器官基础。他仅仅明确地说，歇斯底里概念成了各种不切实际的想法的容器。这些想法不是病人的，也不是自以为有病的人的，而是本来无知却装作高明的医生的。实际上，如果说威利斯把歇斯底里视为一种精神错乱,那并不是因为他把歇斯底里列入了头部疾病,而是因为他认为歇斯底里的根源在于动物元气的性质、起因和初始过程发生了一种变化。

然而,到 18 世纪末,疑病症和歇斯底里已几乎毫无争议地成为精神病。1755 年,阿尔贝蒂(Alberti)在哈雷城(Halle)发表论文《论疑病症病人的臆想症》(*De morbis imaginariis hypochondriacorum*)。接着,利厄托在确定疑病症的痉挛特征时,承认"精神上受到的影响不亚于甚至重于肉体上的疾病;因此,疑病症一词几乎成了一个会得罪人的名称,想讨好的医生尽量避而不用。"至于歇斯底里,劳兰(Joseph Raulin)认为它没有任何器官上的原因,至少他在根本定义中从一开始就把它确定为一种臆想变态:"患这种病的妇女虚构、夸大和重复各种胡思乱想,这种病有时具有流行性和传染性。"

因此,在古典时期,歇斯底里和疑病症有两个基本发展路线。一个是将二者统一为一个普通概念,即"神经病",另一个是改变其含义和由其名称所充分显示的传统的病理基础,而倾向于将它们逐渐纳入精神疾病领域,与躁狂症和忧郁症相提并论。但是,后一种整合不是像在躁狂症和忧郁症中那样在图像价值中所感觉到的和所想像的原始性质的层面上实现的。我们这里面对的是一种完全不同的整合。

诚然,古典时期的医生也试图发现歇斯底里和疑病症所特有的性质。但是,他们从未能感知到类似躁狂症和忧郁症中标示出特点的性质上的相关性或紧密联系。人们所发现的各种性质是相互矛盾、相互否定的,因而无法解决这两种病的根本性质是什么这一问题。

歇斯底里常常被认为是遍及全身的内热的效果，一种兴奋状态，一种不断地表现为惊厥痉挛的迸发状态。例如，求偶的少女和年轻丧偶的寡妇，她们的歇斯底里常常与炽烈的情欲有关。而炽烈的情欲难道不是与这种内热有关吗？就本性而言，歇斯底里是狂热的；其症状更容易使人想起一种意象，而不是使人想到一种疾病。费朗（Jacques Ferrand）于17世纪初精细地描绘了这种意象。他在《相思病或爱欲忧郁症》中宣称，女人比男人更容易陷入爱情而不能自拔，而且她们很善于掩饰这一点。"此时她们的表情很像端放在圆筒上的蒸馏器，人们无法从外面看到火焰。但是如果人们看蒸馏器的正下方，用手探摸一个女人的心，就会发现在这两个地方都有一个炽烈的火炉。"无论从象征意义还是从感情色彩或从比喻的手法来看，这是一个绝妙的意象。在费朗之后，过了很久，人们用湿热来描述歇斯底里和疑病症的隐秘的蒸馏过程。但是这个意象从属于一个更抽象的主题。在谢诺（Nicolas Chesneau）那里，这种雌性蒸馏器的火焰早已变成无色的了："我认为，歇斯底里并不是一种单一的病，在这个名称下包含着因一种有害雾气引起的几种疾病，这种雾气以不同的方式产生，受到污染，并经历了异常的沸腾状态。"而在其他人看来，从疑病区发出的这种高热完全是干燥的：疑病性忧郁是一种"干热"病，是由"类似性质的体液"引起的。但是也有些人在歇斯底里和疑病症中都没有发现高热现象，相反，这些病的性质是衰弱、迟钝和阴湿的，如同那些惰性体液的性质："我认为，这些病（疑病症和歇斯底里）若能持续一段时间的话，那就是出自大脑和神经纤维。由于它们怠惰而衰弱、失去活力和弹性，神经液也变得虚弱无力，引起这些病。"[23]也许对歇斯底里的性质的不稳定性做出最明确论证的是切恩（George Cheyne）的著作《英吉利病》。在切恩看来，这种病只能以抽象方式来维系自己的统一性。其症状散布在不同的性质领域，起因于各领域的各自不同的机制。各种痉挛的症状都源出于由"有害的苦涩的有强烈刺激的气体"所象征的一种发烧病理。反之，各种心理或器官虚弱的症状——"压抑、晕厥、大脑迟钝、昏沉、忧郁和悲伤"——显示了变得潮湿或虚弱的神经纤维的状况，神经纤维无疑是受到了阴冷黏稠体液的影响，这种体液堵塞了浆液腺和血管。麻痹则意味着神经纤维的僵滞，即通常所说的因固体惰性的冻结而造成的"颤动中断"。

确定躁狂症和忧郁症的性质特征是很容易的，而对于歇斯底里和疑病症则很难做到。

运动医学在论述它们时是很不明确的，其分析也动摇不定。显然，至少对于任何不否定自己的印象的感觉来说，躁狂症与一种过度的运动有关，而忧郁症则与运动的减弱有关。但是，关于歇斯底里和疑病症，则很难做出选择。施塔尔（Georg Ernst Stahl）[24]选择了血液会愈益沉重的说法，认为血液会愈益增多变浓，以致无法正常地流过门静脉；血液有一种在门静脉滞留和汇集的趋势，由于"血液力图在较高或较低部位打开一个出口"而造成了危机。相反地，布尔哈夫和范·斯维腾则认为，歇斯底里运动起因于各种液体的一种过分的流动性。这些液体变得十分不稳定，很容易被搅动起来。范·斯维腾解释道："由于结构孱弱，血液很容易被分解；它勉强凝结在一起，因此血清的浓度和质量都很差；淋巴液类似于血清的状况，血清所提供的液体也是一样。……在这种情况下，所谓无实体性的歇斯底里和疑病症就可能从神经纤维的这种特殊状态的部署中产生。"我们应该把"面色苍白的少女、用脑过度的人"很容易有的不适、痉挛和疼痛归因于这种敏感性和流动性。歇斯底里既是活动的又是静止的，既有流动性又有黏滞性，既起因于不稳定的振动又受到惰性体液的阻滞。谁也没有发现其运动的真实性质。

我们在化学类比领域看到同样的情况。在朗格（Lange）看来，歇斯底里是发酵的结果，是由于"被送到身体不同部位的盐分"与"那里原有的体液"混合发酵的产物。另一些人则认为歇斯底里是碱性的。而埃特缪勒（Michael Ettmüler）则认为，这种病属于酸性反应，"直接原因是胃的固有酸性；乳糜是酸性的，因此血液的性质受到腐蚀，不再能贻养元气；淋巴液是酸性的，胆汁也萎靡不振；神经系统备受刺激，而消化发酵成分因变质而不易挥发和酸性过强。"韦立德（Viridet）着手重构了关于"我们所体验到的雾气"的一种酸和碱的辩证关系，认为这二者在大脑和神经中的运动和剧烈冲突引起了歇斯底里和疑病症的症状。有些特别易挥发的动物元气是碱性盐，当它们十分稀薄时，流动极快，变成雾气。但是也有酸盐挥发成的雾气；乙醚使酸雾足以抵达大脑和神经，在那里"与碱遭遇，引起各种疾病"。

歇斯底里和疑病症的性质的不稳定性是令人不可思议的；它们的力学特性与其化学上的隐秘性质的混淆不清也是令人不可思议的。如果说从性质上对躁狂症和忧郁症做出诊断显得轻而易举的话，那么对歇斯底里和疑病症的辨别则显得犹豫不决。无疑，想像出来的性质图像对于构成忧郁症—躁狂症的对偶关系具有决定性作用，而在歇斯底里和疑病症的历史上则只有第二位的作用，可能只是不断变幻的布景。与躁狂症不同，歇斯底里的研究进展并没有引导人们走出以医学意象反映出来的这个领域的模糊性质。它的活动空间属于另一种类型，是机体作用和道德价值相互黏合的身体。

人们通常认为，是勒普瓦（Charles le Pois）和威利斯将歇斯底里从所谓子宫错位的古老神话中解放出来。李耶鲍（Jean Liébault）翻译或者说改写了马里涅罗（Marinello）的著作，以适应17世纪的标准。同时他有保留地接受了关于子宫的自发运动的观点，认为如果子宫改变了位置，"这是为了更自在一些；这不是出于某种慎思、吩咐或感官刺激，而是为了保障健康和体验某种享受"。无疑，子宫不可能像过去人们所认为的那样在人体大翻转时在全身移动，因为它被子宫颈、韧带、脉管以及腹膜"严格固定住"。但是它仍能改变位置："尽管子宫严格固定在我们所说的那些部件上，因而不能改变所处空间，但它还是常常改变位置，在女人体内造成古怪的、任性的运动。这些运动是各式各样的：上升、下降、痉挛、游移、脱垂。子宫会上升到肝、脾、膈、胃、乳房、心、肺、咽喉和头。"古典时期的医生几乎一致反对这种解释。

在17世纪初，勒普瓦在谈到歇斯底里痉挛时写道："在各种病源中，有一个是最根本的，它不是通过交感而是通过原发病发挥作用。"更准确地说，这种痉挛惊厥的根源在于后脑积水："正如细流汇成大河，位于大脑表层和终止于后脑的空腔因处于头部的倾斜位置而大量积水。这些部位的热量使液体升温，影响了神经起端。"威利斯则对子宫说进行了细致的批判，认为，主要是大脑和神经系统疾病造成了"患这种病时血液运动的紊乱失调"。但是这些分析都没有彻底否定歇斯底里和子宫有一种基本联系的观点,而是改变了角度,不再认为这种联系是一种通过全身的实际错位,而是一种通过肌体的各种脉络,通过类似的功能脉络的秘密扩散。我们不能说病源已经变为大脑了,也不能说威利斯已为一种歇斯底里的心理分析创造了条件。但是,现在大脑对一种起源于内脏的疾病是起了一种中继站和配电器的作用。直至18世纪末,直至皮内尔之前,子宫一直出现在歇斯底里的病理分析之中,但不是因自身的性质而具有特殊重要性,而是作为体液和神经的特殊扩散的一个结果。

施塔尔通过对月经和痔疮的奇特比较,证明歇斯底里和疑病症的相似性。他在分析痉挛时解释道,歇斯底里是一种剧痛,"伴有紧张和压迫感,因此主要在疑病区以下被感受到"。当男人受到该病侵袭时,"会本能地通过呕吐或痔疮发作将过剩的血液排出"。这时就被称为疑病症。当女人受到该病侵袭时,"月经周期就会不正常"。这时就被称为歇斯底里。"这两种病没有实质上的区别。"霍夫曼的观点与之十分类似,但在理论上有许多不同之处。在他看来,歇斯底里的病因在于子宫的松弛和虚弱,但是与疑病症一样,其发病部位还需要在肠胃里寻找;血液和生命液在"肠胃的包膜和神经膜"开始滞留;引起胃部紊乱,并由此蔓延到全身。处于机体中心的胃就像一个中继站,把出自腹腔下半部的各种疾病扩散到全身:"无疑,疑病症患者和歇斯底里患者所体验的痉挛,其位置在神经部分,尤其在肠胃的包膜上,病状由此通过肋间神经散布到头、胸、肾、肝以及全身各主要器官。"

霍夫曼赋予肠胃和肋间神经的作用典型地表现出古典时期处理该问题的方式。这种方式不仅避开在子宫内寻找病因的旧传统,而且更重要的是致力于发现一种散布全身的、性状复杂的疾病的本原和散发途径。这里所要考虑的这种病是既能侵袭头部又能侵袭腿脚、表现为麻痹或运动僵硬的病，是能够造成强直性昏厥或失眠的病，简言之，这种病能迅速而巧妙地穿越肉体空间，在全身都有实实在在的体现。

那种坚持认为从马里涅罗到霍夫曼医学视野发生了变化的观点是徒劳无益的。在希波克拉底（Hippocrates）[25]传统中著名的子宫流动说已片甲不存。或许只有某种主题还存在。这种主题现在变得更清晰了，即它不再局限于某一种医学理论，而是始终不变地贯穿于理论概念和解释性图式的递嬗过程之中。这个主题就是，肉体空间的运动起伏、下部力量的涌动。这些力量蓄之已久，过分充盈，便开始沸腾，最终不管是否经过大脑调节而把自身的无序扩散到全身。尽管生理学概念已经完全改组，但是这个主题却几乎一直不变地延续到 18 世纪初。十分奇怪的是，在 18 世纪，病理学中没有任何理论或实验上的革新，但是这个主题却突然受到修正，改变了方向，即肉体空间的动力学被情感道德取而代之。正是在这个时候，也只有到了这个时候，关于歇斯底里和疑病症的观念开始转向，明确地进入了疯癫领域。

我们现在应该试着来描述这个主题在其三个阶段的演变：

1．关于肌体和道德渗透的动力学；
2．关于肉体连续性的生理学；
3．关于神经敏感性的伦理学。

如果肉体空间被想像成一个坚实的、紧密联系的整体，那么歇斯底里和疑病症的无序运动只能出自于一种极其稀薄而且流动不止的成分,这种成分能够渗透进固体所占据的空间。正如海默尔(Nathaniel Highmore)指出的,动物元气"因自身火焰般的稀薄而能渗透密度最大的实体,……而且因自身的活跃而能在瞬间渗透整个微观宇宙。"如果这种元气流动性增强,而且以极其混乱的方式渗透到身体中各个不适当的部位,那么就会引起无数复杂的失调症状。不论对海默尔,还是对其反对者威利斯或对西德纳姆来说,歇斯底里是一种肉体疾病,因为肉体能被元气以各种方式渗透,因此有着内在秩序的器官变成了一堆消极地屈从于元气的混乱运动的物质所寄寓的松散空间。这些元气"猛烈地涌到某个部位,在那里造成痉挛甚至疼痛,……并使器官功能失调,无论是被元气遗弃的器官,还是元气所涌入的器官,都会因元气分布的不均衡而受到严重损害,因为这种不均衡完全违背了生理系统的法则。"[26]处于歇斯底里状态的身体就是这样听命于无序的元气。元气完全不受任何肌体法则和任何功能要求的束缚,因此能连续地侵袭身体的各个空间。

各个区域受到的影响各不相同,后果也不相同。这种疾病就其运动的根源而言是没有分殊的,但是因其穿越的空间和在身体表面显现的部位不同而具有不同的形态。"它们在胃里积聚,然后突然涌到咽喉部的肌肉,在所穿越的整个区域造成痉挛,在胃里造成肿胀,如同一个大球。"歇斯底里在稍高的位置上,"侵袭结肠以及心脏下面的区域,引起难以忍受的疼痛,很像骼骨区的疾病。"如果该病升得更高一些,就会侵袭"中枢部位,引起剧烈的心悸。病人此时确信,护理人员应能听到他的心脏撞击肋骨的声音。"最后,如果疾病侵袭"头部的外围、头骨之间的部分,并固定在一个地方,就会引起剧烈的疼痛,并伴有剧烈的呕吐。"[27]身体的各个部位因本身的情况和特点而决定了症状的不同表现。因此，歇斯底里显得是最真实又最有欺骗性的疾病。它是真实的，因为它是以动物元气的运动为基础的；但它又是虚幻的，因为它所产生的症状似乎是由器官内在的无序造成的，而这些症状其实是一种中枢的或普遍的无序在器官层面上的形成物。正是一种内在流动的错乱在身体的表面表现为局部症状。器官实际上是被无序而过分的元气运动所侵扰，但却装作自己出了毛病；从内部空间运动的某一缺陷开始，器官完全模仿自身才会产生的错乱；歇斯底里用这种方式"模仿出人的肉体的几乎所有疾病，因为它在人体中无所不在，它能立刻造成符合该部位的症状。如果医生既不聪慧又无经验，就很容易被欺骗，会把歇斯底里的症状归因于该部位的某种常见病。"[28] 这种病的策略就是，它以同一形式的运动穿越肉体空间，表现出不同的外观，但是这里的性状不是本质，而是身体耍的一个花招。

　　体内空间越容易被渗透，歇斯底里就越频繁，其外观也越变化多端；如果身体健壮，抵抗力强，如果体内空间紧密，而且不同区域的质地参差不齐，那么歇斯底里的症状就很罕见，其效果也单一。不正是这一点使女性歇斯底里与男性歇斯底里，或者说，使歇斯底里与疑病症有所区分吗？实际上，不是症状，也不是病因，而是身体的空间坚实性或者说内部密度构成这些病的区分原则。"除了由可感觉的各种部件组成的所谓'外在的人'，还有一个由动物元气系统构成的'内在的人'，后者只能用精神的眼睛看到。后者与体质紧密相连，因人的状态不同而或多或少有些紊乱，其程度取决于构成这架机器的本原的自然坚固性。这就是为什么女人比男人更容易受到这种病的侵袭，因为女人的体质更纤细而不那么坚固，因为她们过着较温和的生活，因为她们习惯于舒适的生活，而不习惯于受苦。"就在上面这段文字中，已经包含着空间密度的一个涵义：它也是一种道德密度；器官对元气的无序渗透的抵抗力可能也是灵魂保持思想和欲望的井然状态的能力。这种变得疏松的空间，可能完全是心灵的松懈造成的。这就解释了为什么习惯于艰苦劳作的女人很少患歇斯底里，而当她们生活舒适、闲散时，或当某种悲苦压倒她们的意志时，就非常容易患歇斯底里。"当一些妇女向我咨询某种我无法判断的疾病时，我便问她们，是否只是在心情悲痛时才引发这种病……，如果她们大体上承认这一点，那么我就能断定，她们患的是一种歇斯底里。"〔29〕

这样，我们就对古老的道德直觉有了一个新的概括。自希波克拉底和柏拉图的时代起，这种直觉就把子宫当作一个有生命的、运动不止的动物，并且对其运动的空间加以规定；这种直觉在歇斯底里中感受到一种不能控制的欲望骚动，因为病人既不能满足它们又不能驾驭它们；女性器官意象上升到胸部和头部的说法反映了柏拉图主义的灵魂三元说中的一种剧变和力图确保自身静止不变的等级序列中的一种剧变。对于西德纳姆来说，对于笛卡儿的信徒来说，道德直觉始终如一，但是借以表达道德直觉的空间画面发生了变化；柏拉图的垂直的等级秩序被一个立体空间所取代。这个空间被不停的运动来回横切。这种无序的运动不再是底层上升到高层的革命，而是在一个混乱空间中的无规律的旋风。西德纳姆试图用"精神的眼睛"洞察这个"内在的身体"，因为它不是客观观察的迟钝目光所能看到的客观身体，而是一个场所，在那里，一种想像这种身体和译解其内在运动的方式同一种赋予它道德价值的方式紧密结合。在这种伦理知觉层次上的发展到此完成。在这种知觉中，一贯柔顺的医学理论意象发生了屈折和变化；在这种知觉中，重大的道德主题也得到系统的表达，并逐渐更新了原初的面貌。

然而，这种易渗透的身体应该是一个紧密结合的实体。疾病在各器官的弥散反过来说则是一种允许其扩散并连续影响各器官的传播运动的结果。如果说疑病症患者或歇斯底里患者的身体是一种疏松的、自我分离的、因疾病侵袭而膨胀的实体，那么这种侵袭则必须借助于某种连续空间才能实现。疾病借以循环流动的实体应该有不同于扩散的症状借以显现的身体的特性。

这个问题困扰着18世纪的医学，导致人们将疑病症和歇斯底里视为"神经方面"的疾病，即一切交感作用的一般媒介的原发病。

神经纤维被赋予某些引人注目的特性，从而能够将异质因素整合在一起。神经传送着各种迥然不同的印象，而它在任何地方、任何器官里都应该有同一性质。这样说能不令人惊异吗？"神经在眼珠后面的伸展使人能够接收微妙的光亮；听觉器官的神经对发声物体的振颤十分敏感；但是就性质而言，它们与触觉、味觉和嗅觉等较迟钝的感觉神经毫无区别。"这种功能各异而性质同一的特性，保障了相距最远的和生理上迥然不同的器官之间进行交流的可能性。"人体神经的同质性以及各种相互维系的器官之间的无限交流……确立了器官之间的和谐，从而常常导致一处有病，多处受害。"[30]但是，更令人赞叹的是，同一神经纤维能同时传送某种无意识运动的刺激和感觉给器官留下的印象。梯索（Simon-André Tissot）认为，这种同一神经的双重功能是两种运动的结合。一种是造成无意识刺激的波荡运动（"这是一种装在弹性容器中的液体运动，比如，液体装在皮囊中，挤压皮囊，液体就会通过一个管道喷出。"）另一种是造成感觉的粒子运动（"这是一连串象牙球的运动。"）因此，同一神经能够同时产生感觉和运动。正如我们在各种神经疾病中观察到的，神经的紧张和放松都会同时改变那些运动和感觉。

然而，尽管神经系统有这些统一的性状，我们是否就一定能用神经纤维的实际网络来解释歇斯底里和疑病症的如此纷繁的紊乱之间的内在联系呢？如何来设想披露了某种神经疾病的各个部位的症状之间的联系呢？如何通过探究这种联系解释某些"极其敏感"的女人会因闻到一股浓烈的香味、听到关于一个悲惨事件的生动描述或看到一个厮杀场面而"晕厥"？人们的探寻是徒劳无益的：没有发现任何明确的神经联系，也没有发现任何从这种根源延伸出来的途径，而只是发现了一种基于生理相关性秩序的、间接的作用。这是因为身体的各个部分都具有"十分确定的官能，这些官能要么是普遍的，遍及整个人体，要么是特殊的，主要影响某些部位。"感觉和运动的双重官能使器官互相交流、同甘共苦，并能对来自远处的刺激做出反应。这种特性就是交感作用。实际上，怀特既未能将交感作用完全归因于整个神经系统，也未能从与感觉和与运动的关系上来界定它。交感作用在器官中的存在完全取决于它在那里是否能通过神经的中介而被接收到；神经越灵活，交感作用就表现得越明显，与此同时，交感也是感觉中的一种："各种交感都以情绪为前提，因此只能透过神经的中介而存在，而神经完全是感觉借以运作的工具。"[31]然而，神经系统在此不是被用于解释对运动或感觉的传送，而是被笼统地用于确认身体对自身现象的敏感性、确认身体在肌体空间的各个部分产生的共鸣。

神经疾病本质上是交感的混乱；其前提是神经系统的普遍

警觉状态,这种状态使各个器官都可能与其他器官产生交感:"在神经系统的这种敏感状态下,刻骨铭心的激情、饮食习惯的破坏、气候冷热湿闷的突然变化,都很容易产生病状;在那种状态中,人们也不能保持身体健康,通常会有各种连续不断的疼痛感。"无疑,这种过度的敏感都会伴有迟钝、困倦;一般而言,歇斯底里患者的内向感觉是极度敏锐的,而疑病症患者的敏感程度要小些。当然,女人属于前一类,因为子宫以及大脑是与整个肌体发生交感的主要器官。"子宫发炎通常都伴有呕吐;怀孕会引起恶心、反胃;分娩时阴道隔膜和腹肌会阵缩;月经期间会出现头痛、轻微发烧、腰背疼痛和腹痛。"女性全身都遍布着不可思议的模糊而直接的交感通道。女性的身体总是处于自我交流之中,从而形成一种对于交感绝对有利的场所。女性的肌体空间永远包含着歇斯底里的可能性。女性肌体的交感感觉散射到其全身,使女性易于患上被称为忧郁症的神经疾病。"女人的身体系统通常比男人更灵活,因此更容易患神经疾病,而且女人的神经疾病也更严重些。"[32] 怀特言之凿凿地说,他曾目睹"一个神经脆弱的少女因牙疼而昏厥,持续几个小时不省人事,直至疼痛更剧烈时才醒过来。"

神经疾病是相连肉体的疾病。自我感觉过于敏感的身体,各部位过于紧密的身体,在某种意义上不可思议地紧缩的肌体空间,此时已成为歇斯底里和疑病症的共同母题。对于某些人来说,身体与自身的亲密关系表现了一种准确的意象,如庞默(Pomme)所描述的"神经系统的萎缩"。这重意象掩盖了问题,但是并未抹杀问题,也未妨碍有关努力的继续展开。

这种交感究竟是各个器官中所蕴藏的一种性能——切恩所

说的"情绪",还是一种通过中介因素的传播?这些神经疾病的相似病状究竟是这种情绪的受激状态,还是这种间质性身体活动性增强的表现?

18世纪,当生理学家力图尽可能准确地界定神经系统的功能和作用(敏感性和应激性;感觉和运动)时,医学思想中的一个饶有趣味而又十分典型的现象是,医生们按照一种与生理学提供的图式大相径庭的图式将上述观念组合起来,不加区分地应用于笼统的病情诊断。

敏感和运动是不能分开的。梯索解释道,儿童比其他人更敏感,因为他身上的一切东西,都比较轻,也比较活跃;应激性(irritability)按哈勒的理解是神经纤维的一种性能,等同于激怒、烦躁状态(发炎)(irritation),被认为是一种持久的刺激引起的器官病状。因此人们公认,神经疾病是过敏与神经过分活跃的结合物。

"人们有时会看到,一个极小的刺激会在某些人身上产生比健康人强烈得多的运动;这种人经受不住任何微小的反常印象。极其微弱的声音和光亮都会给他们造成异常的症状。"[33]由于刻意保留了 irritation 观念的多重含义,18世纪末的医学就能有力地证明气质(应激性)和病变(烦躁、发炎)之间的连续性,而且还能同时维系两个观念。一个观念是,各个器官在以自己的方式承受一般侵袭时会产生独特的紊乱(器官特有的敏感性决定了这种侵袭是一种不连续的传染)。另一个观念是,任何一种紊乱都能侵袭肌体的各个部分,从而在肌体内传播(神经纤维的活动性造成了这种不间断性,尽管各个器官的神经纤维有所不同)。

然而,如果说"受激神经"的概念确实起了一种默契的混淆作用,那么它也造成了病理学中的一个关键性区分。一方面,神经疾病患者是非常易于激动的,即他们十分敏感,神经脆弱、肌体敏感;但是另一方面,他们也有一个敏感的灵魂、一个躁动不安的心,对周围发生的事情极易产生强烈的交感。这种全面的共鸣——感觉和身体活动兼而有之——构成了这种疾病的首要决定因素。女人"神经脆弱",无所事事时很容易沉溺于想像,男人"因劳作而比较刚健",因此女人比男人更易受到神经疾病的侵袭。但是,这种过度烦躁有其特点:它会减弱甚至泯灭灵魂的感觉;仿佛神经器官的敏感性使灵魂的感受力不堪重负,并且自己留下了因自己的极度活跃而引起的大量感觉;神经系统"处于这样一种烦躁和反应状态,因此不能将自己的体验传送给灵魂;它的全部印象都是混乱的;它不能理喻它们。"[34]这样就出现了非感觉的敏感性的观念,这种由灵魂和肉体衍生出来的敏感与阻止神经刺激抵达灵魂的感觉麻木成反比关系。歇斯底里患者的丧失知觉不过是过于敏感的反面。这种关系是交感概念所无法界定的。它是由应激性概念派生出来的。当然,在病理学家的思想中,这种关系几乎未加阐明,依然混淆不清。

然而,"神经疾病"的道德意义却因此而发生深刻变化。由于人们把神经疾病与胴体较低部位的器官运动联系起来(甚至是由各种模糊不清的交感渠道联系起来的),这些疾病也就被置于某种欲望的伦理体系中:它们代表了肉体的报复;人之所以生病乃是情绪过分炽烈的结果。从此,人会因感受过多而生病,会因与周围的一切过于密切而生病。人不再受自己的秘密性质所驱使,而成为世界表面的一切诱惑肉体和灵魂的事物的牺牲品。

结果,人变得更无辜也更罪孽深重。更无辜,是因为人被神经系统的全面烦躁推入不省人事的状态,其程度与病情成正比。更罪孽深重，是因为他所依恋的万物、他的生活、他曾患过的疾病、他曾洋洋得意地酿造的感情和想像，都汇聚在神经质的烦躁之中，这既是它们的正常后果，也是对它们的道德惩罚。全部生活最终根据这种烦躁的程度来评判，其中包括非自然的习弊，城市中的蜗居生活，读小说，泡戏院，渴求知识，"过强的性欲，或其他既伤害身体又为道德所不容的犯罪习性。"[35]甚至感受不到自己神经烦躁的神经病人，其无辜根本上正是对一种更深刻的罪孽的正当惩罚：这种罪孽使他抛弃自然而投身尘世："多么可怕的状态！……这是对一切柔弱灵魂的折磨，懒散使他们耽于犬马声色，他们摆脱自然所要求的劳作而拥抱思想的幻影。……富人便是因滥用其财富而受到这样的惩罚。"[36]

到此我们已经站在19世纪的门槛上。在19世纪，神经应激性将在生理学和病理学中交上好运。但是，它目前在神经疾病领域中毕竟留下了某种十分重要的东西。

这包括两方面内容。一方面是对歇斯底里和疑病症作为精神疾病的完全确认。由于对敏感和感觉的重大区分，这两种病进入了非理性领域。正如我们已看到的，非理性的基本特征是谬误和梦幻，即盲目。只要神经状态是惊厥状态或是奇妙地穿越身体的交感状态，即便导致意识减退和丧失，那也不是疯癫。但是，一旦头脑因过度敏感而变得盲目，疯癫便出现了。

但是，另一方面，这种确认赋予疯癫以新的内涵，即罪孽、道德制裁以及正当惩罚，而这种内涵根本不属于古典时期的体验。它还使非理性担负起这些新的价值：不是使盲目成为各种疯癫现象出现的条件，而是把盲目、疯癫的盲目说成某种道德过失的生理效果。由此危及了以往非理性经验中的根本要素。以往被视为盲目的将变为无意识，以往被视为谬误的将变为过失。疯癫中表示非存在的吊诡现象的一切，都将变为对道德罪恶的自然惩罚。总之，构成古典疯癫结构的整个纵向体系，从物质原因到超越物质的谵妄，都将土崩瓦解，而散落在由心理学和伦理学争相占领的领域的整个表面。

19世纪的"科学的精神病学"指日可待了。

正是在这些很快就会受到嘲弄的"神经疾病"和"歇斯底里"概念中，产生了这种"科学的"精神病学。

注 释

〔1〕 魏尔（Johann Weyer）《魔鬼作祟》（*De praestigiis daemonum*）（1563）。
〔2〕 西德纳姆（1624～1689），英国医生，公认的临床医学及流行病学的奠基人。——译者注
〔3〕 同〔1〕。
〔4〕 布尔哈夫（1668～1738），荷兰医生。——译者注
〔5〕〔6〕《为邓肯先生辩护》（*Apologie pour Monsieur Duncan*）。
〔7〕 梅纳迪耶尔（Hippolyte-Jules la Mesnardière）《论忧郁症》（*Traité de la mé-lancolie*），（拉弗莱什，1635），第10页。
〔8〕《为邓肯先生辩护》。
〔9〕 威利斯（Thomas Willis）《全集》（*Opera omnia*）（里昂，1681），第2卷，第242页。
〔10〕 "有一个士兵因父母排斥他所热恋的姑娘而患忧郁症。他心烦意乱、头痛欲裂，思绪沉重。他日益消瘦、脸色苍白。他变得极其虚弱，以致大便失禁。……虽然这个病人对任何问题都不做明确回答，看上去完全沉溺于自我，而且从不主动要饮食，但是绝无任何谵妄。"（《健康报》[*Gazette salutaire*] 1763年3月17日）
〔11〕 詹姆斯《医学大辞典》（法文译本）第4卷，第1215页。
〔12〕《百科全书》，"躁狂症"条。
〔13〕 哈勒（1708～1777），瑞士生理学家。——译者注
〔14〕 海耳蒙特（1580～1644），比利时化学家、生理学家和医学家。——译者注

〔15〕 里格，长度单位，约为3英里。——译者注

〔16〕 里夫（1801～1873），瑞士物理学家。——译者注

〔17〕 卡伦（William Cullen）《实用医学》（*Institutions de médecine pratique*）（法文译本，两卷集，巴黎，1785），第2卷，第315页。

〔18〕 卡伦（1710～1790），英国医师、医学教授。——译者注

〔19〕 歇斯底里（Hysteria），又译癔病。疑病症（Hypochondria），本意为季肋病。——译者注

〔20〕 林奈（1707～1778），瑞典著名的博物学家。——译者注

〔21〕 布莱克默（1654～1729），英国作家、医生。——译者注

〔22〕 米德（1673～1754），英国著名医生，对预防医学颇有贡献。——译者注

〔23〕 弗莱明（M. Flemyng）《神经疾病——疑病症和歇斯底里》（*Nevropathia sive de morbis hypochondriacis et hystericis*）（阿姆斯特丹，1741），第i、ii页。

〔24〕 施塔尔（1660～1734），德国医生和化学家。——译者注

〔25〕 希波克拉底（约西元前460～前377），古希腊医生，被誉为医学之父。——译者注

〔26〕 西德纳姆（Thomas Sydenham）《实用医学》（*Médecine pratique*）（法文译本，巴黎，1784），第400～404页。

〔27〕 同前引书，第395～396页。

〔28〕 同前引书，第394页。

〔29〕 同前引书，第394页。

〔30〕 普莱萨文（Jean-Baptiste Pressavin）《气郁新论》（*Nouveau traité des vapeurs*）（里昂，1770），第2～3页。

〔31〕 怀特（Robert Whytt）《论神经疾病》（*Traité des maladies nerveuses*）（法文译本，巴黎，1777），第1卷，第23～24页，50～51页。

〔32〕 同前引书，第47，126～127，166～167页。

〔33〕 梯索（Simon-André Tissot）《论神经及神经疾病》（*Traité des nerfs et de leurs maladies*）（巴黎，1778～1780），第1卷，第2部分，第302页。

〔34〕 同前引书，第278～279，302～303页。

〔35〕 普莱萨文，见前引书，第65页。

〔36〕 梅西埃（Louis-Sébastien Mercier）《巴黎风情》（*Tableau de Paris*）（阿姆斯特丹，1783），第3卷，第199页。

第六章　医生与病人

治疗疯癫的方法在医院里并未推行，因为医院的主要宗旨是隔离或"教养"。然而，在医院之外，对疯癫的治疗在整个古典时期都在继续发展。长期疗法形成了，其目的与其说是医治心灵，不如说是医治整个人，医治其神经纤维及其幻想过程。疯人的身体被视为明显而确实的疾病显现部位，由此产生了物理疗法，而其意义则借鉴自关于肉体的道德观念和道德疗法。

1. 强固法。疯癫即使表现为最骚动不安的形式，也会有一种虚弱因素。如果在疯癫时元气陷于无规律运动之中，那是因为元气没有足够的力量和重量来遵循自然过程中的引力作用。如果在神经疾病中经常出现惊厥，那是因为神经纤维太脆弱，太容易激动，或者说对振动太敏感。总之，神经不够坚强。明显的疯癫狂乱有时似乎使躁狂症者力量倍增。但是，在这种狂乱之下，总是存在着一种隐秘的虚弱，即缺乏抵御能力。疯人的躁狂实际上只是一种消极的暴力行为。因此需要有一种能使精神或神经纤维获得活力的疗法。但这是一种沉稳的活力,任何混乱都不能奈何它,因为它从一开始就服从自然规律的进程。这种活力不仅表现为生机勃勃,而且表现为一种坚强性。它战无不胜,以一种新的抵抗力、青春的灵活性包围住对象;同时它又受到控制和驯化。人们应该在自然中寻找一种力量来增强自然之物本身。

理想的医治方法应该能"扶持"精神元气,"帮助它们克服使其骚动的发酵因素"。扶持精神元气就是抑制精神自身无法控制的无益的躁动,还应使它们能够避免出现引起亢奋和骚扰的化学鼎沸状态,最后应使它们坚实起来,足以抗拒企图窒息它们、使它们怠惰和陷入晕眩的烟气(忧郁气)。"具有强烈刺激性的气味"可以增强精神元气,对付忧郁气。令人不快的感觉能够刺激精神,从而使精神产生反抗力并迅速地汇集到反击忧郁气侵袭之处;"阿魏[1]、琥珀油、烧焦的皮毛均可以用来(达到这一效果)。总之,凡是能使心灵产生强烈不快感觉的东西均可起作用。"对付发酵作用,必须使用解毒剂,如抗癫痫的查拉斯[2],最好是用众所周知的匈牙利王后水[3]。消除腐蚀酸以后,精神就恢复了。最后,为恢复元气的正常运作,朗格建议,让元气受制于令人愉悦的,适度的和有规律的感觉和运动:"当人的元气涣散时,应给予必要的治疗,使其平静下来,恢复正常状态。惬意的气味,在景色宜人的地方散步,见到惯会给人开心的人,另外还有音乐,这些都能使人的心灵感到温馨愉悦。"这种稳定的温柔,适度的力量以及完全为了保健的活跃,都是使机体内连接肉体与灵魂的脆弱因素变得坚实的手段。

但是,也许最有效的强身方法是使用一种物质。这种物质应该既十分坚实又十分柔软,既有极强的刚性,又能使懂得如何使用它以达到自己目的者任意摆布它。这就是铁。铁凭借其特有的性质，集上述相互矛盾的品质于一身。其他物质都没有铁的那种刚性，也没有铁的那种可塑性。铁是大自然的造化，但又可由人的技术摆布。除了用铁之外，人类还能有其他更可靠的方法——即更接近于自然而又更顺从人类的方法——来加强自然之物，使其具有充足的力量吗？人们常引用迪奥斯科里斯（Dioscorides）[4]的一个古老例子：当他把一块烧红的铁块扔进水里后，就使静止的水具有了本身所不具有的活泼性。火的炽热，水的平缓流动，经过处理而变得柔顺的金属的活力，所有这些因素结合起来，就使水具有了强化力、激活力和加固力。水能把这些力量传递给人的机体。即使不经过任何加工，铁也能起作用。西德纳姆推荐最简单的办法，即直接服用铁锉屑。怀特举例说，有一个人因胃神经虚弱而长期患疑病症，为了治病，他每日服用二百三十二喱铁。这是因为，铁除了其他优点外，还能直接自我传递。它所传递的不是物质而是力量。似乎矛盾的是，虽然它有很强的刚性，但它能直接溶于有机体内。沉淀在有机体内的是铁质，而毫无铁锈或铁渣。很显然，铁能创造奇迹的观念支配着人们的各种奇想，并压倒了观察本身。如果人们进行实验，那么其目的不是发现一系列的实证效果，而是为了强调铁的品质的直接传递功能。赖特给一条狗喂铁盐。他发现，将乳糜同五倍子（gall）颜料混合，一小时后乳糜并未显示出吸收铁后必然显示的紫色。可以肯定，铁没有进入消化过程，没有进入血液，实际上也没有渗入有机体，而是直接作用于腹壁和神经纤维。元气和神经纤维的加固，不是一种观察到的效果，而是一种有效的比喻。它意味着，无须任何扩散运动，便可以传递力量。接触便能提供力量，而无须任何交换或物质、任何运动交流。

2. 清洗法。针对疯癫的各种病症产生了一系列疗法。这些病症是：内脏堵塞、错误观念泛滥，忧郁气沸腾，暴力行为，体液和元气腐败。而这些疗法都是一种清洗手术。

理想的疗法是彻底清洗。这种方法最简单，但又最不可能用于治疗。该方法是用一种明亮清洁的血液置换忧郁症患者过量的、黏滞的、被苦涩体液所渗入的血液，因为清洁血液能驱散谵妄。1662年，霍夫曼建议用输血来治疗忧郁症。几年后，该想法已得到一定的承认，因而伦敦哲学协会制定了计划，对禁闭在贝德拉姆（Bedlam）的病人进行一系列实验。受命从事这项工作的医生爱伦（Allen）拒绝这样做。但是，丹尼斯（Jean-Baptiste Denis）对自己的一位病人——失恋忧郁症患者进行了试验。他从病人身上抽出十盎司的血，然后输入稍少一些的取自小牛大腿动脉的血；次日，他重做一次，但换血量仅几盎司。病人开始平静，过了一天便神智清醒了，不久便完全康复了。"外科医生学会的全体教授都确认这一试验。"尽管后来还有几次试验，但这种方法很快就被抛弃了。

人们乐于采用的药物是防腐剂。这是因为"用没药和芦荟保存尸体已有三千多年的经验了。"[5] 难道尸体的腐烂不是与体液疾病所导致的身体恶化具有同样的性质吗？那么，最值得推荐的抗忧郁药物就是没药和芦荟了，尤其是帕拉切尔苏斯（Paracelsus）[6] 的著名药方。但是，仅仅阻止腐烂是不够的，还应根除腐烂。因此产生了防止变质本身的疗法，或者旨在转移腐烂物质，或是旨在溶解腐烂物质。这就是偏转术和洗涤术。

第一种包括各种严格意义上的物理方法。这些方法旨在身体表面制造创伤或疮疖。这些创伤或疮疖是缓解肌体疾病的感染中心，向体外排病的中心。法洛斯（Fallowes）就是这样解释其"橄榄油"（*Oleum cephalicum*）的有效机制：在疯癫中，"黑色忧郁气堵塞了元气必经的细小脉管"，因此血液流动失调，滞留于脑血管内。必须有一种"能使注意力分散"的迷惑运动，才能使血液活跃起来。"橄榄油"就具有促使"头上长小脓疱"的效用。在脓疱上涂上油，防止变干，这样"滞留在大脑的黑色忧郁气"就可以连续排放。当然，烧灼身体的任何部位，都会产生同样的效果。有人甚至认为，像疥疮、湿疹、天花等皮肤病，也能终止疯癫的发作，因为这种病能使内脏和大脑的腐烂病变转移到身体表面，向外排放。到该世纪末，人们已经习惯于给最顽固的躁狂病人注射疥疮液。杜布莱（François Doublet）在给医院总管写的"1785年训示"中建议，如果放血、药泻、浸泡和淋浴都对躁狂症无效的话，那么采用"烧灼术、切口排液、制造表皮脓疱和注射疥疮液"将能奏效。

然而，最主要的任务是消解体内形成的、造成疯癫的发酵因素。为此，主要药物是苦药。苦药具有海水的全部涩厉特点。它能通过洗蚀来达到净化目的。它磨蚀疾病在肉体和心灵中所沉淀下的各种无用的、不健康的和不纯净的东西。咖啡有苦味和活性，因此可用于"体液黏滞的肥胖者"。咖啡有干燥作用，但不会燃烧，因为这种物质的特性是能驱散多余的湿度，却又不会产生危险的燥热。咖啡里就好像有火却无火焰。它是一种不靠焙烧的净化剂。咖啡能减少不净物："喝咖啡的人根据长期体验，觉得它有助于恢复胃的功能，除湿祛风，消痰通便，尤其是防止浊气上升，从而减少病人通常感到的头痛。最后，它使元气变得强健有力和清纯，而对那些常饮用者也没有留下任何灼热感。"[7]同样具有苦味和滋补作用的是奎宁。怀特经常让那些"神经系统十分脆弱"的人服用奎宁。奎宁对医治"虚弱、沮丧和消沉"很有效。在为期两年的疗程中仅用一种奎宁药酒,"偶尔停用,但停用不得超过一个月",用此方法便可治愈神经不适的妇女。对于神经脆弱的人,奎宁必须与一种"味觉舒适的苦药"配在一起服用。但是如果病人不怕强烈的刺激,那么最好服用奎宁硫酸。二十至三十滴奎宁硫酸的效果为佳。

十分自然的是,肥皂及肥皂制品在清洗疗法方面必然具有得天独厚的效果。因为"肥皂几乎能溶解任何凝聚物"[8]。梯索认为,直接服用肥皂可以镇抚许多神经性疼痛;最好是,早晨第一件事就是服用肥皂,或者与面包、"滑腻的水果",如樱桃、草莓、无核小葡萄干、无花果、葡萄、梨子以及"同类水果",一起服用。但是,也有些病例十分严重,其梗阻难以克服,服用任何肥皂都无能为力。对此,可用可溶性酒石。马泽尔(Muzzell)是最先想到用酒石来医治"疯癫和忧郁症"的人。他发表了若干篇成功的实验报告。怀特对此加以肯定,同时还指出酒石具有清洗功能。他说,因为酒石对梗阻性疾病特别有效,"据我观察,可溶性酒石在医治因有害体液积聚于主要脉管而引起的躁狂症和忧郁症时,比医治因大脑缺陷引起的同种病症更为有效。"关于其他溶解物,劳兰还列举了蜂蜜、烟囱灰、东方藏红花、木虱、龙虾钳螯粉以及粪石。

在体内溶解法和体外偏转术之间,我们发现还有一系列的实践方法。其中最常见的是醋的各种用法。醋是一种酸,因此能消解梗阻,摧毁正在发酵中的异体。但在外用时,醋则是一种诱导剂,能把有害体液引到外表上。这个时期的医疗思想有一个奇怪的特点,即不承认在这两种用法中有任何矛盾之处。尽管这两种用法中任何一种现在已无法用理性的推理来分析,但是由于设定了醋既有洗涤性又有诱导性,因此它便可以在任何情况下起作用。于是,它不需要任何媒介,仅仅通过两种自然因素的接触,便可起作用。因此,有人推荐用醋来擦洗剃光的头。《医学报》(Gazette de médecine)引述了一个庸医的例子,该医生"用最简单便当的方法医治了一批疯人。他的秘诀是,在把病人上上下下清洗一番后,把他们的头和手浸在醋中,直至他们入睡后或更确切地说直至他们醒来后才停止。多数病人醒来时病已治愈。他还在病人剃光的头上敷上切碎的川续断类(Dipsacus)植物叶草。"

3. 浸泡法。在这方面有两个观念起作用。一个是与涤罪新生的礼仪相联系的沐浴观念,另一个是更具有生理学意义的浸泡观念,即认为浸泡能改变液体和固体的基本性质。尽管这两种观念起源各异,其阐述的层次不同,但是在18世纪末,它们形成一个统一体。这个统一体结合紧密,以致人们感受不到它们之间的对立。有关自然本性的含混观念成为使它们结合起来的因素。由于水是最简单最原始的液体,因此就属于自然中最纯洁的事物。人类能够给自然界的本质上的仁慈附加上各种可疑的限制,但这些限制并不能改变水对人的恩惠。当文明、社会生活以及读小说和看戏引起的幻觉欲望造成了神经性病痛时,返回到清莹的水中就具有洗礼的意义;在清澈的冷水中,人就会恢复其最初的纯洁性。但是,与此同时,水天然存在于一切物体的构成之中,能够恢复各物体的自身平衡。因此水是一个万能的生理调节者。卢梭的信徒梯索表达了上述所有的观念。他的想像力既具有道德意义,又具有医学意义。他说:"大自然把水规定为适用于一切民族的独一无二的饮料。它使水具有溶解各种营养的能力。水很适合人的口味。因此选用一种清淡的新鲜凉水,就能强健和清洗内脏。希腊人和罗马人把水当作万应灵药。"

浸泡的做法在疯癫史上源远流长。仅用埃皮达鲁斯(Epidaurus)[9]的澡堂就可证实这一点。各种凉水疗法在整个古代肯定十分普遍。如果我们相信奥雷利安努斯(Caelius Aurelianus)[10]的说法,那么以弗所的索拉努斯(Soranus of Ephesus)[11]早已抗议对这种方法的滥用。在中世纪,传统医治躁狂病人的方法是将其数次浸入水中,"直至他精疲力尽,归于平静。"西尔维乌斯(Franciscus Sylvius)[12]曾建议用浸泡来医治忧郁症或躁狂症。18世纪人们所接受的关于海耳蒙特(Van Helmont)突然发现了水疗效用的故事,其实是一种对水疗的再解释。根据梅努来(Menuret)的说法,17世纪中期的这一发现纯属偶然事件所致。当时有一名戴着铁镣的疯人被一辆敞篷车押送到其他地方,但是他设法挣脱了铁镣,跳入湖中。他在拼命游泳时昏厥过去。当他被救上岸时,在场的人都以为他死了,但他却很快恢复了神志,并恢复了正常。以后,他"活了很长时间,再未疯癫过。"据说,此事启发了海耳蒙特,他开始将疯癫病人统统投入海水或淡水中,"唯一需要注意的是,要在病人无防备时将其投入水中,让他们长时间地泡在水中。人们不必担心有什么生命危险。"

这个故事是否真实,是无关紧要的。而以趣闻轶事的形式传达的一个信息则是确定的:从17世纪末起,水疗法成为或者说重新成为一种医治疯癫的主要方法。杜布莱于法国大革命前夕发布《训示》,对他所认定的四种主要病状(狂暴、躁狂、忧郁和痴呆）都规定使用定期浸洗的方法，对前两种病状还增加冷水淋浴的方法。在这一时期，切恩早已建议："凡是需要强神益智的人"都应在家中设置浴室，每隔两三天或四天就浴洗一次，"如果他们没有浴室，那么就因地就宜，以某种方式在湖中或其他活水处浴洗。"

在十分关注液体和固体的平衡的医学理论中，水的优点是显而易见的。因为如果水有浸透力，并因此而居于湿润剂之首的话，那么，就其能接受冷、热这些附加品性而言，它就具有收缩、冷却和加热的功用，它甚至能具有属于铁一类物质的强固效用。实际上，这些品性的相互作用在水这样的液体中是变化无常的；正如它很容易渗透到各种生理组织网络中一样，它也很容易被各种性质方面的影响所渗透。但是与人们的想像不同，水在18世纪的广泛应用并不是人们普遍承认其效能和作用模式的结果，而是由于极其矛盾的表现形式很容易归结为水的作用。水是各种可能的医疗观念的归宿，成为各种流行隐喻的永不枯竭的源泉。在这个液体元素中发生着普遍的品性交换。

当然，冷水具有冷却作用。否则怎么会用它来医治狂乱和躁狂症呢？这些病是热病，使人的精神亢奋，固体膨胀、液体沸腾，大脑"变得干燥和松脆"。这是解剖学一再证实的。因此，布瓦修（Barthélemy-Camille Boissieu）完全有理由将冷水作为冷却治疗的一个手段。冷水浴被列为第一种"消炎处方"，因为它能把体内多余的火分子排出去。作为一种饮料，它是一种"慢性稀释剂"，可以削弱液体对固体作用的阻抗力，从而间接地降低体内的总热量。

但是，同样可以说，冷水有加温作用，而热水有冷却作用。达吕（Darut）所捍卫的正是这一观点。冷水浴刺激了身体表层的血液,"更有力地将血液推向心脏"。而心脏是自然加热中心,因此血液在心脏变热,尤其是因为"孤军作战的心脏更要加紧将血液排走和克服毛细血管的阻抗。结果是,体内循环大大加强,血液和体液流动加速,各种梗阻被打破,自然热力、胃的消化力和身心的活动都得到加强。"与之对称的是热水浴的反作用。热水浴把血液、体液、汗液以及其他各种有益或有害的液体都引到身体表层。这样就减轻了主要器官的负担,心脏就必须缓慢工作,整个机体也就冷却下来。过于频繁地洗热水澡所引起的"晕厥、虚弱、无力"不正是证明了这一点吗?

此外,水具有多价性,而且极容易顺从它所承受的各种品性,因此,它甚至会丧失作为液体的效能,而作为干燥剂起作用。水能驱除湿气。它使"同性相斥"这一古老原则再度生效,然而是在另一种意义上,而且是通过一种完全有形的机制实现的。在有些人看来,冷水有干燥作用,因为热反而保持了水的湿度。实际上,热使机体毛孔扩张,使隔膜膨胀,使湿气通过二次效应而浸透机体及其隔膜。热为液体开了路。正是由于这个原因,17世纪流行的并被滥用的各种热饮料才愈益变得有害了。因为机体松懈、湿气弥漫、全身柔弱,这一切给过多饮用这种浸液的人造成危害。而且,因为这些性状都是女性身体的特征,与男性的干燥和坚实正好相反,所以滥用热饮料就会有导致人类普遍女性化的危险:"多数男人退化,愈益具有女人的柔弱、习惯和倾向,唯一的区别仅仅是生理构造。人们对此提出指责是不无道理的。过量饮用湿润剂会直接加速这种变态,使两性在身体和道德方面几乎变得一样。如果这种偏好支配了平民百姓,那么就不再有农夫、工匠和士兵了,因为他们被剥夺了从事他们的职业所需要的力气和精神。人类就大难临头了。"[13]冷水能够消除湿气的全部力量，因为它能使肌体组织紧缩，从而不被浸透："难道我们没有看到，当我们洗冷水澡时或被冻僵时我们身体的脉管和肌肉组织是如何紧缩的吗？"[14]因此，冷水浴既能强固肌体，使之防范湿气的软化作用，"稳定各部位"，又能"增强心脏和血管的舒张力"（霍夫曼语）。

但是，在另一些人对品性的感受中，这种关系颠倒过来了：热的烘烤使水的湿润性丧失，而冷则使水的湿润性得到维持和源源不断的补充。对于"神经系统干缩"和"隔膜干瘪"引起的神经疾病，庞默（Pomme）不主张使用热水浴，因为热水浴会增加体内已经很高的热度。他建议洗温水浴或冷水浴，因为冷水会渗入肌体组织恢复其柔韧性。这种方法不正是美国人自发使用的方法吗？在医治过程中，这种方法的效果和机制是一目了然的。在病重时，内热使病人体内的空气和液体变得稀少，因此病人浮在澡盆的水上。但是，如果病人在澡盆内泡上很长时间，"每天三个、四个，甚至六个小时"，那么身体便开始松弛，水逐渐浸入隔膜和神经纤维，身体越来越重，也就自然沉到盆底了。

到18世纪末，由于水过于万能，反而声誉日下。想想看，它能使冷变热，使热变冷；它不仅不带来潮气，反而能用冷气产生加固、僵化作用，或者用自身的热度来维系一团火。在水中，各种有益或有害的价值不分轩轾地结合在一起。因此水就有了各种可能的组合及作用。在医学思想中，水是一种可以无条件地使用和操纵的医疗手段，其疗效从任何生理学或病理学的角度都可以理解。水有如此多的价值、如此纷纭的作用方式，因此它能够证明一切，而又能否定一切。毫无疑问，正是这种多价性及其引起的意见分歧,最终使水的威力黯然失色了。到了皮内尔时代,水依然被使用,但它重新变得清莹了,原来夸大的性质被消除了,其作用方式仅仅是力学上的了。

在此之前,淋浴不如盆浴和饮水疗法那样盛行,而现在则成为受青睐的方法。然而,在抛弃了前一时期的各种生理学观点之后,水又重新获得其简单的净化功能。人们认为水产生作用的唯一性质是其强烈性。不可抵挡的水流可以冲刷掉造成疯癫的各种不洁之物。凭借自身的医疗效力,水使人回复到最简单的表现状态、最质朴的生存样式,从而使他获得再生。皮内尔解释说,这就是"把病人的越轨思想消灭得干干净净,不留任何痕迹。而这只有通过在几近死亡的状态下抹去这些思想才能做到。"因此,18世纪末和19世纪初在沙朗通等收容院里使用了这样一种著名的方法:适当的淋浴——"疯人被绑在一张椅子上,被置于一个冷水容器下。用一个大管子直接将冷水冲到其头上";突然的池浴——"病人沿走廊来到底层,进入一间方顶房间,里面建有一个水池。病人被突然推入水中。"[15]这种暴力行为据说是为了实现洗礼后的再生。

4. 运动调节法。如果疯癫确是精神的不正常躁动,神经纤维和思想的紊乱运动,那么疯癫也会使身心失调,体液阻滞,神经纤维僵直,思维和注意力固定在一个逐渐压倒一切的观念上。因此,需要恢复思想、精神、肉体和心灵的运动,从而使之具有生机。但是,这种运动必须受到节制,而不能成为对神经纤维的无益颤动,因为神经纤维已不再接受外部世界的刺激。该疗法的新观念在于恢复一种与外部世界的稳健运动相适应的运动。由于疯癫者既可能狂躁不安,又可能蔫傻痴呆,因此该疗法就旨在使病人恢复一种有规律而又现实的运动,即顺从现实世界运动规律的运动。

这一时期的医生重新建立起古人的那种坚定信念。古人认为各种形式的散步和跑步有益于健康：单纯的散步可使身体灵活强健；逐渐加速的跑步可使体液在全身均匀分布，还可使器官的负担减轻；整装跑步能使肌体组织发热和放松，并使僵硬的神经纤维变得灵活。西德纳姆尤其建议用骑马来医治忧郁症和疑病症："我发现，补血益气的最好方法是，每天骑着马在新鲜空气中长时间地漫游。在这种活动中，由于肺尤其是下腹部的内脏受到颠簸，就能排除血液中淤积的废液，使神经纤维和各器官的功能得以康复，使自然热量得以补充，通过出汗或其他途径将腐败体液排出，或使这些体液恢复原健康状态，并且消除梗阻，廓清通道。最终通过使血液不断地运动来更新血液，使之具有特殊的活力。"[16]海浪的翻滚是世界上最有规律、最自然的运动，也是最符合宇宙秩序的运动。朗克尔（De Lancre）曾认为这种运动对于人的心脏极其有害，因为它产生了许多危险的诱惑、永远无法实现的梦想，因为这些梦想事实上是极其邪恶的幻象。而18世纪的人则把这种运动视为有机体运动的强大调节器，因为这种运动体现了大自然的韵律。吉尔克利斯特（Gilchrist）写了一篇题为《论航海在医学中的用途》的论文。怀特则认为，这种疗法很难用于忧郁症患者，因为很难说服这种病人进行漫长的航海旅行；但是有一个例子应该举出："有一位年轻的疑病症患者在被迫乘船航行了四五个星期后，病状完全消失了。"

旅行还能直接地至少是通过较直接的方式影响思想的变化，因为后者完全取决于情绪。五光十色的风景能排遣忧郁症患者的郁积。这种疗法古已有之，但是在18世纪则受到新的重视，其形式也多种多样，从实际旅行到文学和戏剧的想像旅游，应有尽有。卡缪（Antoine le Camus）为使各种忧郁症患者"放松大脑"而提出医治方法："散步、旅行、骑马、做室外操、跳舞、看戏、读闲书、工作等，均能排遣苦苦纠缠的想法。"恬静多姿的乡间景色"能使忧郁症患者远离引起痛苦回忆的地方"，使他们摆脱偏执的困扰。

与上述情况相反，躁狂症的躁动则可以用有规律的运动的良好效果来纠正。这里不需要恢复运动，而是要调节躁动，暂时停止其运动，使病人的注意力集中起来。旅行之所以有效，不是因为途中不断地休息，而是因为旅行使病人耳目一新，从而产生好奇心。旅行能在病人的思想完全听命于内部运动的振动的情况下从外部来分散其注意力。"如果人们能发现某些物体或人能使病人的注意力从胡思乱想转移并多少能集中在其他东西上，那么就应该让躁狂症患者经常见到这些物体或人。正是出于这个原因，旅行常常会带来许多好处，因为它打断了原来的思路，提供了转移注意力的对象。"[17]

运动疗法能给忧郁症患者造成变化，能迫使躁狂症患者循规蹈矩。这种疗法隐含着这个世界力图控制精神错乱者的观念。它既是一种"齐步走"的口令，又是一种改造术。因为运动既规定了它的节奏，但又透过花样翻新而不断地要求病人的思想放弃自身而回到现世中。如果浸泡法确实一直隐含着关于沐浴和再生的伦理上的和几乎宗教上的记忆的话，那么我们在运动疗法中也会发现一个相对应的道德主题。与浸泡法中的主题相反，这个主题是，回到现世中，通过回到自己在普遍秩序中的原有位置和忘却疯癫，从而把自己托付给现世的理智。因为疯癫纯粹是一种主观状态。我们看到，即使是在经验论中这种治疗方法也与古典时期的疯癫体验的庞大组织结构发生着冲突。由于疯癫既是一种错误,又是一种罪过,因此它既不洁又孤立;它脱离了现世和真实,而它又因此而陷入邪恶。它的双重虚无性就在于一方面它是那种非存在物的可见形式,而非存在就是邪恶的,另一方面,它用空虚和谵妄的情感现象来表达谬误的非存在。它是绝对纯洁的,因为它什么都不是。如果说它是什么的话,那么它只是主体的消失点,在这个点上任何真理都被勾销。但它又是绝对不洁的,因为这种虚无是邪恶的非存在形式。因此,医治方法及其形象强烈的物理象征——一方面是加固和恢复运动,另一方面是净化和浸泡——是秘密地围绕着两个基本主题组织起来的:病人必须返璞归真,必须脱离其纯粹主观状态而回到现世中;必须消除使病人自我异化的非存在,但病人必须回到外部大千世界,回到存在的坚实真理上来。

这些方法被沿用的时间比其意义存在的时间更长久。当疯癫在非理性体验之外获得了纯粹的生理学和道德意义时,当古典主义借以给疯癫下定义的谬误与过失的关系被单一的罪过观念所取代时,这些方法依然被使用着,只是其意义要狭窄得多。人们所寻求的仅仅是一种机械效果,或者说是一种道德惩罚。正是在这种情况下,运动调节法蜕变为著名的"旋转机"。考克斯(Mason Cox)在19世纪初曾描述其机制和效用[18]:将一根柱子垂直固定在地板和天花板上;将一把椅子或一张床悬挂在围绕立柱水平运动的支架上,将病人绑在上面。借助一个"不很复杂的齿轮系统",让机器按照"所需的速度"开始运转。考克斯引述了目睹的一例:这是一名因忧郁症而陷入僵痴的病人,"他的肤色黑青,眼睛发黄,目光盯着地面,四肢僵硬,舌头干涩,脉搏迟缓。"这位病人被放到旋转机上后,机器开始加速旋转。效果是出乎意料的。病人开始极度不安，从忧郁症的僵直变为躁狂症的亢奋。但是，在这种最初的反应过去之后，病人又回复到最初的状态。此时，机器的节奏变了，转得非常快，但也有规律地突然停顿几次。这样，忧郁症被驱除了，而旋转还未来得及造成躁狂症的亢奋。这种忧郁症"离心分离法"很典型地体现了对旧医疗方法的新用法。运动的目的不再是使病人回到外部世界的真理，而仅仅是产生一系列纯机械性和纯生理方面的内在效果。决定医疗方法的不再是真理的呈现，而是一种功能标准。在这种对旧方法的新阐释中，人的机体仅仅与自身及自身的性质有关系，而原先则是要恢复人的机体与世界的联系以及与存在和真理的根本联系。如果再考虑到旋转机很快被当作一种威胁和惩罚手段，那么我们就会看到在整个古典时期从多方面维护这些医疗方法的各种意义大大丧失了。医学手段原来被用于祛除罪恶，消除谬误，使疯癫回复到世界不言自明的真理，现在医学则仅满足于调节和惩罚的功用。

1771年，边维尔在《论女子淫狂》的文章中写道，有时"仅靠治疗幻想"就能治愈这种病，"但仅靠物理疗法则不可能或几乎不可能有明显的疗效"。不久，博歇恩（Beauchesne）写道："仅用物理手段来医治疯癫是徒劳无效的。……若不借助于某种方法使虚弱的病人在精神上强健起来，单靠物质疗法绝不会获得完全的成功。"

这些论述并没有揭示出心理治疗的必要性，但是它们标志着一个时代的结束：在这个时代医学思想还没有明显地将物理疗法和道德治疗区分开。各种象征的统一体开始崩溃了，医疗方法开始丧失其无所不包的意义。它们只具有对肉体或对心灵的局部效用了。治疗的方向再次发生变化。治疗不再由有意义的疾病统一体来决定，不再围绕着疾病的主要特性来统筹安排，而是分门别类地针对着构成疾病的不同因素来进行。因此治疗将由一系列局部的医治方法构成，其中，心理治疗和物理治疗并行不悖，相互补充，但绝不相互渗透。

实际上，当时已经出现了心理治疗的雏形，但是应用这种方法的古典时期的医生们却没有这种观念。自文艺复兴以来，音乐重新获得了古人论述过的各种医疗能力。音乐对疯癫的疗效尤其明显。申克（Johann Schenck）让一名"严重的忧郁症患者"去听"各种器乐演奏会，使他特别高兴"，结果患者痊愈了。阿尔布莱希特（Wilhelm Albrecht）在医治一位谵妄病人时，在各种疗法均告无效后，便让他在一次犯病时去看演出，结果，"有一首很平凡的歌曲竟使病人清醒过来，使他感到愉悦并开怀大笑，从此不再犯病。"此外，甚至还有用音乐治愈躁狂症的例子。但是，这些例子决不意味着当时会对此做出心理学解释。如果音乐治愈了疯癫，那么其原因在于音乐对整个人体起了作用，就像它能有效地渗透进人的心灵一样，它也直接渗透进人的肉体。迪默布罗克不是谈到过音乐治愈了鼠疫患者的情况吗？无疑，多数人已不再像波尔塔（Giambattista della Porta）那样依然认为，音乐通过其声音这一物质现实将乐器本身的隐秘力量传递给肉体；也不再像他那样认为，用"冬青木笛吹奏的一首欢快乐曲"便可治愈淋巴病，或用"菟葵笛吹奏的一首轻柔乐曲"便可缓解忧郁症，或必须用"飞燕草或鸢尾茎做的笛子来医治阳痿病人"。但是，如果说音乐不再传递隐含在物质中的力量，那么它对肉体的效力在于它将某些品质传递给了肉体。音乐甚至是最佳的品质传递机制，因为它从一开始仅仅是一种运动，而一旦传到耳朵里，它立刻变成品质效应。音乐的治疗价值在于，这种变化在体内便停止了，品质在体内重新分解为运动，感受的愉悦变成以往那种有规律的振动和张力的平衡。人作为灵肉统一体，从另一个方向跟随这种和谐运动，从感受的和谐转到波动的和谐。在人体内，音乐被分解了，而健康却恢复了。但是还有另外一条更直接，也更有效的途径。人若是走上这条途径，就不会再是一个消极的排斥乐器的角色；他就会像一个乐器那样做出反应："如果人们仅仅把人体看作一组绷紧的纤维，而忽略它们的感觉、生命力和运动，那么就很容易认为音乐会在纤维上产生与在类似乐器的琴弦上相同的效果。"[19]这是一种共振效果，无须通过漫长而复杂的听觉途径便可达到。神经系统随着弥漫于空气中的音乐振动，神经纤维就好像许多"聋哑舞蹈者"，随着它们听不见的音乐翩翩起舞。就在这个时候，在人体内，从神经纤维到心灵，音乐被重新编织，共振的和谐结构使感情恢复了和谐的功能。

　　疯癫治疗术中对感情的利用，不应被理解为一种心理治疗。利用感情来医治痴呆，不过是想突破灵肉统一体的结合点，利用一个事件的双重效应，利用这些效应之间直接呼应的意义。用感情来医治疯癫意味着人们承认灵与肉的相互象征意义。在18世纪，恐惧被认为是一种最适宜让疯人激发出来的感情。它被视为对躁狂症患者和精神错乱者加以约束的天然补充手段。人们甚至设想了一种纪律，即要让躁狂症患者的每一次狂怒发作都将立刻伴有一种恐惧作为修补："只有用武力才能压制躁狂症患者的发作，只有用恐惧对付狂怒，才能制服狂怒。如果在狂怒发作时，将公开出丑与对惩罚的恐惧联系在一起，印在病人的脑子里，那么这二者就会难解难分，成为一对毒药和解药。"[20]但是，恐惧不仅仅对疯癫的后果起作用，而且还能对付和压制疾病本身。实际上,它能使神经系统的运转僵滞,抑制其过分活跃的纤维,控制全部紊乱的运动。"恐惧是一种能减弱大脑兴奋的感情,因此它能抑制过度的兴奋,对躁狂症患者的暴怒尤其有效。"[21]

　　如果说恐惧—愤怒的相克关系能够有效地用来制止躁狂症患者的躁动,那么反过来也可以用于医治忧郁症患者、疑病症患者以及各种具有淋巴质气质的人的莫名恐惧。梯索重新提出发怒是胆汁的释放结果这一传统观念,认为发怒有助于化除淤积在胃和血液里的粘痰。发怒时神经纤维变得紧张,因此振作起来,这就能恢复原已丧失的弹性,使恐惧消散。感情疗法是基于一种由来已久的关于品质和运动的说法。这种说法认为品质和运动可以直接以各自的方式从肉体转移到灵魂,反之亦然。谢登曼特尔(Scheidenmantel)在论述这种疗法的文章中说,"当医治需要在体内造成这种感情所产生的那种变化时",就应使用这种疗法。正是在这种意义上,它可以普遍地取代其他各种物理疗法,因为它是唯一能够产生同样效果的不同方法。在感情疗法和药物治疗之间没有本质差别,它们只不过是以不同的方式来深入身心共有的那些机制。"如果用理性不能使病人去做恢复健康所必需的事,那就应该用感情。"

　　物理疗法同心理或道德疗法之间的差别对于现代人来说是显而易见的,但是在古典时期这种差别不可能被当作可信的,至少是有意义的区分。只有当恐惧不再被视为一种抑制运动的方法,而仅仅被视为一种惩罚时;当欢悦不意味着有机体的舒张,而意味着一种酬报时;当发怒仅仅是对有意羞辱的一种反应时;总之,当19世纪通过发明著名的"道德疗法"而将疯癫及其医治引入罪愆领域时,上述区分及其各种蕴含才开始存在。只有当对疯癫的关注转向对责任者的审问时，物理性和道德性之间的区分才在人们思想中成为一个实际的医学概念。当时所规定的纯粹道德范围严格地规定了现代人在内心深处探索自身深度和自身真理的范围。在19世纪上半叶，物理疗法往往成为由某种天真的决定论所设计的疗法，而道德疗法则往往成为一种可疑的自由所创造的疗法。心理学作为一种治疗手段从此以惩罚为中心来建构。它首先不是解脱病人，而是按照严厉的道德要求制造痛苦。"不要去安慰，安慰是徒劳无益的；不要诉诸说理，说理是无济于事的；不要与忧郁症患者一起悲伤，你的悲伤只会加重他们的悲伤；不要对他们装出欢快的样子，那样会伤害他们。此时需要的是沉着冷静，在必要时还需要严厉。让你的理性成为他们的行为准则。在他们身上有一根弦还在振动，那就是痛苦；要敢于拨动它。"[22]

医学思想对物理性和道德性的区分并非出自笛卡儿关于物质的定义。在笛卡儿之后一个半世纪内，医学并没有在研究对象和研究方法的层次上吸收这种区分观念，也没有把这种物质区分理解为有机体与心理的对立。古典时期的医学理论，无论是拥护笛卡儿的还是反对笛卡儿的，都没有把笛卡儿的形而上学二元论引进到对人的研究中。而且，当人们开始做出这种区分时，并不是由于重新肯定了《沉思录》[23]，而是由于对越轨做了新的解释。在医治疯人时，惩罚手段的使用才使肉体治疗同心灵治疗区分开来。只有当疯癫变成了罪愆，才可能出现纯粹的心理治疗。

然而，古典时期的整个医学实践可能会成为顽强反对上述看法的证据。纯粹的心理学因素似乎已经在医疗方法中占据了一席之地。否则如何解释这一事实,即在不用肉体治疗的情况下,古典时期的医生非常看重对病人的告诫、规劝和讲道理?如何解释索瓦热所表述的同时代人的一致看法,即"只有身为哲学家才能医治心灵疾病。因为其病根不过是病人要得到他所喜爱的东西的强烈欲望。医生的部分职责就是,用坚实的道理向病人说明,他所欲求之物金玉其外,败絮其中。以此使病人改邪归正。"

但是,这种治疗疯癫的方法同我们前面讨论的方法一样,都不是心理疗法。语言作为真理或道德的表述,与肉体有直接关系。边维尔在《论女子淫狂》的论文中说明,采用或拒绝一个伦理原则会如何直接改变人的机体运作过程。然而,有些方法是旨在改变灵肉共有的特性,而有些方法则是用话语来医治疯癫。这两类方法有本质差别。前一种方法是一种隐喻法,认为疾病是本性的败坏。后一种方法是语言法,认为疯癫是理性的自我冲突。在后一种方法起作用的领域里,是从真理和谬误的角度来"治疗"疯癫的。这里所说的"治疗"包括"对待"等含义。总之,在整个古典时期,有两类并行不悖的医治疯癫的技术系统。一类是基于某种关于品质特性的隐含机制,认为疯癫在本质上是激情,即某种属于灵肉二者的(运动—品质)混合物。另一类则基于理性自我争辩的话语论述运动,认为疯癫是谬误,是语言和意象的双重虚幻,是谵妄。构成古典时期疯癫体验的、感情的和谵妄的结构循环圈在这个技术世界里再次出现,只不过表现为更简略的方式。其统一性只是隐约表现出来。而明显可见的则是疯癫医学的二元性,抑制该病的方法的二元性,对待非理性的方式的二元性,这种二元性几乎是一种对立性。后一类医学方法可归纳为三种基本类型。

1. 唤醒法。因为谵妄是人的白日梦，所以必须使谵妄者摆脱这种似睡非睡的半昏迷状态，使之从白日梦及其意象中真正清醒过来，这时感知意象就会驱散梦幻。笛卡儿在《沉思录》中从一开始就寻找能逐一扫除各种幻觉的绝对清醒状态，最后他反而在梦幻的苏醒中、在对被欺骗的意识的意识中发现了这种状态。但是，在疯人那里，医学必须起唤醒作用，把笛卡儿式勇气的寂寞变成一种权威性干预，通过清醒的而且确信自己清醒的人来干预半睡半醒的人的幻觉。这是一条武断地缩短笛卡儿的漫长道路的捷径。笛卡儿在其结论中，在一种永不自我分裂的意识的二元化中所发现的东西，正是医学要从外部通过医生与病人的分裂强加给病人的东西。医生与病人的关系复制了"我思"之片刻与梦幻、幻觉和疯癫之时态的关系。医生完全是一个外在的"我思"（Cogito），与思考本身无关，只有用一种闯入的方式才能把"我思"加到思考上。

这种惊醒方式是最常见的医治疯癫的方法之一。它常常采用最简单的形式，而这些形式同时却包蕴着最丰富的意象，被认为最具有立竿见影的效力。据说，有一个少女因过度悲伤而患惊厥病，一次在她身边开枪却使她康复。这是一个对唤醒法的夸张图解。其实不必采取这么极端的方式。突然而强烈的情感也同样有效。正是根据这种精神，布尔哈夫在哈勒姆（Haarlem）[24]进行了著名的惊厥治疗。当时在该城医院里，流行着一种惊厥病。大剂量的镇疼药对此毫无效力。布尔哈夫命令"搬来若干烈焰熊熊的火炉，把铁钩放在炉中加热。然后他大声宣布，因为迄今各种医治惊厥的方法都证明无效，他现在只有一种医治方法了，这就是用烧红的铁钩来烙惊厥病人（不论男女）的手臂，直至烧到骨头。"[25]

比较缓慢但也更正视真理的唤醒方法是从理智本身出发,让理智循序渐进地但又一往直前地穿过疯癫领域。威利斯根据这种理智及其各种形式来寻求对各种疯癫的医治方法。例如,医治低能儿,需使用一种教师的智慧。"细心而又热心的教师应全面地教育他们",应该一点一滴地、不厌其烦地教给他们那些学校里教授的东西。医治忧郁症患者则需要那种奉行最严格而又最明显的真理形式的理智。在无可辩驳的真理面前,病人谵妄中的幻觉就会消失;这也是极力推荐病人钻研"数学和化学"的原因。对于其他病人,奉行井然有序的生活的理智将能减少他们的谵妄。在这方面,除了关于日常生活的真理外,无须再强加给他们其他真理。他们可以留在家中,但是,"他们必须继续处理自己的事情,管理家务,安排和经营自己的产业、花园、果园和耕地。"相反,对于躁狂症者,需要从外面,必要时用暴力,将严格的社会秩序强加给他们,这样才能使他们神智清醒过来,接受真理之光:"为此,病人应被置于特殊的房间里,由医生或训练有素的助手来医治。他们用警告、规劝和当下惩罚来使病人始终循规蹈矩,恪守职责。"[26]

在古典时期,这种医治疯癫的权威性唤醒法逐渐丧失了最初的含义,仅仅成为使病人重新记住道德戒律、弃恶从善,遵从法律的手段。威利斯依然想使病人重新面对真理,而索瓦热则对此已全然不能理解。他认为承认善便是神智清醒:"错误的道德哲学使那些人丧失了理性,因此,只要他们愿意和我们一起考察什么是真正的善,什么东西更值得追求,我们就能使他们恢复理性。"这样,医生就不再起唤醒者的作用,而是起一个道德家的作用了。梯索认为:"问心无愧是(抵御疯癫)的最好的预防药。"继之而来的是皮内尔。他认为,在治疗中,唤醒病人认清真理是毫无意义的，盲目服从才是有价值的："在大量的病例中，医治躁狂症的一条基本原则是首先实施一种强有力的约束，然后再施展仁爱的方法。"

2. 戏剧表演法。这种方法至少在表面上与唤醒法完全相反。唤醒法是用耐心的、理性的工作来对付谵妄。不论是通过缓慢教育，还是通过权威强制方式，理性都仿佛是因自身的重力而降临。疯癫的非存在性、谬误的虚无性最终被迫屈服于真理的压力。而戏剧表演法则完全在想像空间中发挥作用。我们面对的是非存在与自身的共谋关系。想像必须玩弄自己的把戏，自动地提出新的意象，支持为谵妄而谵妄，并且必须在没有对立和冲突，甚至没有明显的辩证关系的情况下进行治疗。健康必须在虚无中围攻疯癫，并战胜它，而这种疾病恰恰是虚无的囚徒。当想像力"患病时，只有用健康积极的想像才能治愈它。……不论是用恐惧，还是用施加给感官的强烈痛苦印象，或是用幻觉来治疗病人的想像，都是一样的。"[27] 幻觉能医治幻觉，理性本身就能摆脱非理性。那么想像的这种神秘力量是什么呢？

如果说意象的本质在于被当作现实来接受，那么，反过来，现实的特点就在于它能模仿意象，装作是同一种东西，具有同样的意义。知觉能毫不中断地将梦延续下去，填补其空隙，巩固其不稳定因素，使梦尽善尽美地完成。如果说幻觉能显得像知觉那样真实，那么知觉也能变成有形的、无可挑剔的真正幻觉。"戏剧表演"疗法的第一步正是如此：将非现实的意象并入被感知的现实中，并且不让后者显得与前者矛盾或冲突。卢西塔努斯（Zacatus Lusitanus）描述了对一名忧郁症患者的治疗情况。这位病人认为自己应该受到诅咒，理由是自己罪孽深重却依然活在世上。由于无法劝说他,医生便承认他的谵妄,让他似乎看到一位手中持剑的白衣"天使"。这个幻影严厉地训斥了一番,然后宣布他的罪孽得到宽恕。

在这个实例中,我们看到了第二个步骤:局限于意象的表演是不够的,还必须使谵妄话语延续下去。因为在病人的错乱言词中有一个声音在说话。这个声音遵循自己的语法,并表述某种意义。必须用这样一种方法来维持这种语法和意义,即在现实中表现幻觉时不应显得是从一种音域到另一种音域,不应像是翻译成了一种新语言,而且改变了意思。这种语言应该是前后贯通的,仅仅给话语增添了新的推理因素。但是,这种因素却非同小可,因为人们的目的不是使谵妄延续下去,而是通过延续来结束它。为此,应该把谵妄引入一种无法自制的危机状态,这时,无须增加新的因素,谵妄便与自身发生冲突,被迫反对自身的真实性。因此,如果现实的和知觉的话语要想延续意象的谵妄语言,就必须不回避后者的规律,接受其支配,对它加以肯定。它应使谵妄语言紧紧围绕自己的基本因素进行。如果说它在表现谵妄语言时不怕强化后者,那是为了使后者戏剧化。有这样一个病例:一个病人认为自己已经死了,他也确实因粒米不进而奄奄待毙。"一群把脸画得苍白、身着尸衣的人进入他的房间,摆好桌子,拿出食品,对着病榻大吃大喝。这个忍饥挨饿的'死人'看着他们,他们则对他卧床不起表示惊讶。他们劝他说,死人至少吃得和活人一样多。他欣然接受了这个观念。"[28]正是在一种延续的话语中,谵妄的因素发生了矛盾,造成了危机。这种危机以一种双关的方式表现出来,既是医学上的临界险象,又是戏剧中的转折点。自希波克拉底以来的整个西方医学传统在这里突然与一种主要的戏剧经验相交了。这种交叉仅仅维持了很短一段时间。在我们面前出现了一个重大的危机主题。这种危机使疯人与自身的意义相冲突，使理性与非理性相冲突，使人类的精明诡计与疯人的盲目相冲突。这种危机标志着这样一个时刻：回归自身的幻觉由此将接受真理的眩惑。

在危机中，这种开放是刻不容缓的。实际上，正是这种开放及其紧迫性构成了危机的基本因素。但是，开放不是危机本身引起的。为了使危机不仅仅具有戏剧性而且成为医学上的转机，为了使危机不会危害人，而仅仅抑制疾病，总之，为了使谵妄的戏剧表演具有喜剧的净化效果，必须在特定时刻引进一种诡计。这种诡计，或者至少是一种能暗中改变谵妄的独立运作的因素，应该一方面不断地肯定谵妄，另一方面通过使谵妄面对自己的真理而使谵妄必然导向对自身的压制。这种方法的最简单的例子就是对谵妄病人所施用的一种诡计。有些病人认为在自己体内有某种物体或某种异常动物："当一个病人认为自己身体内关着一只活生生的动物时，人们应该假装把它取出来。如果这只动物在胃里，人们可以用强灌洗法，同时趁病人不注意时将一只动物扔进盆里从而达到上述效果。"[29] 戏剧手段体现了谵妄的目标，但是如果不使这种结果外表化，就达不到这种目的。如果说它使病人从知觉上肯定自己的幻觉，那么这只是为了与此同时用强力迫使病人摆脱幻觉。对谵妄的人为重构造成了一种实际的间离，病人由此恢复了自由。

但是，有时甚至不需要造成这种间离。在谵妄的半知觉中就可以用诡计建立一种知觉因素。最初它是默默的，但是它逐渐得到加强，并开始与整个系统竞争。正是在自己身上，在肯定谵妄的知觉中，病人感受到解放的力量。特拉利翁（Trallion）

报道了一名医生是如何驱散了一位忧郁症患者的谵妄。这位病人认为自己没有头,在头的位置上只有一种空虚的东西。医生加入了这种谵妄,答应病人的请求,为他填补这个空间。他在病人头上放了一个大铅球。重压产生的不适感很快就使病人相信他有头了。在医生的参与下,没有对病人采取其他直接干预手段,而是通过病人机体的自发反应,就使这个诡计及其喜剧性复位术最终获得成功。在前面提到的病例中,那个自以为死了的忧郁症患者因拒绝进食而生命垂危,而一场死人宴席的戏剧表演使他开始进食。营养的补充使他恢复了神智,"进食使他安静下来",机体的紊乱因此而消失,既是原因又是结果的谵妄也随之消失。因此,想像的死亡可能会导致真正的死亡,而通过现实,通过对不真实的死亡的纯粹表演而避免了真正的死亡。在这个巧妙设计的把戏中,非存在与自身进行了交换:谵妄的非存在转而反对病态的存在,通过用戏剧表演把病态存在从谵妄中驱逐出去而压制了病态存在。用存在来完成谵妄的非存在就能压制住非存在本身,而这是完全通过谵妄的内在矛盾机制实现的。这种机制既是文字游戏又是幻觉游戏,既是语言游戏又是意象游戏。实际上,谵妄之所以作为非存在而受到压制,是因为它变成了一种存在的感知方式;但是,因为谵妄的存在完全表现为它的非存在,所以这种存在就作为谵妄而受到压制。谵妄在戏剧幻想中受到的肯定使它回归到某种真理,这种真理通过用现实来俘获它从而把它驱逐出现实本身之外,而且使它消失在非谵妄的理性话语中。

3. 返璞归真法。因为疯癫是幻觉,所以如果戏剧能够产生疗效的话,那么通过压制戏剧性也能够更直接地医治疯癫。自然本性是不会骗人的,因为它的直接性容不得非存在。把疯癫及其空虚的世界完全托付给自然本性,也就是把疯癫交付给自身的真理(因为疯癫作为一种疾病归根究底只是一种自然存在),同时也把疯癫交付给与之最密切的矛盾(因为谵妄作为一种没有内容的表象恰恰是常常隐秘莫测的丰富自然本性的反面)。因此,这种矛盾就表现为非理性的理性,具有双重意义:它既不交代非理性的起因,同时又隐瞒了压制非理性的原则。但是,应该指出,这些主题的整个持续时间与古典时期并不同步。虽然它们也是围绕着同样的非理性体验而建构起来的,但是,它们却追随着戏剧表演法的主题。而且,它们的出现标志着这样一个时刻,即关于存在与幻觉的辩论开始让位给关于自然本性的争论。戏剧幻觉的把戏失去了意义,人为的逼真表演法被一种简单而自信的自然还原法所取代。但是这种方法有两种方式,一方面是通过自然来还原,另一方面是还原到自然。

返璞归真法是一种最佳疗法,因为它完全拒绝治疗学。它之所以有效是因为它否认一切治疗。正是在人对自己无所作为的消极状态中,在人使自己的各种技艺保持沉默的状态中,大自然进行着一种活动,这种活动完全是与自我克制相反相成的。具体地说,人的这种消极性是真正的主动性;当人把自己托付给医学时,他就逃避了自然本身为他规定的劳动法则;他陷入了谋略的罗网、反自然的世界,他的疯癫仅仅是这种世界的一种表象。而无视这种疾病,恢复他在自然存在物的活动中的位置,就能使表面上消极(实际上却是一种真正积极)的人得到医治。譬如,圣皮埃尔(Bernardin de Saint-Pierre)就曾讲述他是如何治好自己的一种"怪病"的。患病时"他像俄狄浦斯一样看见两个太阳"。他从医学中得知"这是神经出了毛病"。他用了最名贵的药物，但毫无疗效。他很快注意到，一些医生被自己开的药方治死了。他说："感谢卢梭，是他使我恢复了健康。我在读了他的不朽著作后，知道了许多自然真理，懂得了人生来应工作，而不应冥想。在此之前，我是劳心而不劳力。后来我改变了自己的生活方式，劳力而不劳心。我抛弃了大部分书本，将目光转向大自然的作品。大自然用一种无论何时何地都不会污染变质的语言与我的感觉交谈。我的历史课本和报纸就是田野森林中的树木；在人的世界中，我的思想极力想跟上别人，而在这里则相反，树木的思想千姿百态地向我涌来。"[30]

尽管某些卢梭的信徒设法提出返璞归真的某些方式，但是这种回归不是绝对的，也不简单。因为，即使疯癫是由人类社会中最不自然的东西激发和维系的，但是当疯癫以激烈的形式出现时，恰恰是人类最原始欲望的野性表现。如前所述，古典时期的疯癫观念源出于兽性威胁，而这种兽性完全受制于凶残的本能。把疯癫托付给自然（本性），就等于听任它受反自然的摆布。这是一种无法控制的颠倒转换。因此，对疯癫的医治并不是要回归到与欲望直接相连的直觉状态，而是回归到与想像力直接相连的直觉状态。这种回归意味着摒弃人类生活和享乐中一切不自然的、不真实的、想像的东西。这种治疗方法表面上是返回直觉状态，但暗含着某种理智的调解。这种理智从本质上将源于暴力和源于真实的东西区分开。这种区分是野人与劳动者之间的根本区分。"野人……过着一种食肉动物的生活，而不是一个有理性的人的生活"，而劳动者的生活"实际上是人类最幸福的生活"。野人只有赤裸裸的情欲，没有纪律，没有约束，没有真正的道德；而劳动者则有直接的欢乐，换言之，无须无益的刺激，无须挑逗或成功的幻想便其乐融融。就特性及其直接的优点而言，欢乐能医治疯癫。一方面欢乐甚至无需压制情欲就能使之变得徒然，因为它已使人心满意足。另一方面，欢乐能使幻想变得荒诞，因为它自然而然地促进着现实的幸福。"欢乐属于永恒的世界秩序；它们亘古不变；欢乐的形成确实需要某些条件……；这些条件不是由人随便设定的，而是自然形成的；幻想不能创造出任何东西，致力于欢乐的人只有抛弃一切非自然的东西才能增加欢乐。"[31]因此，劳动者的直觉世界是一个理智而节制的世界。它之所以能医治疯癫，是因为它使情欲变得毫无意义，同时也使情欲所激发的感情运动变得毫无意义，还因为它通过压缩了幻想的活动余地而减少了谵妄的可能性。梯索所说的"欢乐"就是这种直接治疗手段。它摆脱了激情和语言，即摆脱了造就非理性的两种主要人类经验形式。

也许，自然状态作为直觉的具体形态，在抑制疯癫方面具有更根本的力量。因为它有力量使人摆脱自己的自由。在自然状态中——这种自然状态至少可以用对强烈的欲望的排除和对非现实的幻觉的排除来衡量——人无疑摆脱了社会约束（这种约束迫使他"计算和权衡有名无实的想像中的欢乐"）和无法控制的感情运动。但正因为如此，他受到自然义务亲切而内在的约束。有益于健康的需求所产生的压力，日月流转、季节更替的节奏，衣食住行的平缓要求，都抑制着疯人的躁动，迫使他们循规蹈矩地生活。这样就消除了不着边际的想像和过分急切的情欲要求。在温馨而毫不压抑的欢乐中，人接触到了自然的理智。这种自由的忠诚真朴驱散了非理性——那种非理性自相矛盾地包容着极端的感情放纵和极端的意象妄想。因此，在这种混合着伦理学和医学的背景下，人们开始梦想着从疯癫中解放出来。这种解放并不是起源于人类的爱心发现了疯癫病人的人性，而是源于一种使疯癫受到自然的温和约束的愿望。

吉尔这一古老村庄自中世纪末期起就一直提供着已被人遗忘的禁闭疯人和隔离麻疯病人之间的联系的证据。但是在18世纪末，它突然获得一种新的解释。它曾经是将疯人的世界与正常人的世界粗暴而凄惨地分隔开的标志；此时，它却具有田园牧歌的价值，体现了重新发现的非理性和自然的统一。这个村庄曾经意味着，应该将疯人禁闭起来，保护有理性的人免受其害；此时，它却显示，疯人获得自由，这种自由使他处于一种相当于自然法的状态，因此他与有理性的人和好如初。据儒伊（Jouy）描述，在吉尔"五分之四的居民是疯子，是真正意义上的疯子，他们不受束缚，享受着和其他公民一样的自由。……这里为他们提供有益于健康的食品、清新的空气以及各种便利措施。由于这些条件，绝大多数疯人一年后便康复了。"在这些制度机构中没有任何实质变化，但隔离和禁闭的意义却开始发生变化，逐渐具有积极的价值。这里原来是一个晦暗冷寂的黑夜王国，在这里非理性回归到其虚无状态。现在这里则开始被一种获得解放的疯癫必须遵从的自然状态所填充。禁闭作为使理性脱离非理性的手段并未撤除，但是，就实现其主旨而言，它所圈占的这个空间显示了自然的威力，与旧式的限制和压迫系统相比，这种自然力更能约束疯癫，更能从根本上制服疯癫。因此，应该使疯癫摆脱那种压迫系统，让疯癫在这个具有积极效能的禁闭空间中自由地抛弃其野性的自由，接受大自然的要求。这些要求对于它既是真实的又是法律。因为是法律，大自然就能约束欲望的放纵。因为是真实的，它就能减少反自然的因素以及各种幻觉。

皮内尔在谈到萨拉戈萨市的医院时描述的正是这种情况：

第六章 医生与病人

在这里"耕耘所激发的诱惑力,以及通过春种秋收来满足需要的天然本能,被用来抵消想入非非的精神活动。从早晨起,你就会看到他们……兴高采烈地到属于医院的田间地块,赛着完成季节适宜的任务:种麦子、蔬菜,接着开始关心收成,关心建棚架,关心采摘葡萄和橄榄。夜晚,在这个孤寂的医院里,你会发现他们都已平静地入睡。这所医院的常年经验表明,这是使人恢复理性的最可靠有效的方法。"〔32〕人们很容易认识到,在这种司空见惯的现象后面有一种严格的含义。返璞归真之所以能有效地对付非理性,仅仅是因为直觉受到控制,并分裂出与自己对立的一种直觉状态。在这种直觉状态中,狂暴被排除出现实,野性被排除出自由,自然(本性)不再承认以反自然的荒谬形象出现的自身。总之,自然本性受到道德的调节。在这个安排好的空间里,疯癫再也不能讲出非理性的语言以及本身所包含的超越了疾病的自然现象的一切东西。它将完全被封闭在一种病理学中。这种转变被后人当作一种积极的成果,当作向某种真理的靠近,至少是向认识真理的可能性的逼近。但是,从历史角度来看,应该恢复其本来面貌;这种转变实际上是把古典主义的非理性体验完全变成关于疯癫的道德观念。这种观念悄悄地成为在 19 世纪被说成是科学的、实证的和经验的各种观念的核心。

18 世纪下半叶发生的这一转变起源于治疗方法,但很快就广为流传,赢得改革家们的支持,在该世纪末导致了疯癫体验的大改造。不久,皮内尔就能这样写道:"为了遏制疑病症、忧郁症和躁狂症,必须遵从永恒的道德法则!"

在古典时期,要想区分生理疗法和心理疗法是徒劳无益的，原因很简单：当时没有心理学。譬如，让病人服苦药，这并不只是生理治疗，因为心灵和肉体都需要清洗。再如，让忧郁症患者过一种劳动者的简朴生活，让他看到自己谵妄的可笑之处，这也不是一种心理干预，因为这里主要考虑的是神经中的元气运动，体液的浓度。但是，在前一类病例中，我们看到的是一种"品质转变"术。此时疯癫的本质被视为自然本性和疾病。在后一类病例中，我们看到的是一种话语艺术，真理重建术。此时，疯癫的含义就是非理性。

在以后的岁月里，当作为古典时期的标志的这种非理性体验的统一体瓦解时，当疯癫被完全限定在一种道德直觉领域中，因而仅仅是一种疾病时，我们在上面所做的区分便具有了另一种意义：原来属于疾病的东西被归于机体，而原来属于非理性，属于超越其话语的东西则划归给心理。正是在这种时候，心理学诞生了。这门学科不是揭示疯癫的真理，而是作为一个象征，表示疯癫此时脱离了它的非理性真理，从此它仅仅是一种现象，无足轻重地漂浮在自然本性的模糊表层上。疯癫变成一个谜，除了受到解析外，没有任何真理价值。

这也是我们为什么必须公正地对待弗洛伊德的原因。弗洛伊德的《五个病史》与雅内（Janet）[33]的《心理治疗》之间的差异，不仅在于发现上的粗细之分，而且还在于弗洛伊德那里有一种十分强烈的回归。雅内列出了进行分类的因素，画出了一个分类表，归并了不少东西，或许还侵占了其他领域。弗洛伊德则回到疯癫的语言层面，重建了因实证主义的压制而沉寂的一种体验的一个基本因素。他没有对疯癫的心理疗法做任何重大补充。他在医学思想中恢复了与非理性对话的可能性。最具有"心理学性质"的疗法如此之快就遇到了它的反题以及对其结构的确认，对此我们无须惊讶。因为精神分析涉及的并不是心理学，而是一种非理性体验，这种非理性体验恰恰是在现代世界中心理学的意义一直加以掩盖的。

注 释

〔1〕 阿魏（asafetida）：波斯和印度阿魏属植物的胶脂，有恶臭，以前被用作解痉药。——译者注
〔2〕 查拉斯：印度的一种强刺激毒药，用植物胶脂做成。——译者注
〔3〕 塞维涅夫人经常使用它，发现它对"医治伤感很有效"（参见 1675 年 10 月 16、20 日的通信）。
〔4〕 迪奥斯科里斯（约 40～约 90），希腊医生、药理学家。——译者注
〔5〕 朗格（Lange）《论气郁》（*Traité des vapeurs*）（巴黎，1689），第 251 页。
〔6〕 帕拉切尔苏斯（1493～1541），欧洲著名医师、炼金家。——译者注
〔7〕 《封闭治疗》（*Consultation de la Closure*）阿尔森纳尔手稿，第 4528 号，自第 119 页起。
〔8〕 劳兰（Joseph Raulin）《论不同性别的气郁症》（*Traité des affections vaporeuses du sexe*）（巴黎，1758），第 339 页。
〔9〕 埃皮达鲁斯是古希腊伯罗奔尼撒半岛上的重要的沿海商业中心。——译者注
〔10〕 奥雷利安努斯是 5 世纪西罗马帝国最后一位医学作家。——译者注
〔11〕 以弗所的索拉努斯是西元 2 世纪的希腊著名医生和医学作者。——译者注
〔12〕 西尔维乌斯（1614～1672），生于德意志，著名的医生、生理学家、解剖学家及化学家。——译者注
〔13〕 普莱萨文（Jean-Baptiste Pressavin）《气郁新论》（*Nouveau Traité des vapeurs*）（里昂，1770）前言。
〔14〕 罗坦（A. Rostaing）《对气郁症的思考》（*Réflexions sur les affections vaporeuses*）（巴黎，1778），第 75 页。
〔15〕 埃斯基罗尔《精神疾病》（*Des maladies mentales*）（巴黎，1838），第 2 卷，第 225 页。
〔16〕 西德纳姆《论歇斯底里》（*Dissertation sur l'affection hystérique*），《实

用医学》（*Médecine pratique*）（法文译本，巴黎，1784），第425页。
〔17〕 卡伦《实用医学》（*Institutions de médecine pratique*）（法文译本，巴黎，1785），第2卷，第317页。
〔18〕 旋转机的发明者究竟是莫珀图依（Maupertuis），还是达尔文（Darwin），或卡赞斯坦（Dane Katzenstein），至今仍有争议。
〔19〕《百科全书》，"音乐"条。
〔20〕 克里奇顿（Alexander Crichton）《论精神疾病》（*On Mental Diseases*），转引自雷诺（Élias Regnault）《论医生能力等级》（*Du dégré de compétence des médecins*）（巴黎，1828），第187～188页。
〔21〕 卡伦，见前引书，第307页。
〔22〕 勒雷（François Leuret）《疯癫心理学片论》（*Fragments psychologiques sur la folie*）（巴黎，1834），第308～321页。
〔23〕《沉思录》系笛卡儿的《形而上学的沉思》。——译者注
〔24〕 哈勒姆，荷兰城市。——译者注
〔25〕 引自怀特《论神经疾病》（*Traité des maladies nerveuses*）（法文译本，巴黎，1777），第1卷，第296页。
〔26〕 威利斯《全集》（里昂，1681），第2卷，第261页。
〔27〕 赫尔肖夫（M. Hulshorff）《论习性》（*Discours sur les penchants*），在柏林科学院宣读。转引自《健康报》（*Gazetta salutaire*），1769年8月17日。
〔28〕 同前引书。
〔29〕《百科全书》，"忧郁症"条。
〔30〕 圣皮埃尔（Bernardin de Saint-Pierre）《阿卡迪亚的预兆》（*Préambule de L'Arcadie*），载《著作集》（*Oeuvres*）（巴黎，1818），第7卷，第11～14页。
〔31〕 梯索《关于文人健康的意见》（*Avis aux gens de lettres sur leur santé*）（洛桑，1767），第90～94页。
〔32〕 皮内尔（Philippe Pinel）《论精神错乱的医学哲理》（*Traité médico-philosophique sur l'aliénation mentale*）（巴黎，1801），第238～239页。
〔33〕 雅内（1859～1947），法国心理学家和神经病学家，曾与弗洛伊德争夺无意识概念的发明权。——译者注

第七章 大恐惧

"一天下午,我在那里默默地观望,尽量不听别人讲话。这时,这个国度里最古怪的一个人向我打招呼。上帝不会让这里缺少这种人的。这个人集高傲和卑贱、才智和愚顽于一身。"

当思想上的疑问陷入重大困境时,笛卡儿认为自己并没有发疯。尽管他在后来很长一段时间里承认,各种非理性的力量伺伏在他的思想周围,但是,作为一个哲学家,他既然敢于提出疑问,他就不可能是"疯人中的一员"。然而,拉摩的侄子却十分清楚地知道自己疯了。在他的种种转瞬即逝的判断中,只有这一点是最固执的。"在他开始说话之前,他深深地叹了一口气,双手举到前额,然后他恢复了平静,对我说:你知道,我既无知又疯狂,既傲慢又懒惰。"[1]

18世纪的人不可能真正理解《拉摩的侄子》所表达的意义。但是,恰恰在这本书的写作过程中发生了一件预示着某种重大变化的事情。这是一件奇怪的事情:被送到禁闭隔离区的非理性又重新出现了,它带来新的危险,而且似乎被赋予了提出质问的新权利。但是,18世纪的人首先注意的不是这种神秘的质问，而是社会印象：褴褛的衣衫以及叫花子的傲慢无礼，这种傲慢受到宽容，其骚扰力也因一种可笑的纵容而化为乌有。18世纪的人可能并没有从拉摩的侄子身上认出自己，但是他在"我"中完全表现出来。"我"是拉摩的侄子的对话者，类似一个"参展者"，感到有趣但沉默寡言，而内心则充满焦虑；因为这是自大禁闭以来疯人第一次成为一个社会的人，第一次有人与他交谈，而且受到询问。非理性再次作为一个种类出现了，虽然这个种类的数目不大，但毕竟出现了，而且慢慢地恢复了它在所熟悉的社会环境中的地位。在法国大革命前十来年，梅西埃（Mercier）吃惊地发现了这一现象："进入另一家咖啡馆，会有一个人用平静自信的语调对你耳语：先生你无法想像政府对我是多么无情无义，政府是多么昏庸！三十年来，我舍弃一切，不谋私利，关在书房里苦思冥想，精心谋划。我设计了一个偿付全部国债的方案，还设计了一个增加国王财富，让他获得四亿法郎收入的方案，另外还有一个永远摧毁英国的方案。一提起英国，我就火冒三丈。……设计这些方案需要我投入全部的天才，可是正当我致力于这些伟大的工作设计时，家里出了麻烦，几个找岔的债主让我坐了三年牢。……当然，先生，您是知道爱国主义是多么可贵的。我是为我的国家而牺牲的，是一个无名烈士。"[2] 从后人的角度看，这种人以拉摩的侄子为中心形成一类人。他们没有拉摩的侄子那种复杂丰富的人格。只是为了使画面更丰富生动，人们才把他们当作拉摩的侄子的追随者。

但是，他们不完全是一种社会侧影，一种滑稽形象。在他们身上有某种东西涉及18世纪的非理性。这就是他们的饶舌、他们的焦虑以及他们相当普遍地具有的那种含混的谵妄和那种根本性痛苦。这些都是真实的存在，至今留有踪迹。至于17世纪末的浪子、放荡者、流氓，很难说他们究竟是疯人，病人，还是罪犯。梅西埃自己也不知道该把他们划入哪类人："在巴黎，有一些十分好的人、经济学家和反经济学家，他们衷肠侠义，热心于公共事业，然而遗憾的是，他们'头脑发昏'。换句话说，他们目光短浅，他们不知道自己活在哪个世纪，面对的是什么人；他们比白痴更难让人忍受，因为他们小事精明大事糊涂，他们从不切实际的原则出发，进行错误的推理。"确实有这样一些人存在。这些"头脑发昏"的设计者们给哲学家的理性、改革计划、宪法草案等增添了一种非理性的沉默作为陪衬。他们成为启蒙运动的理性的一面晦暗的镜子和一幅无恶意的漫画。然而，当非理性的人被认为已深深地隐藏在禁闭领域中时，一种可笑的纵容却允许他回到光天化日之下，这难道不是很严重的事情吗？这种情况就好像古典时期的理性再次承认自己与非理性意象有一种近亲关系、相似关系。也好像理性在欢庆胜利之际却让自己用嘲弄装扮自己的形象死而复生，允许它在秩序的边缘游荡。这是一个复制品，理性既从中认出自己又否定自己。

然而，恐惧和焦虑并没有被摆脱掉。它们在对禁闭的反应中再次出现，并且变本加厉。人们曾经害怕，现在依然害怕禁闭。18世纪末，萨德依然忧心忡忡，惧怕他所说的"黑人"在伺机把他带走。但是，此时禁闭地已获得自己的力量，它反而变成了邪恶发源地，自己便能传播邪恶，建立另一种恐怖统治。

在18世纪中期的几年间，突然产生了一种恐惧。这种恐惧是用医学术语来表达的，但主要是因一种道德神话而得以传播。当时人们听说从那些禁闭所传出一种神秘的疾病，而且即将危及各个城市。人们纷纷谈论监狱热病。他们想到了囚车和带镣的囚犯,据说他们经过市区时会留下疾病。有人说坏血病会引起传染病;有人说被疾病污染的空气会毁灭居民区。中世纪大恐慌的意象再次出现了,通过各种可怕的说法引起第二次恐慌。禁闭所不再仅仅是城市边缘的麻疯病院了;城市已面对着麻疯病本身了:"这是城市身上的可怕的溃疡,又大又深,流淌着脓水,若不是亲眼所见,绝对无法想像。这里臭气熏天,远在四百码以外就会闻到。这一切都在提醒人们,你们正在走近一个狂虐肆行的地方,一个堕落和不幸的渊薮。"[3]许多禁闭中心都建在原来关押麻疯病人的旧址。因此,似乎经过若干世纪后,这里的新居民也染上了麻疯病。这些禁闭所使人们想起原址所具有的标志和意义:"首都不能有哪怕一个麻疯病人!不论谁提到比塞特尔这个名字,都会有一种无法表述的厌恶、恐惧和蔑视的情感。……它已成为社会中最狰狞最丑恶的东西的收容所。"[4]

人们以往试图用禁闭来排除的邪恶重新出现了,以一种古怪的模样恐吓着公众。于是在各个方面出现了关于某种邪恶的种种说法。这种邪恶既是物质的,又是道德的,而且正是在这种模糊性中包含着侵蚀和恐吓的混合力量。当时流行着一种含混的"腐烂"意象,既用于表示道德的腐败,又用于表示肉体的腐烂。对被禁闭者的厌恶和怜悯都建立在这个意象上。最初,邪恶是在禁闭的封闭空间里开始发酵。它具有18世纪的化学所认定的酸的一切特性:它的颗粒细小,尖锐如针,很容易渗透到人的肉体和心脏中,因为肉体和心脏是惰性和脆性的咸性粒子构成的。两种粒子的混合物立刻就沸腾起来,释放出有害气体和腐蚀性液体:"这些收容所极其可怕,在这里各种罪恶聚在一起发酵,向四周传播,住在里面的人呼吸的就是这种被污染的空气，这种空气似乎已附着在他们身上。"[5]这些恶浊的气体上升，通过空气扩散，最后落在附近居民区，浸入人的身体，玷污人的灵魂。关于腐烂这一邪恶的传染病的观念就是这样用一些意象表达出来的。这种流行病的有形媒介是空气。空气被"污染"这种说法含糊地表示，这种空气不那么纯洁了，它是传播这种"污染"的工具。这里提醒一下，就在这一时期前人们认为乡间空气具有道德和医学价值（既有益于身体健康，又能振作精神）。由此便可以理解医院、监狱和禁闭所的腐败空气包含全部相反的意义。由于空气中充满了有害气体，整个城市都受到威胁，居民将会逐渐被"腐烂"和"污染"所侵蚀。

这些反应不仅仅是道德和医学的混合物。无疑我们必须考虑整个文学的发展，考虑关于各种无名恐惧的耸动听闻的、或许还具有政治色彩的宣传。但是，在某些城市里确实流行着恐慌，并有确切的时间。这种情况正如一次次地震撼着中世纪的恐慌大危机。1780年，整个巴黎流行一种传染病。其根源被归咎于总医院的传染病。甚至有人要焚毁比塞特尔的建筑。面对群情激愤的局面，警察总监派出一个调查委员会，除了几名官方医生外，还包括总医院的院长和医生。根据他们的调查，比塞特尔流行的是一种"斑疹伤寒"，这与恶浊的空气有关。至于疾病的发源地，调查报告否定病源是医院里的病人及这种传染病的说法；病源应该完全归咎于恶劣的气候，这种气候使疾病在首都流行。在总医院观察到的病症是"与季节状况相符合的，而且完全与同期在巴黎观察到的疾病相同"。为了使居民安心和洗刷比塞特尔蒙受的罪名，报告宣称："有关比塞特尔的传染病会蔓延到首都的传闻是毫无根据的。"显然，这份调查报告未能完全制止住上述谣言，因为稍后总医院的医生又发表了另一份同样的声明。他被迫承认比塞特尔的卫生条件很糟,但是"情况毕竟没有恶劣到使这个不幸者的避难所变成另一个制造更可悲的邪恶的发源地。那些不幸者所需要的是有效的治疗,而人们对于那种邪恶是束手无策的"。

循环到此完成:各种形式的非理性曾经在邪恶分布图上取代了麻疯病,而且被放逐到远离社会的地方。现在,非理性变成了一种看得见的麻疯病,把自己流脓的疮伤呈现给混杂的人们看。非理性再次出场,但被打上一种想像的疾病烙印,这反而增添了它的恐怖力量。

因此,正是在想像的领域而不是在严格的医学思想中,非理性与疾病结合起来,并不断靠近疾病。远在提出非理性在何种程度上是一种病态的问题之前,就在禁闭领域中并借助于该领域特有的魔法,形成了一种将对非理性的畏惧和古老的疾病幽灵结合起来的混合物。在跨越了很长时间之后,关于麻疯病的混淆认识又一次起作用了;正是这些古怪想法成为将非理性世界和医学领域综合起来的第一推动力。这两个领域首先通过恐惧幻觉相互交流,把"腐败"和"污染"这类可憎的混合物结合在一起。对于疯癫在现代文化中占据的位置来说,重要的或者可以说关键的是,医学界的人并不是作为仲裁者被请进禁闭世界以区分罪恶和疯癫,邪恶和疾病,而是作为卫士被召来,以保护其他人免受从禁闭院墙渗出的某种晦暗的威胁。人们很容易设想,如果有一种自由而慷慨的同情心,就会唤起人们对被禁闭者命运的关心,如果医学界更细心一些,知识更多一些,就能辨认出以前被当局不分青红皂白地加以惩罚的罪行是一种疾病。但是实际上,当时的氛围并不那么仁慈客观。如果人们请医生来考察,那是因为人们心怀恐惧,害怕从禁闭院墙渗出奇怪的化学物质,害怕院墙内形成的力量会散播出来。一旦人们的意象发生变化,认为这种疾病已经具有各种特征,如发酵、腐败、恶臭、肉体腐烂,医生就会出场。传统上把疯癫获得某种医学地位称为"进步",而实际上这种"进步"只有通过某种奇怪的倒退才能取得。在道德污染和肉体污染的混合体中[6],古老的意象凭借着18世纪人们所熟悉的"不洁"这一象征的意义,重新浮现在人们的脑海中。正是这些意象的复活,而不是知识的改进,使非理性最终与医学思想相遇。似乎很奇怪的是,正是在向这种掺杂着当代疾病意象的胡思乱想的回归中,实证主义将会控制住非理性,更确切地说,将会发现一种能够防范非理性的新理性。

当时的问题不是消灭禁闭所,而是使它们不再成为新的邪恶的潜在根源。因此,任务是边清理边组建。18世纪下半叶展开的大改革运动就是从消除污染开始的。所谓消除污染就是清除各种不洁物和有害气体,抑制发酵,防止邪恶与疾病污染空气和传染到城市的大气中。医院、教养院及各种禁闭所都应该更彻底地被纯洁的空气隔离开。这个时期产生了一批有关医院通风的文献。这些文献试着探讨医学上的传染问题,但是更注重的是道德风化问题。1776年,国务会议任命了一个委员会,任务是确定"法国各类医院需要改善的程度"。维埃尔(Viel)受命改造萨尔佩特利耶尔医院。理想的医院应该是,既保留原有的基本功能,同时使可能滋生的邪恶不会扩散出去;非理性受到完全的控制,它成为一种展览品,同时绝不会危及观众;非理性成为一种标本,有儆戒作用而无传染之虞。总之,这种医院应重新恢复作为一个笼子的本来意义。这种"经过消毒"的禁闭所也是修道院院长德蒙索(Abbé Desmonceaux)的梦想。1789年他在一个论述"国家慈善事业"的小册子中计划创造一种教育手段——一种能确凿无疑地证明道德败坏的弊端的展览:"这些被警戒起来的病院……是既实用又必要的收容所。……展示这些阴暗的地方和被关押的罪人,目的在告诫那些过于放任的青年不要因离经叛道而受到同样的耻辱。因此,谨慎的父母让孩子从小就了解这种可怕又可憎的地方。在那里,罪恶的代价是耻辱和堕落,本性堕落的人往往永远丧失在社会中获得的权利。"

上面这些就是道德试图与医学合谋来捍卫自己的梦想。那些危险虽然已被禁闭起来,但没有受到足够的限制。这些危险还迷惑了人们的想像和欲望。道德梦想着根除这些危险,但是人们总有某种冲动,想去体验它们,至少是接近它们,或想像它们。笼罩着禁闭所的城堡的恐怖也有一种不可抗拒的诱惑力。那里的夜晚充满着人们无法接近的欢乐;在那些憔悴萎靡的面孔背后是恣纵放荡;在这些黑暗背景上出现的是与博斯及其谵妄花园一脉相承的痛苦与欢乐。从《所多玛的120天》[7]里的城堡中泄漏出来的秘密一直被人们悄悄地传播着:"在那里,所谓的囚徒受到骇人听闻的蹂躏。我们听说那里经常发生某些极其可耻的罪恶,有的甚至是在监狱的公共休息室里公开发生的。这些罪恶按照现代的礼仪规范是无法说出口的。我们听说那里有许多脂粉气的无耻囚徒。当他们离开这个他们和同伙任意放荡的阴暗密窟时,他们已变得完全不知羞耻了,随时准备犯下各种罪行。"[8] 罗什富科·利昂库尔(La Rochefoucauld-Liancourt)[9]则提到萨尔佩特利耶尔的惩罚室的老妇和少妇形象。这些人一代一代地传授着她们的秘密和享乐:"教养室是该院最严厉的地方。当我们参观时,这里关着

47个姑娘,多数人年龄很小,与其说她们犯罪不如说她们无知。……令人吃惊的是,这里总是把不同年龄的人混在一起,把轻浮的少女与老于世故的妇女混在一起,后者教给前者完全是最放荡的东西。"在很长一段时间里,这些幽灵一直在18世纪的夜晚四处潜巡。有时它们被萨德的作品无情地展示出来,并定位在严格的欲望几何学中。它们还将被戈雅用昏暗的光线表现在《疯人院》或《聋人之家》中。《荒诞》上的形象与它们何其相似!一个完整的想像画面再次出现了。它所表达的是此时由禁闭引起的大恐惧。

在古典时期被禁闭的不仅仅是把疯人、放荡者、病残者和罪犯混在一起的抽象的非理性,而且还有一大批怪诞者,一个蛰伏的怪物世界。据说这些怪物曾经被博斯的作品的晦暗色调凸现出来而后又被其所淹没。人们会说,禁闭所的城堡除了隔离和净化的社会作用外还有一种完全相反的文化功能。即使它们能从社会表面将理性和非理性分开,它们依然在深层保留了理性和非理性相互混合及相互交流的意象。禁闭所的城堡是一个重要的、一直缄默的记忆库。它们在阴暗处保存着一种被认为已经消灭了的形象力量。虽然它们是新的古典时期秩序建立起来的,但是它们不顾这种秩序,也不顾时代,保存了被禁止的形象,从而使这些形象能够完整无损地从16世纪传到19世纪。在这段被忽略的时期,布罗肯山在同样的想像背景下加入了"疯女玛戈"行列,努瓦瑟伊(Noirceuil)加入了关于雷斯元帅(Maréchal de Rais)的传说世界。[10]禁闭纵容而且欢迎这种意象的反抗。

然而,18世纪末获得自由的意象并非在各方面都与17世纪力图消灭的意象一致。在黑暗王国发生的某些情况使它们脱离开中世纪和文艺复兴从中发现它们的那个秘密世界。它们寄寓在人们的心中、人们的欲望中和人们的想像中。它们不是突然地将疯癫者的存在公之于众,而是沸沸扬扬地表现为充满奇特矛盾的人性欲望:情欲和谋杀,虐待狂和受虐狂,恣意妄为和奴颜婢膝,颐指气使和忍气吞声,都形成一种共谋。15和16世纪疯癫所揭示的无所不在的宇宙大冲突发生了变化,在古典时期末期变成了一种没有心灵在其中起调停作用的辩证关系。虐待狂(Sadism)不是终于给和性爱同样古老的一种习俗起的名字。它是一种在18世纪末才出现的重大文化现象,并构成西方想像力的一个最重大转变:通过本能欲望的无限放纵,非理性转变为心灵的谵妄、欲望的疯癫,以及爱与死的疯狂对话。非理性被禁闭、被封住声音达一个世纪之久。当它重新出现时,它不再是这个世界的一种意象,也不再是一个形象,而是一种语言和一种欲望。正是在这个时候,虐待狂出现了。而且,下述情况并非偶然:虐待狂(直译为萨德病狂——译者)这个以一个人名命名的独特现象就诞生于禁闭之中,萨德的全部作品都被要塞、囚室、地窖、修道院和无法接近的孤岛等等的意象笼罩着。这些意象实际上组成了非理性的天然栖身之地。同样并非偶然的是,所有与萨德的作品同时代的有关疯癫和恐怖的古怪文献也都争先恐后地从禁闭的据点涌现出来。于是,在18世纪末,西方人的记忆突然发生了全面的转变,并且有可能重新发现中世纪末人们所熟悉的形象,当然这些形象受到歪曲,并被赋予新的意义。这种转变不正是由于关押在迫使非理性沉默的地方的疯狂者的劫后余生和重新苏醒而得到确认吗?

在古典时期,人们的疯癫意识和非理性意识一直没有分开。支配着各种禁闭活动的非理性体验包围着对疯癫的意识，逼迫后者节节后退，几乎丧失其最有特征的因素，乃至几乎销声匿迹。

但是，在18世纪下半叶的焦虑情绪中，对疯癫的恐惧是与对非理性的恐惧同时增强的。因此两种相互依赖的烦恼不断地相互强化。而且就在我们看到与非理性相随的象形力量获得自由的时候，我们也听到四面八方都在抱怨疯癫的猖獗活动。我们早已熟知"神经疾病"引起的社会忧虑，知道随着人类的自我完善，人变得日益脆弱。随着这个世纪的进展，这种忧虑愈益沉重，人们的告诫也愈益严肃。劳兰早已注意到："自医学诞生后，……这些疾病成倍增加，而且愈益危急，愈益复杂，愈益难以诊断和医治。"到了梯索的时代，这种泛泛的印象变成了坚定的信念和医学的教条：神经疾病"在过去不像在今天这样常见；这种情况有两个原因。一个原因是，过去的人总的来说比今天的人更健壮，也更少患病，而且那时的疾病也更少些。另一个原因是，近来，与其他的一般病因相比，引起神经疾病的病因大大增多了，而其他病因有的甚至似乎在减少。……我敢说，如果说神经疾病过去是很少见的，那么今天则是最常见的疾病"。[11]而且人们很快重新产生了16世纪的那种强烈意识，即理性是不牢靠的，任何时候都会受到损害，尤其是受到疯癫的损害。日内瓦的医生马泰（Matthey）深受卢梭的影响。他对一切有理性的人提出希望："如果你们聪明又有教养，你们不要以此来炫耀；一件小事就足以扰乱甚至毁灭你们引以为荣的所谓智慧；一个意外事件，一次突然而猛烈的情绪波动就会一下子把一个最理智、最聪明的人变成了一个语无伦次的白痴。"疯癫的威胁再次成为该世纪的一个紧迫问题。

但是，这种意识有一种十分独特的方式。对非理性的迷恋是一个感情上的问题，涉及肖像复兴运动。而对疯癫的恐惧就不太受这种遗产的束缚。如果说非理性的回归表现为大规模的重现，不受时间制约而自我继承，那么疯癫意识则伴有某种对现代性的分析，因而从一开始就把这种意识置于时代的、历史的和社会的环境中。在非理性意识和疯癫意识二者分道扬镳的过程中，我们在 18 世纪末看到一个决定性的起点：一方面，非理性由此继续前进，借助荷尔德林（Hölderlin）[12]、奈瓦尔（Nerval）[13]和尼采而愈益向时间的根源深入，非理性因此而成为这个世界的不合时宜的"切分音"；另一方面，对疯癫的认识则力求把时间更准确地置于自然和历史的发展中。正是在这一时期之后，非理性的时间和疯癫的时间就具有了两个相反的向量：一个是无条件的回归，绝对的下沉；另一个则相反，是按照历史时序而发展。[14]

1. 疯癫与自由。在很长时间里，某些忧郁症被认为是英国人特有的；在医学中和文学中都对此确认不疑。孟德斯鸠曾将罗马人的自杀与英国人的自杀加以比较，认为前者是一种道德和政治行为，是符合其各种教育的结果，后者则是一种病态，因为"英国人没有任何明显的理由便自杀，他们甚至在幸福的怀抱中自杀"。在这里，环境起着一定作用。如果说幸福在 18 世纪是自然和理性的秩序的一部分，那么不幸，至少毫无理由地阻碍幸福的东西就应该是另一种秩序的组成因素。最初人们把后一种情况归咎于恶劣的气候、自然界的失衡（适宜的气候是大自然促成的，而不适宜的气候则是由环境造成的）。但是这不足以解释"英国病"的原因。切恩早已宣布，这种精神失常的根源是财富，美味佳肴，全体居民享受的富足，富人的享乐和悠闲。人们逐渐开始寻求政治和经济方面的解释,认为财富、社会发展、各种制度似乎是导致疯癫的决定因素。在19世纪初,斯普尔兹海姆(Spurzheim)在一部著作中将这些分析综合起来。[15]他认为,疯癫"在英国比在其他地方发病率高",不过是对那里盛行的自由和普遍享受的富足的惩罚。心灵的自由比权力和专制更危险。"宗教情感……不受拘束;每个人都可以向愿意听他讲的人布道";由于听了不同的观点,"心灵在寻求真理时就会受到干扰"。犹豫不决,左顾右盼,三心二意是十分危险的!此外还有争执不休、情绪激昂和固执己见的危险:"每件事都遭到反对,对立使人情绪亢奋。无论在宗教、政治、科学和其他一切事务中,每个人都可以持有自己的观点,但是他必须准备遭到反对。"这么多的自由使人无法驾驭时间;每个人都无所适从,国家置所有的人摇摆不定:"英国人是一个商业民族。人的思想若是总在考虑生意,就会不断地被恐惧和希望所惊扰。商业的灵魂就是自私自利,因此很容易变得妒忌别人,并为了达到目的而不择手段。"此外,这种自由也绝不是真正正常的自由。这种自由在各方面都受到同最正当的个人欲望相对立的要求制约和骚扰。这是谋利的自由、结党营私的自由、金融组织的自由,而不是人的自由、思想和心灵的自由。由于经济原因,英国的家庭比其他任何地方的家庭更暴虐:只有富家女子才有能力结婚;"其他人只有通过其他有害于身心的手段来获得满足。这种原因也鼓励了放荡,从而可能导致疯癫。"因此,商业自由使人的思想永远不能接近真理,使人的本性必然陷于矛盾,使人的时间脱离四季的变化,使人的欲望屈从于利益的法则。总之,这种自由不是使人拥有自己,而是不断地使人疏离自己的本质和自己的世界。它使人迷恋于他人和金钱的纯粹外表，沉溺于不可自拔的感情和未满足的欲望。商业状态的自由，就是人与他从中认识自我的那个世界的幸福之间、人与他从中发现真理的自然之间的"环境"。正是因为如此，它是疯癫的决定因素。斯普尔兹海姆写作之时，正值"神圣同盟"的巅峰时期和专制君主制复辟时期。此时，人们很容易将整个世界的疯癫的全部罪过都归咎于自由主义："能够看到人的最大欲望即他的个性自由有其弊端，也算是独具慧眼了。"但是，对于我们来说，这种分析的价值不在于它对自由的批判，而在于它使用了一个在斯普尔兹海姆看来意味着"非自然环境"的观念——疯癫的心理和生理机制在这种环境中受到纵容，得以强化和扩展。

2. 疯癫、宗教与时间。宗教信仰提供了一种意象场景，一种有利于各种幻觉和谵妄的太虚幻境。长期以来，医生们对过分的虔诚和过于强烈的信仰的后果很不以为然。过于严厉的道德要求，对拯救和来世过于强烈的热望，往往被视为造成忧郁症的原因。《百科全书》也不失时机地列举这种实例："某些传教士用激烈的语言给意志薄弱者留下强烈的印象，他们刺激起后者对破坏教规将受到的痛苦的极端恐惧，结果后者的头脑中产生了惊人的变化。在蒙特利马（Montélimar）医院，据说有一些妇女就是因参加了该市的一次传教活动而患躁狂症和忧郁症。这些妇女的思想陷入传教者轻率宣扬的恐怖意象。她们整天只念叨绝望、复仇、惩罚等等。其中一人完全拒绝治疗，认为自己是在地狱中，任何东西都无法熄灭她认为正在吞噬她的烈火。"皮内尔沿袭这些开明医生的思路，禁止给"因虔敬而患忧郁症的人"看有关宗教信仰的书籍，甚至主张对"认为自己受到神召和力图改变宗教信仰的教徒"实行单人禁闭。但是这里依然主要是一种批判，而不是一种实证分析，因为人们怀疑，宗教事务因本身的谵妄和幻觉性质而引发人们的谵妄和幻觉。皮内尔报道了一个刚被治愈的疯癫病人的病例。这个人"读了一本宗教读物，……书上说每个人都有各自的护卫天使。第二天晚上，他觉得自己周围有一群天使，并听到天国的音乐，获得启示。"在此，宗教完全被视为传播谬误的一个因素。然而，早在皮内尔之前，有些分析已经具有较严格的历史学特点，把宗教视为满足或压制感情的一种环境。1781年，德国作者默森（Moehson）把牧师享有绝对权力的遥远时代描绘成幸福的时代：当时不存在游手好闲，时时刻刻都有"宗教仪式，宗教活动，进香朝圣，访贫问苦，正规节日"。[16]人们的时间被安排好的幸福所占据，无暇去浪费感情，无暇去厌倦生活、烦躁不安。如果一个人感到内疚，他就会受到实际的、往往是肉体的惩罚。这种惩罚占据他的思想，使他相信过失已得到宽恕。当忏悔牧师遇到那些"过于频繁地来忏悔的疑病症患者"时，他就让他们以苦行来赎罪，以"稀释他们身上过于黏稠的血液"，或者让他们去远方朝圣："环境的改变，遥远的路程，远离故居，远离困扰他们的事物，与其他香客的交往，缓慢但充满生气的跋涉，这些比今天取代了朝圣的舒适旅行更能对他们产生效果。"最后，牧师的神圣性质使他的每一道命令都具有绝对的价值，任何人都不会想到试着逃避它；"通常，神经失常的病人是不会把一切告诉医生的"。在默森看来，宗教是人与罪过之间和人与惩罚之间的一种中介。它表现为一种权威性综合形式，通过施加惩罚来抑制犯罪；反之，如果宗教放松控制，仅仅维持良心忏悔、精神苦行的理想方式，它就会直接导致疯癫。只有始终如一的宗教环境才能使人避免以各种僭越的极度谵妄形式出现的精神错乱。通过完成宗教礼仪和要求，人既能避免犯罪前无益地浪费感情,又能避免犯罪后徒劳地反复懊悔。宗教围绕着此时此刻的圆满完成来组织人的全部生活。幸福时代的宗教永远赞美着"现在"。但是,一旦它在现代被理想化后,宗教就在"现在"的周围投上一个时间的光环,一个空虚的环境。这是一个充满游手好闲和悔恨的环境,人的心灵完全陷于焦虑不安,放纵的感情听任时间日复一日地虚耗,最终,疯癫可以恣意妄为了。

3. 疯癫、文明与感受力。一般说来,文明构成了有利于疯癫发展的环境。如果说知识的进步能驱散谬误,那么它也能传播一种趣味,甚至一种嗜书癖。书斋生活,完全陷于抽象思辨,劳心不劳力,这些会产生极其灾难性的后果。梯索解释说,在人体中,经常工作的部分首先变得强壮坚实;体力劳动者的手臂肌肉和纤维首先变得强硬,使他们身强力壮,健康长寿。"读书人的脑子首先硬化,使他们常常变得无法连贯地思维。"其结果必然是痴呆症。知识变得越抽象复杂,产生疯癫的危险性就越大。按照普莱萨文(Pressavin)的说法,如果一种知识接近于直觉,只需要大脑器官和内部感官的轻微活动,那么这种知识只能刺激起一种生理快感:"如果科学的对象是我们的感官能够很容易感受的,那么这种和谐的共鸣便使灵魂处于和谐一致。……这种科学在整个身体机器中进行着一种有益于各部分功能的轻微活动。"反之,如果一种知识与感官的联系过于薄弱,过于脱离直觉,那么就会引起大脑的紧张,进而使整个身体失调;"有些事物的联系人们很难把握,因为我们的感官不容易接近它们,或者因为它们的关系过于复杂,需要我们费力去研究它们。(有关的科学)使灵魂陷于这样一种活动,即不断地使内部感官处于极度紧张状态,从而产生极大的疲劳感。"这样,知识就在感觉周围组成了一种抽象关系的环境。在这种环境中,人有可能失去生理快感,而这种生理快感通常是人与世界关系的媒介。毫无疑问,知识在激增,但是,它的代价也随之增大。谁能断定今天聪明人比以前更多了呢?但是有一点是可以断定的:"当今有更多的人患有智力病症。"这种知识环境的发展比知识本身更迅速。

然而,不仅知识在使人脱离感官,而且感受力本身也在使人脱离感官。感受力不再受大自然运动的控制,而是受各种习惯、各种社会生活的要求的控制。现代人,尤其是女人,夜行昼伏,阴阳颠倒:"巴黎妇女起床的时间比大自然规定的时间迟得多。一天中最好的时光已偷偷溜走,最新鲜的空气已经消失。人们无福享受它。日晒蒸腾起的有害烟气已经在大气中扩散。在这个时候,美人们才决定起床。"[17]这种感觉紊乱在剧院中继续发展。那是一个滋生幻觉、挑逗感情、蛊惑心灵的地方。女人们特别欣赏那些"煽情"场面。她们的心灵"受到强烈震撼,引起神经的骚动,虽然转瞬即逝,但后果往往很严重;一时的心乱神迷,为现代悲剧的表演而潸焉出涕,是由此产生的最轻的后果了。"[18]小说则构成一种更造作的环境,对于已经紊乱的感受力更加危险。现代作家极力以假乱真,为此而调动一切艺术手段。结果,使他们力图在女读者中唤起强烈而危险的情感的目的更容易实现:"在法国早期推崇骑士风度的时代,头脑简单的妇女满足于知道令人难以置信的惊人事件;而现在,她们则要求事实必须令人可信,而情感则应超凡绝伦,足以使她们神魂颠倒,心乱意迷。于是她们极力在自己周围的一切事物中寻求能够迷惑她们的新奇东西。然而,在她们看来,周围的一切都索然无味,因为她们要寻求的东西在大自然中是没有的。"[19]小说则构成了一个可以滥用全部感受力的环境。它使灵魂出壳而进入一个虚幻的情感世界，情感越不真实就越强烈，也越不受温和的自然法则的控制。"如此之多的作家当然会造就出大批的读者。而连续不断地阅读就会导致各种神经病痛。在各种损害妇女健康的原因中，最近一百年来小说的无限倍增也许是最主要的。……一个女孩在 10 岁时就用读小说取代跑步，到了 20 岁就会成为一个忧郁的妇人，而不会成为一个贤妻良母。"[20]

在 18 世纪，人们围绕着对疯癫及其传播的危险的意识，通过缓慢而零碎的方式，逐渐形成一套新的概念体系。在 16 世纪，疯癫被安置在非理性的画面上。在这种画面上，疯癫掩盖着某种模糊的道德意义和根源。它的神秘性使它与原罪发生了联系。奇怪的是，虽然人们从中感受到咄咄逼人的兽性，但并没有因此使疯癫变得无辜。在 18 世纪下半叶，疯癫不再被视为使人更接近于某种原始的堕落或某种模糊存在的兽性的东西。相反，它被置于人在考虑自身、考虑他的世界以及考虑大自然所直接提供的一切东西时所划定的距离之中。在人与自己的情感、与时间、与他者的关系都发生了变化的环境里，疯癫有可能发生了，因为在人的生活及发展中一切都是与自然本性的一种决裂。疯癫不再属于自然秩序，也不属于原始堕落，而是属于一种新秩序。在这种新秩序中，人们开始有一种对历史的预感。而且在这种新秩序中，通过一种模糊的生成关系，形成了医生所说的 alienation〔精神错乱〕和哲学家所说的 alienation〔异化〕。不论人处于二者中任何一种状态，都会败坏自己的真正本性。但是，自 19 世纪黑格尔之后，这二者之间很快就毫无相似之处了。

注　释

〔1〕 狄德罗《拉摩的侄子》(*Le Neveu de Rameau*) 载《著作集》(*Oeuvres*)（普莱亚德版），第435页。

〔2〕 梅西埃（Louis-Sébastien Mercier）《巴黎风情》(*Tableau de Paris*)（阿姆斯特丹，1783年），第1卷，第233~234页。

〔3〕 见前引书，第8卷，第1页。

〔4〕 见前引书，第8卷，第2页。

〔5〕 巴尼（Musquinet de la Pagne）《改革后的比塞特尔——一个教养院的建立》(*Bicêtre réformé ou établissement d'une maison de discipline*)（巴黎，1790），第16页。

〔6〕 "我和其他人一样早已知道，比塞特尔既是医院，又是监狱。但我不知道，建立这所医院的目的是滋生疾病，建立这座监狱的目的是滋生罪恶。"（米拉波《一个英国人的游记》〔*Observations d'un voyageur anglais*〕第6页。）

〔7〕 所多玛是《圣经》所载的著名罪恶之城。《所多玛的120天》系萨德的作品。——译者注

〔8〕 米拉波，前引书，第14页。

〔9〕 罗什富科·利昂库尔（1747~1827），法国教育家和社会改革家。——译者注

〔10〕 布罗肯山，位于德国。黄昏时山影投到下方云霭上，被称为"布罗肯幽灵"或"布罗肯宝光环"。诺瓦瑟伊是萨德的小说《朱莉埃特》中的一个施虐狂。雷斯元帅，见本书第三章注〔1〕。——译者注

〔11〕 梯索《论神经及神经疾病》(*Traité des nerfs et de leurs maladies*)（巴黎，1779—80），第1卷，第iii~iv页。

〔12〕 荷尔德林（1770~1843），德国抒情诗人，精神失常36年，仍完成许多作品。——译者注

〔13〕 奈瓦尔（1808~1855），法国诗人，在创作盛期多次被送进精神病院。——译者注

〔14〕 在19世纪的进化论看来，疯癫确是一种回归，但其回归是沿着时序的路线；它不是时间的绝对瓦解。这是时间倒转的问题，而不是严格的重复的问题。精神分析学试图重新考虑疯癫和非理性，却发现自己

也面对着这个时间问题;固恋、死亡愿望、集体无意识、原型等概念或多或少恰当地确定了两种时间结构的异质性:既适用于非理性体验及其包含的知识,又适用于对疯癫的认识及其认可的科学。

〔15〕斯普尔兹海姆(Johann Christoph Spurzheim)《疯癫观察报告》(*Observations sur la folie*)(巴黎,1818)。

〔16〕默森(J. C. N. Moehson)《布兰登堡地区的科学史》(*Geschichte der Wissenschaften in der Mark Brandenburg*)(柏林和莱比锡,1781)。

〔17〕博舍内(Edmé-Pierre Beauchesne)《论情感在女性神经疾病中的影响》(*De l'influence des affections de l'âme dans les maladies nerveuses des femmes*)(巴黎,1783),第 31 页。

〔18〕同上,第 33 页。

〔19〕同前引书,第 37~38 页。

〔20〕《引起神经病痛的生理和道德原因》(*Causes physiques et morales des maux des nerfs*),《健康报》,1768 年 10 月 6 日(不署名文章)。

第八章 新的划分

19世纪初,所有的精神病学家,所有的历史学家都被同一种愤怒情绪所支配。我们到处看到相同的义愤,相同的谴责:"居然没有人因把精神病人投入监狱而脸红。"埃斯基罗尔(Esquirol)历数了波尔多的阿城城堡,图卢兹和雷恩的教养院,在普瓦捷、康城和亚眠依然存留的"比塞特尔"以及昂热的"古堡",然后写道:"而且,几乎没有一个监狱里没有胡言乱语的疯人;这些不幸的人戴着手铐脚镣与罪犯一起关在地牢里。这种混杂是多么可怕!平静的疯人受到的待遇比罪犯还要糟糕。"

整个19世纪都对此做出呼应。在英国,图克一家成为自己先辈工作的历史学家和辩护士;在德国,继瓦格尼茨之后,赖尔(Reil)为那些不幸者"像政治犯一样被投入人道的目光永远看不到的地牢中"而发出不平之鸣。实证主义者们在半个多世纪中不断地宣称,是他们最早把疯人从与罪犯相混杂的可悲状态中解放出来,把无辜的非理性与犯罪区分开。

然而,证明这种说法的浮夸性是很容易的。多年以来,早就有人发出过同样的抗议。在赖尔之前，弗兰克（Franck）就说过："那些参观过德国疯人院的人回想起所见所闻都会心有余悸。人们一进入这些苦难之地就会感到毛骨悚然。人们听到的只是绝望的哭喊，但是，有才智有道德的人就住在这里。"在埃斯基罗尔之前，在皮内尔之前，罗什富科·利昂库尔和特农（Tenon）都有所表示；在他们之前，整个18世纪都有持续不断的抗议声音，提出抱怨者甚至包括会被人们视为最冷漠的、最愿意维持这种混杂状态的人。在皮内尔等人大声疾呼前二十五年，马尔塞布（Malesherbes）"为了打破牢门而参观国家监狱。凡是被他认定精神失常的囚犯……都被送到医院。他说，在那里，社会环境、体育锻炼和他精心规定的疗法定能治愈这些人。"在18世纪更早的时候，一代又一代的总监、财政官和管理员一直在小声地要求把疯人与罪犯分开。这种要求有时得到实现。桑利的慈善院长请求警察当局把一些犯人带走，把他们随便关在哪个城堡里去。不伦瑞克教养院的管理员在1713年就要求不应将疯人与在工场劳动的犯人混在一起。19世纪利用各种同情心大张旗鼓地提出的要求，不是在18世纪已经被低声说出并被不懈地重复着吗？埃斯基罗尔、赖尔和图克父子所做的不正是大声疾呼，对多年来收容院里习以为常的事情提出抗议吗？从1720年到法国大革命，疯人被逐渐移出监狱的现象可能就是这些抗议的最明显的成果。

不过，还是让我们来听听人们在这种半沉默状态中究竟说了些什么吧。当桑利的慈善院长要求将疯人与某些罪犯分开时，他的论据是什么呢？"他（指一个犯人）很可怜，另外两三个人也很可怜。把他们关在某个要塞里，他们的情况会好些。因为和他们关在一起的另外6个人是疯子。这些疯子日夜折磨着他们。"这番话的含义对于警察当局来说应该是一目了然的，即应该释放这几个犯人。不伦瑞克管理员的要求也包含同样的意思：工场被精神病人的喊叫和制造的混乱搅得鸡犬不宁；这些人的狂乱发作随时可能制造危险，最好还是把他们送回禁闭室，或者给他们带上铁镣。由此，我们可以知道，两个世纪的抗议虽然表面相同，但其价值观并不相同。19世纪初，人们的义愤在于疯人受到的待遇并不比刑事犯人或政治犯更好些。而在整个18世纪，人们关注的是犯人应该有比把他们与精神失常者关在一起更好的命运。在埃斯基罗尔看来，义愤出自于这样一个事实，即疯人仅仅是疯人，而在桑利那位院长看来，问题在于犯人毕竟只是犯人。

这种差别也许并非如此重大。而且这种差别应该很容易被觉察到。但是，有必要强调这种差别，以便理解在18世纪的进程中疯癫意识是如何转变的。这种意识不是在人道主义运动的背景下演变的——那种运动使它逐渐地贴近疯人的人性实际、贴近他最动人、最亲昵的方面；这种意识也不是在某种科学需要的压力下演变的——那种压力使它更关注和更真实地反映疯癫会为自己说些什么。如果说这种意识是在慢慢地变化，那么这种变化发生在既真实又不自然的人为禁闭空间中。这种意识经历了结构上的某些不易察觉的变化以及时而发生的强烈危机，逐渐形成了与法国革命同步的那种疯癫意识。疯人逐渐被分离出来，单一的精神错乱被划分为几种基本类型，这些与医学进步和人道主义态度都毫无关系。正是禁闭本身的深层结构产生了这一现象，我们必须从禁闭本身去寻找对这种新的疯癫意识的说明。

这种意识与其说是一种博爱意识，不如说是一种政治意识。因为如果说 18 世纪的人觉察到在被禁闭的人中，即在自由思想者、放荡者和浪子中，某些人属于另一种性质的"错乱"，其焦虑是无法消除的，那么这种认识正是这些被禁闭者本人的感受。他们是最先而且以最激烈的方式提出抗议的人。大臣、警察总监、地方行政官不断地听到内容相同的抱怨：有一个人给莫尔帕（Maurepas）[1]写信，信上怒气冲冲，因为他"被强迫与疯人混在一起，其中有些疯人十分狂暴，我每时每刻都有遭到他们凌辱的危险"；另一位蒙特克利夫修道院长也向贝里耶总监发出同样的抱怨："9 个月来，我一直被关在这个可怕的地方，与 15 个或 20 个胡言乱语的疯人、各种癫痫患者挤在一起。"随着这个世纪的进展，反对禁闭的抗议呼声愈益强烈。疯癫渐渐地变成囚徒所恐惧的幽灵，他们蒙受屈辱的象征，他们的理性被消灭、被压制的形象。终于，米拉波（Mirabeau）[2]认识到，这将疯癫混同犯罪的可耻做法既是一种野蛮地对待受惩罚者的巧妙工具，又是专制主义施展淫威的象征。疯人不是禁闭的第一个和最无辜的牺牲品，却是禁闭权力的一个最模糊又最明显最持久的象征。专制暴政一直秘密地以这种非理性的可怕形式存在于被禁闭者中间。就在禁闭的心脏，在理性狂欢之地，反对现行政权、反对家庭、反对教会的斗争继续进行着。而疯癫则充分地体现了这些惩罚权力，它有效地产生一种补充惩罚的作用，在教养院的统一惩罚中，这种补充的折磨有助于维持秩序。罗什富科·利昂库尔在向乞丐问题委员会提交的报告中证实了这一点："对癫痫病人和教养院其他病人，甚至对游手好闲的穷人所施加的一种惩罚，就是把他们放到疯人中间。"这种做法的丑恶完全在于这样一个事实，即疯人体现了禁闭的残酷真相，是禁闭中最恶劣的消极工具。

在 18 世纪有关禁闭的全部文献中随处可见的一个事实，即住在教养院中的人必然会疯癫，不也体现了这一点吗？如果一个人被迫生活在这个谵妄世界中，被横行无阻的非理性所裹挟，那么在这种环境里他怎能不加入这个世界的活标本的行列中呢？"我观察到，被禁闭在教养院和国家监狱中的精神错乱者大多都是如此，在国家监狱中因受到极度虐待而精神错乱，在教养院中因被单独囚禁、持续不断地被一种痛苦的幻觉所折磨而精神错乱。"〔3〕

囚徒中存在着疯人，这一点并不是表明禁闭的丑恶极限，而是体现了禁闭的真相，不是禁闭的滥用，而是反映了禁闭的实质。18 世纪发起的反禁闭论战的确涉及将疯人和正常人强制混杂的做法，但是它没有涉及被公认为理所当然的疯癫与禁闭的基本关系。不论持何种观点，至少对此都没有疑义。自称"人类之友"的老米拉波（Mirabeau）〔4〕激烈地抨击禁闭也严厉地斥责被禁闭者本身；在他看来，被禁闭在"著名的国家监狱"中的人没有一个是清白无辜的；但是不应把他们放在这些昂贵的机构里，因为他在那里只是苟延残喘，虚度光阴。为什么要禁闭"那些卖笑的姑娘？如果把她们送到外省工场，她们会成为劳动妇女"。为什么要禁闭"那些流氓无赖？他们只是等待着获得自由，而这种自由只能使他们上绞架。为什么不用这些戴着脚镣的人去做那些可能对自由劳动者有害的工作？他们将会成为一种儆戒的样板。……"一旦这些人被全部送走，在禁闭所里还留下什么人呢？留下的是无法在其他地方安置的、确应留下的人："某些不宜公布罪行的政治犯"，以及"那些因放荡而挥霍了毕生劳动成果的老人——他们奢望能死在医院里，因而平静地来到这里"。最后还有疯人。他们需要有个能撒泼打滚的窝,"这最后一种人在哪儿也一样活着等死"。[5]小米拉波的论证则恰恰相反:"无论谁想证明在城堡、教养院和国家监狱中,政治犯、流氓、自由思想者、疯人和堕落的老人构成大多数,或者构成其成分的三分之一、四分之一或十分之一,我都要郑重地予以驳斥。"在他看来,禁闭的丑恶不在于将疯人与罪犯混杂在一起,而在于他们加起来也没有构成被禁闭者的核心部分。那么什么人能抱怨自己被迫与罪犯混杂在一起了呢?不是那些永远丧失理智的人,而是那些在年轻时代放荡不羁的人:"我要问,……为什么要把流氓无赖与自由思想者混杂在一起?……我要问,为什么让有危险倾向的青年与那些能迅速将他们引入极端堕落的人混在一起?……最后,如果将自由思想者与流氓混杂的现象确实存在,那么我们为什么要用这种臭名昭著的恶劣做法来使我们犯下引导人们犯罪这种最卑鄙无耻的罪行?"至于疯人,他们能有什么更好的命运呢?他们没有理性,不得不被禁闭起来,他们不明事理,无法不被当作坏人。"必须将丧失理性的人藏在社会看不到的地方,这是千真万确的真理。"[6]

我们看到,18世纪对于禁闭的政治批判是如何运作的。它不是沿着解放病人的方向,也不是让人们对精神错乱者投入更多的仁爱或医学关注。相反,它使疯癫比以前更紧密地与禁闭联在一起。这是一种双重联系:一方面是使疯癫成为禁闭权力的象征及其在禁闭世界中的荒诞而又使人无法摆脱的代表,另一方面是使疯癫成为各种禁闭措施的典型对象。于是,疯癫既是压迫的主体,又是压迫的对象,既是压迫的象征,又是压迫的目标;既是这种压迫的不分青红皂白的盲目性的象征,又是证明这种压迫中的一切既合理又必要的辩护。通过一种似是而非的循环论证，象征着禁闭的极端非理性的疯癫却最终成为禁闭的唯一理由。由于米什莱（Michelet）[7]的观念依然接近于18世纪的这种观念，因此他能够极其准确地对此做出概括；他在论述米拉波和萨德同时被囚于（巴黎郊区）万塞讷的情况时，回到米拉波的思路上：

首先，禁闭引起精神错乱："监狱使人发疯，在巴士底和比塞特尔发现的那些人都已痴呆。"

其次，18世纪的暴政中最没道理、最可耻、最伤风败俗的东西是由禁闭场所和一个疯人体现的："我们已经见过萨尔佩特利耶尔医院中的疯狂行径。在万塞讷，则有一个可怕的疯子，即浑身散发毒气的萨德。他写作的目的是败坏未来的时代。"

第三，仅仅为了这一个疯子，也必须保留禁闭制度，但是事实上正相反："他很快获释，而米拉波则被继续禁闭。"

于是，在禁闭的中心部位裂开了一道深渊。这是一个将疯癫分离出来的真空，它惩治疯癫，宣布后者是不可救药的和不可理喻的。疯癫此时便以不同于其他被禁闭者的形象出现了。疯人的存在似乎体现了一种不公正，但这是对他者的不公正。非理性的无差别统一被打破了。疯癫具有了独特的性质，奇怪地与犯罪成为一对孪生兄弟，至少是通过一种尚未引起争议的相似性而与犯罪联系起来。由此，禁闭的一部分内容被抽空了，只留下这两种形象——疯癫和犯罪。它们用自身体现了禁闭的必要性。从此，只有它们是应该加以禁闭的。虽然疯癫拉开了距离，在混淆不清的非理性世界中最终成为一种可以定位的形式，但是它并没有获得自由。在疯癫和禁闭之间建立起一种很深的关系，几乎是一种本质性的联系。

然而，就在这时，禁闭遇到了另一个更深刻的危机。这个危机不仅使它的压迫职能，而且使它的存在本身都成了问题。这个危机不是从内部产生的，也不是政治抗议的派生物。它是在整个社会和经济领域中逐渐出现的。

贫困此时正在逐渐从以往的道德说法中脱颖而出。人们已经看到在经济危机时失业与懒惰无关；人们还看到贫困和游手好闲被迫向农村扩散，而人们原以为能够在那里看到最朴实、最纯洁的道德生活。所有这些都表明贫困也许并不仅仅属于罪过的领域："行乞是贫困的产物。而贫困本身则是由土地耕作中或工厂生产中的偶然事件造成的，也可能是由商品价格上涨或人口膨胀等等造成的……"[8]贫困变成了一种经济现象。

然而，贫困虽非偶然，也不可能一劳永逸地消除。一定数量的贫困是不可能消灭的。即使所有的闲人都被雇用，有些贫困也注定要伴随着各种社会，直至世界末日。"在治理有方的国家里，只应有生于贫困或因事故而陷于贫困的穷人。"[9]这种基本的贫困在某种意义上是不可消除的，因为出身和事故是人生中不可避免的部分。长期以来，人们无法想像会有一个没有穷人的国家。需求状态似乎已经深深地铭刻在人类命运和社会结构之中：19世纪以前，在哲学家的思想中，财产、劳动和贫困这几个词一直是联系在一起的。

贫困这一角色之所以是必要的，原因在于它不可能被压制住，还在于它使财富的积累变得可能。如果处于需求状态的人辛苦劳动而少消费，就能使国家富强，使国家致力于经营土地、殖民地、矿山，生产行销世界的产品。总之，没有穷人，国家就会贫穷。贫困成为国家不可或缺的因素。穷人成为国家的基础，造就了国家的荣耀。因此，他们的贫困不仅不可能被消灭，而且应该受到赞颂和尊敬。"我的目的仅仅是使（政府的）一部分注意力转到人民中受苦受难的那些人身上。……政府的后盾主要是帝国的荣誉和繁荣，而不论在哪里穷人都是帝国最牢靠的支柱，因为一个君主若不发展人口，支持农业、工艺和商业，就不可维护和扩大自己的版图。而穷人就是这些使民族真正强大有力的重要力量的必不可少的工具。"[10]这是从道德上全面为"穷人"重新正名，也是在一个更深的层次上对穷人的作用和形象进行一次社会和经济的重新整合。在重商主义经济中，穷人既不是生产者也不是消费者，因此毫无立足之地：他懒惰、游荡、无人雇用，因此唯一的归宿是禁闭，由此他被逐出社会。现在，新兴工业需要劳动力，他在民族中重新有了地位。

于是，经济思想在新的基础上阐释贫困的概念。过去，在整个基督教传统中，"穷人"是真实具体的存在，是一种有血有肉的存在，是一种永远个性化的需求形象，是上帝在人的形象中的象征性过渡。在禁闭的抽象作用中，"穷人"被消灭，与其他形象合而为一，隐于一种道德谴责中，但是其特征并没有消除。18世纪的人发现，"穷人"并不是作为一种具体的最终的现实而存在着；在他们身上，两种不同的现实长期以来一直被混淆在一起。

一方面是"贫困"，即商品和金钱匮乏。这是与商业、农业和工业状况相联系的一种经济形势。另一方面是"人口"。这不是一个受财富波动支配的消极因素，而是一种直接影响经济形势和财富生产的力量，因为正是人的劳动创造财富，至少是传送、改变和增加财富。"穷人"是一个模糊概念。它把两种因素结合起来，一个是"人"这种财富，另一个是被公认为人类必不可少的"需求"状况。确实,在"贫困"和"人口"之间有一种明确的逆反关系。

重农学派和经济学家在这一点上是一致的。人口本身就是财富的一个因素。它确实是财富的某种用之不竭的源泉。在魁奈(François Quesnay)[11]及其信徒看来,人是土地和财富之间不可缺少的中介:"按照一条古代谚语,人与土地一样值钱。如果人没有价值,土地也就没有价值了。有了人,就能使所拥有的土地增值一倍,就能开垦它,获得它。上帝能独自用泥土造出人来,但是在世界上只有通过人,才能拥有土地,至少拥有土地的产品,其结果都一样。由此可见,第一要有人,第二要占有土地。"[12]

在经济学家看来,人口是一种十分重要的甚至更重要的资产。因为在他们看来,财富不仅出自农业劳动,而且出自工业加工,甚至出自商业流通。财富与实际上由人进行的劳动相联系。"因为国家所拥有的实际财富仅存在于它的土地每年的产品和它的居民的产业中,所以当每亩土地和每个人的产业的产量提高到最大限度时,国家的财富也将达到最大限度。"[13]然而,人口越多越好,因为它将为工业提供廉价劳动力,从而降低成本,促进生产和商业的发展。在这个无限开放的劳动力市场上,"基本价格",即杜尔哥(Turgot)[14]所说的工人生活费用,与供求关系所决定的价格最终是相吻合的。一个国家如果拥有可由它任意支配的众多人口这一最大的潜在财富,它就将在商业竞争中取得优势。

因此,禁闭是一个重大错误,是一项错误的经济措施,因为这是通过分离出一部分贫困居民并用慈善事业维持这部分贫困居民来消除贫困。实际上,"贫困"被人为地掩盖起来,而且一部分"居民"实际上受到压抑,而财富总量始终不变。这样做是为了帮助穷人逃避暂时的贫困吗?他们是无法逃避贫困的,因为劳动力市场是有限的,在危机时期这种有限性更为危险。相反,应该用廉价劳动力来降低产品的高成本,用发展工业和农业来弥补产品的匮乏。唯一合理的解决办法是,使全部人口都重新进入生产的循环中,将他们分配到劳动力最短缺的地方。充分利用穷人、流浪汉、流放者和各种"移民",是在国际竞争中使国家富强的一个秘诀。塔克(Josias Tucker)在论述新教徒的移民问题时问道:"对付在实力和工业方面有可能压倒我们的邻国,削弱它们的最好手段是什么呢?是拒绝接受它们的臣民,不让他们成为我们的一部分,迫使他们留在本国,还是用高工资来吸引他们,让他们享受与我们的公民同样的好处?"

禁闭之所以受到批评,是因为它会影响劳动力市场,而且更因为它以及全部传统的慈善事业是一种有害的财政支出。与中世纪一样,古典时期一直力求通过慈善基金体系向穷人提供帮助。这就意味着一部分土地资本或收入不能流通。而且这种状况是永久性的,因为人们为了避免慈善事业商业化,采取了各种法律措施使这些财产不再回到流通领域。但是,随着时间的推移,这些财产的效用逐渐减弱,经济形势也发生了变化,贫困也改换了形象:"社会的需求并不是一成不变的。自然界、财产的分配、人的阶层划分、舆论、习俗、国家及其各部分人的基本职业、气候、疾病以及人们生活中的各种意外,都在不断地变化。于是,新的需求产生了,而旧的需求消逝了。"[15]因此,慈善基金的限定性是与多变的、不确定的各种意外需求相抵触的。而按理说它是用于满足这些需求的。如果基金会所冻结的这笔财富不返回到流通领域，那么随着新的需求的出现，就必须创造出新的财富。被搁置的资金和收入的份额不断增多，就相应地减少了生产资金的份额。其结果必然导致更严重的贫困，也就需要更多的慈善基金。这种情况会无限循环下去。总有一天，"与日俱增的慈善基金最后会吞噬一切资金和一切私人财产"。经过仔细研究，人们断定，古典时期的救济是导致贫困的一个原因，是对全部生产性财富的逐渐冻结，在某种意义上是慢性自杀。"如果每个人死后都有一座坟墓，那么为了找到可以耕种的土地，就必须推倒这些不能生产的纪念碑，为了养活生者，就必须移动死者的骨灰。"[16]

在18世纪的进程中，对待疯人的非人道的严酷态度并没有消失，但是禁闭的表面理由，可以轻易地囊括疯人的总体原则以及那些把他们编织成非理性的延伸部分的无数线索消失了。在皮内尔之前，疯癫早已获得自由，但不是摆脱了将它关在地牢中的物质桎梏，而是摆脱了使它受到非理性的模糊力量支配的那种更严重的束缚，或许更有决定意义的奴役状态。甚至在法国大革命之前，疯癫就已经自由了：人们在感知上将它分离出来，承认它的特殊性，并通过各种运作最终赋予它作为一个对象的地位。

由于脱离了原有的各种关系，被孤零零地留在令人窒息的禁闭高墙之中，疯癫便成为一个问题。它以前从未提出的问题现在纷至沓来。

最重要的是，它使立法者陷于困境。他们不得不用法令来结束禁闭，但是不知道在社会领域内何处可以安置疯癫：监狱、医院，还是用家庭救济？在法国大革命前夕和开始时采取的一系列措施就反映了这种犹豫不决的状况。

布勒特伊（Breteuil）[17]在关于"密札"的通知中要求各行政长官说明各种禁闭所中拘留情况的性质及理由。"那些自甘放荡的人，如果没有做任何应该受到法律明文规定的严厉惩罚的事情"，最多拘留一至二年就应释放。另一方面，应该继续关押在禁闭所的犯人是"那些精神错乱者。他们智力低下，无法控制自己的行为，他们的狂乱行为会威胁社会中的其他人。鉴于上述情况，需要做的是确定他们的状况是否依然如旧。不幸的是，只要人们公认他们的自由对社会有害，对他们本人也不利，那么就有必要继续拘留他们。"这就构成了改革的第一阶段，即在对付道德离轨、家庭冲突、轻微的放荡等方面尽可能地少采用禁闭措施，但是不触动禁闭的原则，完整地保留了禁闭的一个主要意义：拘留疯人。这时，疯癫实际上已经占有了禁闭体系，禁闭本身也丧失了其他功用。

第二阶段是在《人权宣言》公布后立刻开始的由国民议会和制宪议会进行的大规模调查。《人权宣言》宣布："除非在法律所规定的情况下并依照法律所规定的方式，不得逮捕或拘留任何人。……法律应该只允许确实需要的和明显必要的刑罚，任何人都不受在犯罪之后所制定和颁布的法律的惩办。"禁闭的时代结束了。当时只有已定罪的和即将定罪的罪犯以及疯人依然遭到禁闭。制宪议会的乞丐问题委员会指定五个人视察巴黎的禁闭所。罗什富科·利昂库尔公爵于1789年12月提交了一份报告。报告声称，收容所有疯人这一情况使收容所具有一种恶劣的形象，而且会使被收容者陷入非人道的处境；这种"混杂"受到容忍，表现政府当局和法官是何等轻率："这种轻率态度与对不幸者的开明而无微不至的怜悯相去甚远——不幸者本应得到各种可能的帮助和安慰……在寻求减轻贫困时，有人会赞成贬损人性吗？"

如果疯人使那些被轻率地与他们禁闭在一起的人受到污辱，那么就应该为疯人安排专门的拘留处。这种禁闭不是医疗性的，但必须是最有效、最方便的救济方式："在人类遭受的一切不幸中，疯癫状态依然是人们最应该给予怜悯和关心的不幸之一。我们对它的关注应该是毫不吝啬的。当毫无治愈的希望时，仍然有许多的手段能使这些不幸者至少维持一种过得去的生活。"在这段话中，疯癫的地位是十分模糊的；既有必要保护被禁闭的人免受疯癫的危害，又有必要对疯癫给予某种特殊的帮助。

第三阶段是1790年3月12日至16日颁布的一系列重要法令。这些法令是对《人权宣言》的具体应用："自本法令颁布之日起六个星期内，凡是被拘留在城堡、修道院、教养院、警察局或其他任何监狱的人，无论他们是根据'密札'还是根据行政机构的命令被拘留的，只要他们不是已被判刑者，不是被捕候审者，不是被指控犯有重大罪行者，不是因疯癫而被禁闭者，应一律释放。"这样，禁闭被明确地用于某些服刑的犯人和疯人了。但是，对于后者，有一种特殊的安排："因痴呆而被拘留者，将自本法令颁布之日起三个月内，由检察官提出起诉，由法官按正常方式进行调查，并且视其情况由医生进行诊断，医生在当地总监的监督下宣布病人的真正状况。最后，在做出实事求是的判决后，他们或者被释放，或者被送到指定的医院加以照看。"表面上看，似乎问题从此得到了解决。1790年3月29日，巴伊（Bailly）、杜波尔-杜特尔特（Duport-Dutertre）和一名警察长官到萨尔佩特利耶尔考察如何贯彻这项法令。然后，他们又视察了比塞特尔。他们发现，实施该法令困难重重。首先，根本没有所设想的或者至少能腾出地方收容疯人的医院。

由于这些物质上的困难，再加上某些思想上的疑问，于是开始了一段很长时间的犹豫不决局面。四面八方都要求议会提供一个文件，以便在所允诺的医院建立之前保护人们不受疯人的危害。结果出现了一次对未来有重大影响的倒退：疯人受到各种不受制约的断然措施的摆布。但是，这些措施甚至不是针对危险的犯罪分子的，而是针对肆无忌惮的野兽的。1790年8月16日至24日的法律"要求市政机构注意并有权……防范和解决由获释的疯人和四处乱窜的凶猛危险的动物引起的不愉快事件。"1791年7月22日的法律对此加以补充，要求病人家庭负起监管精神错乱者的责任，并允许市政当局采取一切行之有效的措施："精神错乱者的亲属必须照看他们，防止他们离家出走，违法乱纪，制造混乱。市政当局必须排除私人在履行这项职责时因疏忽造成的麻烦。"由于在解放疯人问题上的这种曲折，这一次疯人在法律范围内再次获得了等同于动物的地位。过去，禁闭似乎就是根据这种地位来隔离他们。这时，当医生开始认为他们具有某种温和的兽性时，他们又成了野兽。但是，尽管这种合法处置权交到政府当局手中，但是问题并没有因此而得到解决。为精神病人开设的医院尚不存在。

内务部收到的申请书不计其数。德莱萨（Delessart）在对一份申请书的答复中说："先生，我和你一样认为，我们必须为建成精神病院而不懈地努力，以使精神病人这个不幸者阶层有安身休养之地。……至于那些因没有地方安置而送到贵省各监狱的精神病人，除了将他们暂时转移到比塞特尔外，我目前想不出有其他办法可以使他们离开那些对他们不适宜的地方。因此,贵省政府可以给比塞特尔写信,以确定接收他们入院的方式,贵省或病人原居住区支付赡养费的方式——如果他们的家属不能承担这些费用的话。"这样,比塞特尔就成为各方面送交精神病人的巨大中心,在圣拉扎尔关闭之后尤其如此。同样,女病人则被送往萨尔佩特利耶尔:1792年,原来在圣雅克大街嘉布遣会修女院住了五年的二百名疯女人被送到这里。但是,在偏僻省份,则不可能将精神病人送到以前的总医院。一般来说,他们被拘禁在监狱里,如阿城城堡,昂热古堡或贝勒沃。这些地方的混乱情况是难以描述的,而且一直持续到拿破仑帝国建立。诺迪埃(Antoine Nodier)描绘了贝勒沃的某些具体情况:"每天,附近的居民从里面传出的喧闹声中知道,被禁闭者们在互相斗殴、互相欺凌。卫兵在向他们冲过去。就像今天一样,监狱卫兵是这些斗殴者的笑料。市政长官不断被请去进行干涉,以恢复治安。他们的权威受到蔑视。他们本人遭到污辱。这里已不再是一个执行司法的拘留所。"

比塞特尔同样混乱,或许还更为严重。这里关押着政治犯,还隐藏着被通缉的嫌疑犯。许多人在这里忍饥挨饿。管理部门不断提出抗议,要求将犯人隔离关押。此外,值得注意的是,有些人还在建议,主张把疯人也关进他们的拘留所。在共和3年雾月9日,比塞特尔的财务官写信给"行政和司法委员会委员格朗普累公民和奥斯芒公民"。信中说:"我认为,在人道已确定无疑地成为行为准则的今天,没有人在看到犯罪和贫困竟然并存于这个收容院后会不感到心悸。"难道还有必要再重提九月屠杀和连绵不断的逃亡情况吗?还有必要向许多天真无邪的眼睛展示被绞死的犯人和悬挂铁镣的场面吗?在那些穷人和老人的"眼前只有铁镣、铁栅和门栓。此外,犯人的呻吟还不时地传到他们耳中。……鉴于此种情况,我恳切地要求,要么将犯人迁出比塞特尔,只留下穷人,要么将穷人迁出,只留下犯人"。最后,如果我们记住这封信写于法国大革命如火如荼之时,比卡巴尼斯(Georges Cabanis)[18]的报告要早得多,但是比通常所说的皮内尔"解放"比塞特尔的精神病人的时间晚几个月,那么信中下面这段话是非常关键的:"在后一种情况下,我们也许能让疯人留在那里。他们是另一种不幸者,他们给人类带来可怕的痛苦。……奉行人道的公民们,为了实现这样美好的理想,快点行动吧。请相信,你们这样做会赢得人们的口碑。"那几年的情况是多么混乱!在"人道"受到重新估价的时候,决定疯癫应在其中所占的位置是多么困难!在一个正在重建的社会领域里安置疯癫是多么困难!

注 释

〔1〕 莫尔帕伯爵(1701~1781),法国路易十五时代的大臣,路易十六的首席顾问。——译者注
〔2〕 米拉波(1749~1791),法国大革命初期政治领袖,早年曾被监禁。——译者注
〔3〕 米拉波(H.)《论密札和国家监狱》(*Des lettres de cachet et des prisons d'état*),第2章,载《著作集》(*Oeuvres*)(梅里楼版),第1卷,第264页。
〔4〕 米拉波(V.),(1715~1789),法国政治经济学家,革命家米拉波伯爵之父,人称老米拉波。——译者注
〔5〕 老米拉波(Mirabeau〔V.〕)《人类之友》(*L'Ami des hommes*)(巴黎,1758),第2卷,自第414页起。
〔6〕 米拉波《论密札》,第264页。
〔7〕 米什莱(1798~1874),法国历史学家。——译者注
〔8〕 布里索(Jean-Pierre Brissot de Warville)《刑法理论》(*Théorie des lois*

criminelles）（巴黎，1781），第 1 卷，第 79 页。
〔9〕《百科全书》，"医院"条。
〔10〕雷卡尔德神父（Abbé de Récalde）《国家医院中的残存弊端》（*Traité sur les abus qui subsistent dans les hôpitaux du royaume*）（巴黎，1786），第 ii，iii 页。
〔11〕魁奈（1694～1774），法国经济学家，重农学派的领袖。——译者注
〔12〕老米拉波《人类之友》第 1 卷，第 22 页。
〔13〕杜尔哥（Turgot）"古尔内赞"（*Éloge de Gournay*），《著作集》（*Oeuvres*）（歇尔版）第 1 卷，第 607 页。
〔14〕杜尔哥（1727～1781），法国经济学家，曾任财政大臣。——译者注
〔15〕《百科全书》，"基金"条，杜尔哥撰写。
〔16〕杜尔哥（Turgot）"就利穆赞人问题致特律丹的信"（*Lettre á Trudaine sur le Limousin*），《著作集》（*Oeuvres*）（歇尔版）第 2 卷，第 478～495 页。
〔17〕布勒特伊男爵（1730～1807），法国贵族政治家和外交官。1784 年任宫廷大臣，对监狱管理做了一些改革。——译者注。
〔18〕卡巴尼斯（1757～1808），法国哲学家和生理学家。——译者注

第九章　精神病院的诞生

下面这些故事我们是耳熟能详的，在各种精神病学的史书上都有所描述。这些故事要证明的是，当疯癫终于被按照我们长期以来视而不见的真理来认识和对待时，是一个多么幸福的时代。

　　高尚的公谊会……竭力使其教友相信，如果他们不幸丧失理智而又没有足够的钱财在昂贵的机构中获得各种医治和与其身份相称的舒适生活，那么有一种自愿的募捐金能够提供资金，而且在过去两年间，在约克城附近建立了一个疗养院。这个疗养院似乎既具有许多优点，又十分节约。如果当一个人对那种似乎生来就是为了羞辱人类理性的可怕疾病望而生畏的话，那么只要他想到有一个聪明的慈善机构一直有能力想出各种看护和医治的办法，他就会感到一种欣慰。

　　这座房子坐落在约克城外一英里远的景色宜人的乡间。它绝不会使人想到监狱，而会使人想到一个大农场。它周围是一片有围墙的大花园，没有铁门，没有铁窗。[1]

下面这则解放比塞特尔的精神病人的故事也是十分著名的。皮内尔决定解除牢房中犯人的手铐脚镣。一天,库通(Couthon)[2]到该院视察,了解是否有隐藏的嫌疑犯。当其他人看到这位"被人抬着的残疾人"而胆战心惊时,皮内尔却勇敢地走上前去。这是大智大勇的慈善家与瘫痪的怪物之间的一次较量。"皮内尔把他直接带到精神错乱者的区域。牢房的情况给他留下痛苦的印象,他要询问所有的病人。但是多数病人只是污辱和谩骂。继续询问已无意义。他转身向皮内尔:'公民,你要给这些野兽解开锁链,是不是发疯了?'皮内尔平静地回答:'公民,我相信,这些疯人之所以难以对付,仅仅是由于他们被剥夺了新鲜空气和自由。'"

"'好吧,你可以按你的愿望处置他们,但是我恐怕你会成为自己想法的牺牲品。'说完,库通就被抬上马车。他一走,所有的人都如释重负,长舒一口气。伟大的慈善家(指皮内尔)马上就开始工作。"[3]

这些故事都提供了形象,至少从想象的方式中获取了基本的力量:在图克的疗养院里有一种家长式统治下的平静,因此病人心灵的亢奋和头脑的紊乱便逐渐被平息了;皮内尔头脑清晰,意志坚定,他用一句话或一个手势就能制服两个紧逼过来向他咆哮的野兽般的疯人;皮内尔的智慧能够在胡言乱语的疯人和嗜杀成性的国民公会成员之间分辨出什么是真正的危险。这些形象带有传奇色彩,广为流传,至今不衰。

关于皮内尔和图克的传说带有神话色彩。19世纪的精神病学认为这种情况是显而易见的事实。但是,在这些神话背后有一种运作,或者说有一系列的运作。这些运作不声不响地组织起疯人院的世界、治疗方法以及对疯癫的具体体验。

首先是图克的行动。由于这种行动与皮内尔的行动是同步的,而且由于他因获得整个"博爱"潮流的拥护而闻名,因此他的行动被视为一种"解放"行为。但实际情况则大相径庭:"……在一些特殊的场合也能观察到,我们社会中的个人蒙受着重大损失,因为照管他们的人不仅完全不懂我们的原则,而且还常常把他们和其他病人混在一起。他们可能会沉溺于不健康的语言和招致非议的活动。在病人恢复理智后,这种情况似乎还经常对他们的头脑留下无益的影响,使他们疏离他们过去的宗教情感,甚至使他们染上原来没有的恶习。"[4]疗养院应成为一个实行道德和宗教隔离的工具,通过隔离在疯癫周围重建一个尽可能类似公谊会教友社区的环境。这样做出于两个理由。首先,邪恶的景象是造成每一个敏感的心灵的痛苦的原因,是恐惧、仇恨、厌恶等各种强烈有害的情感的根源。而这些情感都能引发和加重疯癫。"下述想法是十分正确的,即在大型公共收容所里,不加区别地将具有对立的宗教情感和宗教礼仪的人混在一起,将放荡者和有道德的人混在一起,将亵渎神灵的人和严肃认真的人混在一起,会阻碍病人恢复理智,并且会加重病人的忧郁情绪和厌世思想。……"[5]但是,主要的理由则在于,宗教能够扮演自然和规则的双重角色,因为一方面它在世代相传的习俗中、在教育中,在日常活动中已经化为人的自然本性,另一方面它同时又是一种稳定的强制源泉。它既具有自发性,又具有强制性。在这种意义上,当理性丧失时,它是唯一能够抗拒疯癫的无节制狂暴的力量;它的戒律"只要已经强烈地浸透进入的早年生活,……几乎会变成我们自然本性的原则。

即便在精神错乱的谵妄状态下，人也经常能感受到它的制约力量。强化宗教原则对精神病人思想的影响，被认为如同一种治疗手段一样，具有重大疗效。"[6]在精神错乱的辩证法中，理性隐藏起来但并未自我废除，宗教便构成了那种不可能变疯的成分的具体形式。它负载着理性中不可战胜的成分，负载着在疯癫背后继续存在的准自然本性，并在疯癫周围构成一种具有稳定吸引力的氛围，"在这种情况下，当病人处于神智清醒的间隙或康复状态时，会喜欢周围那些有相同习惯和见解的人组成的社会"。宗教在疯癫出现时保护着理性的古老奥秘，从而使早在古典时期禁闭时来势凶猛的约束变得更紧、更直接。在古典时期，宗教和道德环境是从外面强加于人，结果使疯癫受到控制，但未能治愈。但是在疗养院里，宗教是整个活动的一部分。这种活动表明，不论在什么情况下疯癫中都有理性存在。这种活动使人从精神错乱恢复到健康状态。宗教隔离具有十分明确的意义：它并不是试图保护病人免受非公谊会教友的有害影响，而是要把精神错乱的人单独置于一种道德环境中，让他与自己及环境展开争论。由于给他造成了一种不受保护的环境，使他不断地受到"戒律"和"越轨"的困扰，因而总是处于焦虑状态。

"精神错乱很少能减轻恐惧，因此，恐惧原则被认为在管理病人方面具有十分重要的作用。"[7]恐惧是精神病院中的一种基本现象。如果我们记起禁闭的恐怖，那么毫无疑问，恐惧是一种古老的现象。但是，禁闭的恐怖是从外面包围着疯癫，标志着理性和非理性的分界，而且具有双重力量：一方面是制止狂暴，另一方面是控制理性本身，将其置于一定距离之外。在疗养院产生的恐惧却要深刻得多。它在理性和疯癫之间活动，从中斡旋，寻求双方的共同点，借此将双方联系在一起。一度支配一切的恐怖是古典时期疏离疯癫的最明显标志，而现在恐惧则具有消除疏离的力量。这使它能恢复疯癫者和有理性的人之间的原始共谋关系。它重建了二者之间的某种休戚与共关系。现在疯癫不再会引起恐惧。它自己因茕茕孑立而感到恐惧，从而完全听凭关于睿智、真理和道德的教育学的支配。

图克曾经讲述他如何在疗养院接收一位躁狂症患者。此人很年轻，力大无比。他发作起来使周围的人、甚至包括看守都惊恐不已。他被送到疗养院时被铁链捆绑着，戴着手铐，衣服也被绳子缠紧。他一入院，所有的镣铐都被去掉。他被允许与看护一起进餐。他的亢奋状态立刻就平息了。"他的注意力被新处境吸引住了。"他被带到自己的房间；看护向他解释，疗养院中的一切都是根据如何使每一位病人享有最大的自由和尽可能的舒适而安排的，只要他不违反院规或一般的道德准则，他就不会受到任何强制。看护声明，虽然他有强制手段，但他并不愿使用。"这位躁狂症患者感到自己受到善意的对待。他承诺克制自己。"他有时依然会狂呼乱喊，使其他病人受到惊吓。看护就提醒他在入院第一天对他的警告和他自己的承诺，如果他不克制自己，那他就要重新回到过去的生活中去。病人听了会更加亢奋，但很快就渐趋平静。"他会很注意地倾听这位友好的谈话者的劝说和理由。在谈话之后，病人通常有几天或一个星期比较好。"四个月后，他完全康复，离开了疗养院。在这个例子中，病人直接感受到恐惧，但他不是通过刑具而是通过谈话了解恐惧的。这里不是对超出界限的自由加以限制，而是标出了一个受到赞扬的简单责任范围,在此范围内任何疯癫表现都将受到惩罚。于是,一度把离轨和非理性联系起来的模糊的罪愆观念发生变化。作为一个原初有理性的人,疯人不再为成为疯人而有负罪感。但是作为一个疯人,他在内心深处应该对可能造成道德和社会骚扰的一切事情感到负有道德责任,应该认为由自己而不是别人来承担所受的惩罚。确定罪责不再是在笼统的疯人和健康人之间所确定的关系模式,而是每个疯人与其看护共同依存的具体方式,是疯人必须具有的对自己疯癫状况有所认识的方式。

因此,我们必须重新评价人们赋予图克工作的意义:解放精神病人,废除强制,创造一种人道的环境。这些仅仅是一些辩护之词。实际的操作则大相径庭。实际上,在图克创立的休养院中,他用令人窒息的责任取代了疯癫的自由恐怖;恐惧不再是监狱大门内的主宰,却是在良心的封条下肆虐。图克把精神病人身陷其中的古老恐怖转移到疯癫的核心。诚然,疗养院不再惩罚疯人的罪过,但是它的做法比惩罚还厉害。它把那种罪过变成秩序中的一部分,使负罪感成为疯人本人的一种意识,一种与看护的单向关系,使罪过成为有理性的人的他者意识,一种对疯人的生存状态的治疗干涉。换言之,这种负罪感使疯人变成永远可能受到自己或他者惩罚的对象。承认自己的客体地位,意识到自己的罪过,疯人就将会恢复对自我的意识,成为一个自由而又负责任的主体,从而恢复理性。也就是说疯人通过把自己变成他者的客体对象从而恢复自己的自由。这种转变过程在劳动和观察活动中都可能完成。

我们不要忘记,我们正处在一个公谊会教友世界。在这里，上帝赐福的标志就是人的富足繁荣。正如在图克的疗养院里一样，工作首先是以"道德治疗"的面目出现的。工作本身的强制力优于一切肉体强制方式。因为在工作时必须服从规定的工作时间，集中注意力，并负有做出某种成果的职责，这就使病人不能胡思乱想，否则可能有严重的后果。工作还使病人进入一个责任系统。"有规律的工作或许是最具有普遍效力的。从道德和身体两方面看，那些有足够的运动量的工作无疑是效果最佳的。它们最适合病人来做，而且最能阻止病人的幻觉。"[8]通过工作，人便能回到上帝的戒律所规定的秩序中，使自己的自由服从道德和现实的法规。脑力劳动不应受到否定。但是，应该绝对严格地排除一切幻想活动，因为它们与激情、欲望以及各种谵妄幻觉有联系。相反，研究什么是自然界中永恒的东西，什么是最符合上帝的智慧和仁慈的东西，就能最有效地缩小疯人的无节制自由，并使他去发现自己的各种责任。"数学和自然科学的各个分支提供了最有益的研究科目，可以用来调动精神病人的大脑。"在疗养院里，工作不再具有任何生产意义。它仅仅是一种强加的道德控制。它限制病人的自由，使他们服从秩序和承担责任。唯一的目的是使陷于过度自由的头脑恢复正常，而肉体强制仅仅能在表面上限制这种自由。

比劳动和他人的观察更有效的是图克所谓的"希望受尊敬的需求"。"人的思想中的这一原则尽管常常是隐秘的，但无疑在很大程度上影响着我们的一般行为方式。它在我们进入一个新的交际圈时具有一种特殊的作用。"在古典时期的禁闭中，疯人也很容易受到观察，但是这种观察基本上不是观察他本人，而仅仅是观察他的可怕外表和显露出来的兽性。

这种观察至少包括一种相互性，因为正常人像照镜子一样，在疯人身上看到自己注定面临的堕落。而图克提出的观察是疗养院活动的一个重要成分。它更加深入，但它的相互性较少。这种观察是在疯人身上，在疯癫已经悄悄地有别于理性并开始独立于理性的地方，寻找难以识别的疯癫迹象。疯人不可能以任何方式对这种观察做出反应，因为他纯粹是被观察对象，他好像是理性世界的一个新来者，一个迟到者。图克以这些观察为中心安排了一整套仪式。其中有英国式的社交活动，参加者必须模仿一切正式的社交活动要求。但是除了自由观察外，不得随意做其他任何事情。观察的目的是刺探任何能显示出疯癫的语无伦次、行动失调的迹象。譬如，院长和工作人员定期邀请几位病人参加"茶话会"。客人们"都穿着最好的衣服，相互礼让。他们受到最好的款待，得到了陌生者应得到的各种关注。整个晚会极其和谐愉快，几乎没有任何令人不快之处。病人对自己的控制极其出色。整个气氛既奇特，又令人满意。"奇特的是，这种礼仪活动不是亲密无间的交往，不是对话，也不是相互了解，而是围绕着疯人组织的一个环境。在这个环境中，所有人的表现都与疯人相同或相似，但他依然是一个陌生人，一个典型的陌生人，因为人们不仅从外表上，而且从他情不自禁地流露的东西上审视他。疯人不停地扮演着这种名不符实的陌生客人的角色。他人的观察、礼节和伪装无声地强加给他某种社会人格。他要不停地对付可能暴露自己的各种东西的挑战。这样，疯人不得不使自己变成理性眼中典型的陌生人，即不暴露自己奇特性的人。理性之城欢迎他的正是这种身份，他付出的代价是使自己屈服于这种匿名状态。

我们看到,在疗养院里,有形强制的部分消除是整个系统的一部分。该系统的基本要素是建立一种"自我克制"。在自我克制时,病人的自由不仅受工作和他人观察的约束,而且不断地因需要承认有罪而受到威胁。必须承认,病人不是屈从于那种单纯否定的运作,而是被控制在一种肯定的运作中。前者只是解开束缚,将病人的深层本性从疯癫中解救出来,而后者则用一个奖惩系统来禁锢疯癫,把它包容在道德意识的活动中。这样就从一个谴责世界过渡到一个审判世界。但是,由此才可能产生疯癫心理学,因为疯癫被置于观察之下,这就要求人们不断地否定它在表面上的伪饰。人们只能根据它的行动来审判它,不能指责它的意图。它的奥秘也不会受到探寻。疯癫仅仅为自身可见的部分负责。其他部分都陷于沉寂。除了可见的部分,疯癫已不存在了。疗养院里建立的那种亲近关系不会再被铁镣和铁窗所破坏,但是却不允许有相互性,只允许有观察的亲近性。观察时为了看得更清楚,可以监视、刺探和贴近,实际上却越来越远离病人,因为它接受和承认的只是这个陌生人的价值。精神病科学在疗养院里发展时永远只能是一种观察和分类体系。它不可能是一种对话。只有当精神分析学祛除了这种对19世纪的疗养院十分重要的观察现象,用语言的威力取代了其无声的魔法后,精神病科学才能成为一种对话。更准确地说,精神分析学用被观察者的无休止独白双倍强化了观察者的单向观察。这样,既保留了旧疗养院的单向观察结构,又增添了一种非对称的相互性,一种无回应的新的语言结构。

监视与审判——由此一种新的重要人物形象已经出现了。这种形象对于19世纪的疗养院是至关重要的因素。图克本人在讲述一个狂暴不止的躁狂病人的故事时就推崇这种形象。一天，这个病人与看护一起在疗养院的花园里散步，病人突然亢奋起来，走出几步远，捡起一块大石头，做出要向看护掷去的姿态。看护站住不动，盯着病人，然后向病人走过去，"用一种坚决的语调……命令他放下石头"。当看护走近时，病人垂下手，扔掉了他的武器；"然后他顺从地、默默地被带回他的寓室"。有某种新事物诞生了。这种事物不是弹压，而是权威。直至18世纪末，在疯人的世界里看管他们的只是抽象的无个性的权力。这个世界除了疯癫之外，毫无生气，看护也常常是从被禁闭者中挑选出来的。相反，图克在看守和病人之间、在理性和疯癫之间，设立了一种调解因素。社会给精神错乱提供的这个空间现在经常有"来自那一边的"人出没了。他们既代表实行禁闭的权威，又代表进行审判的严厉理性。看护手无寸铁，仅仅用观察和语言进行干涉。他在逼近疯癫时，没有任何自我保护的或使他显得具有威慑力的手段，而且冒着单枪匹马与疯癫直接冲突的危险。但是，实际上，他不是作为一个血肉之躯，而是作为一个理性存在物，去面对疯癫。因此，在冲突发生之前，他已具有因神智正常而产生的权威。过去，理性只有凭借物质力量并通过某种实际较量才能取得对非理性的胜利。现在，胜负已事先决定。使疯人和有理性的人相遇的具体环境已预先确定了非理性的失败。在19世纪的疗养院中没有强制措施，并不意味着非理性获得解放，而是意味着疯癫早已被制服了。

　　由于这种新的理性统治了疗养院，疯癫不再代表一种绝对的矛盾，而是代表了一种未成年地位，表现了自身的一个方面，即没有自治权利，只能移植到理性世界才能存活。疯癫就是一种幼稚状态。在疗养院里，一切安排都是使精神病人变成未成年人。他们被"当作精力过剩、胡乱发泄的孩子。必须给他们立竿见影的奖惩，否则就没有效果。必须实施一种新的教育制度，对他们的思想进行新的引导。必须首先使他们服从，然后再鼓励他们，给他们安排工作。这种工作应该用一种诱人的手段使他们做起来感到愉快。"[9]长期以来，法律也把精神病人视为孩童，但这是用限制和监护规定所抽象地确定的一种法律地位，而不是人与人之间的具体关系。对于图克来说，未成年地位是一种适用于疯人的生存方式，对于监护者来说，是一种行使统治权的方式。在休养院里十分强调"家庭"的概念，用"家庭"把精神病人和看护组织起来。表面上，这种"家庭"把病人置于一个正常而自然的环境中，但实际上更异化了病人。法律上赋予疯人以未成年地位是为了把他当作一个法律保护的对象，而这种古老的（家庭）结构变成了一种共同生存的方式后，便把疯人当作一个心理学对象完全交给了有理性的人的权威。后者对于疯人来说是一个具体的成年人形象，换言之，是一个代表统治和榜样的具体形象。

18世纪末，在对疯癫和理性的关系进行大改组时，"家庭"扮演了一种决定性的角色。它既是一幅想像中的画面，又是一个真实的社会结构。"家庭"既是图克的出发点，又是他所逐步实现的目标。通过赋予它那些在社会中尚未损害的原始价值，图克使"家庭"发挥一种解除精神错乱的作用。在他的玄想中，"家庭"是与被18世纪的人视为一切疯癫之源的"环境"相对立的环境。但是，他在把"家庭"引进疗养院时则采取十分实际的方式，使之显得既符合疯人和有理性的人之间可能发生的种种关系，同时又是这些关系的准则。法律上的受家庭监护的未成年地位已经剥夺疯人的公民地位。现在这种未成年地位则变成了一种剥夺他的实际自由的具体处境。疯癫的全部存在，在这个为它准备好的世界里，被我们可以提前称谓的"家长情结"包裹起来。在资产阶级家庭中，家长制权威围绕着疯癫复活了。精神分析学说后来所揭示的正是这种历史积淀。精神分析学说通过一种新的神话使这种历史积淀具有某种命运的意义。这种意义被说成是全部西方文化，甚至是全部人类文明的标志。但实际上，这种积淀是由西方文化逐渐形成的，仅仅是在这个世纪初才定型。当时，疯癫在"家庭"中被双重异化（疏离），一方面是被关于家长制的纯洁性可以解除精神错乱的神话所异化，另一方面被按家庭模式组建的精神病院中的实际具有异化作用的处境所异化（疏离）。今后在一段时间里，事情的结局虽然尚无法预测，但是非理性的话语则肯定将与半真实半想像的"家庭"辩证法难解难分地联系在一起。这样，对于那种狂暴的表现，人们曾经必须将其解释为对神灵的亵渎，而今后则必须视之为对"父亲"的不断进攻。因此，在现代世界，过去那种理性与非理性之间的无可补救的重大冲突就变成了本能对牢固的家庭制度及其古老象征的隐秘攻击。

在禁闭世界里，疯癫的这种演变与基本社会制度的发展令人吃惊地汇聚在一起。我们已经看到，自由经济体制往往把照看穷人和病人的责任交给家庭，而不是交给国家。家庭便成为社会责任的担负者。但是，如果疯癫病人也可以托付给家庭照看，那就太奇怪了，也太不近人情了。而图克恰恰是在疯癫周围建立了一个模拟家庭。这既是一种滑稽的模拟制度，又是一种实际的心理环境。作为家庭还不太完整,图克就代之以由各种符号和动作构成的虚拟的家庭氛围。然而,由于一种十分奇怪的交错作用,总有一天家庭会摆脱照顾一般病人的责任,同时却保留下与疯癫有关的虚构价值。在穷人的疾病再次成为一件国家大事后,疗养院仍会将精神病人留在强制性的虚构家庭中,疯人依然是未成年者,理性仍将长久地对疯人维持着自己的父亲形象。

疗养院被这些虚构的价值笼罩着,因此不受历史发展和社会演变的影响。在图克的思想中,问题是如何建造一种能够模仿最古老、最纯净、最自然的共同生活方式的环境,即那种与社会环境相差最大的,最有人情味的环境。实际上,他分离出资产阶级家庭的社会结构,在疗养院里象征性地重建了这种结构,并让它在历史中随波逐流。疗养院总是追求那些不合时宜的结构和象征,因此可能会完全不适应时代,落后于时代。而且恰恰是在兽性显示了某种超历史的存在、某种永恒的回归的地方,将会慢慢地重新出现无法追忆的家庭宿怨留下的古老创伤,已被遗忘的乱伦和惩罚的痕迹。

皮内尔从不提倡任何宗教隔离。更确切地说,他提倡的是一种与图克的实践方向相反的隔离。革新后的疯人院应该对一切病人都有好处,但那些宗教狂人除外,因为"他们认为自己受到神灵的启示,竭力招揽信从者"。按照皮内尔的意图,比塞特尔和萨尔佩特利耶尔变成了一个与图克的疗养院互补的形象。

在疯人院里,宗教不应成为生活的道德基础,而应纯粹是一个医疗对象:"在疯人院里,宗教见解应该仅仅从严格的医疗关系来考虑,即应该把有关公众崇拜和政治信念的其他各种考虑置之一边,仅仅研究是否有必要阻止可能由此产生的思想情绪的亢奋,以便有效地医治某些精神错乱的头脑。"[10]由于天主教通过人们对彼岸世界的恐惧而刺激起人们的强烈感情和恐怖意象,因此常常引发出疯癫。天主教造成人们的谵妄信仰,鼓励人们的幻觉,导致人们绝望和忧郁。因此,毫不奇怪的是,如果"检查一下比塞特尔疯人院的登记簿,我们就会发现,其中有教士和修道士,还有许多被关于来世的恐怖描述吓疯的乡民鄙夫"。如果我们看到因宗教而疯癫的人数变化,就更不会感到奇怪了。在"旧制度"和法国革命期间,由于迷信势力十分强大或者由于共和国反对天主教会的斗争十分激烈,因宗教原因患忧郁症的人数成倍增多。在局势恢复稳定,"教务专约"[11]消除了反宗教斗争后,这种类型的谵妄症状便消失了。共和10年,比塞特尔百分之五十的忧郁症患者患的是宗教疯癫,第二年还有百分之三十三,第三年便只剩下百分之十八了。因此,疯人院必须摆脱宗教,摆脱它的各种形象。"因虔诚而患忧郁症的人"不得拥有宗教书籍。经验"告诉我们,这类书籍是使精神错乱持续,甚至使之不可救药的最有力手段。我们对它们越宽容,就越难以平息病人的焦虑"。总之,精神病院应该是中立的,应该排除掉基督教造成的那些意象和情绪,因为后者会使人的思想误入幻觉、谬误,并很快导致谵妄。这种观念比其他任何观念都更远离图克及其建立一个宗教社区的梦想。因为图克认为,这个宗教社区同时也是一个进行精神治疗的有利环境。

但是,皮内尔所关心的是减少宗教的图像形式,而不是减少宗教的道德内容。宗教一经"过滤",就拥有消除精神错乱的力量，就能驱散意象，安定情绪，使人返璞归真，使人更接近自己的道德真理。正是在这方面，宗教经常具有治疗效果。皮内尔讲述了几个伏尔泰风格的故事。譬如，有一名25岁的"身体强健的女子与一名弱不禁风的男子结婚"。婚后，她患上"一种强烈发作的歇斯底里症，以为自己被魔鬼缠身，这个魔鬼化作各种形状纠缠着她，她有时发出鸟叫的嘈杂声，有时发出凄凉的声音，有时则发出刺耳的哭喊。"幸运的是，本堂神甫更注重自然宗教，而不是修炼驱妖术。他相信能够通过大自然的恩惠医治疾病。这位"开明仁慈和谆谆善诱的人，支配了病人的思想，设法诱导她离开病榻，重新操持家务，甚至整理花园，……这种方法的效果极好，以后三年健康无恙"。当宗教回归到这种极其纯朴的道德内容时，它就不可避免地与哲学、医学以及各种能恢复精神紊乱者理智的智慧和科学携起手来。甚至还有一些实例说明，宗教可以做初步治疗，为疯人院的工作做准备。譬如，有一个少女，她"表面温顺虔诚，而其实性情热烈"。她被"自己的内心倾向和约束自己行为的严厉准则"的对立折磨得六神无主。她的忏悔牧师劝导她加强对上帝的信仰，但毫无效果，于是列举了关于坚定而有节制的圣洁状态的例子，"向她提出压制激情的良方：忍耐"。她被送到拉萨尔佩特利耶尔后，根据皮内尔的指示"按照同样的道德原则"对她进行治疗。她的病"只持续了很短一段时间"。这样，疯人院所吸收的不是宗教的社会主题，即让人们感到自己是同一教派中的兄弟姐妹，而是安慰和信任的道德力量以及对大自然的顺从。它必须继续从事宗教的道德事业，但是要排除其狂热的内容，在道德、劳动和社会生活方面要绝对如此。

疯人院是一个没有宗教的宗教领域,一个纯粹的道德领域,一个道德一律的领域。凡是能保留旧的差异痕迹的东西都已消灭。宗教仪式的最后遗迹也被清除。过去,禁闭所在社会范围内继承了麻疯病院的几乎绝对的界限,从而成为一个异国他乡。现在,疯人院必须代表社会道德的伟大连续性。家庭和工作的价值,所有公认的美德,统治了疯人院。但是,这种统治是双重的。首先,它们实际上支配了疯癫的核心部位。因此,当精神错乱产生了表面上的狂暴和失调时,坚实的基本美德不为所乱。有一种原始的道德存在着。它甚至一般不会被最严重的痴呆所影响。正是这种道德在治疗中显现并发挥作用:"我可以证明,通过治疗经常表现出纯净的美德和严格的原则。大多数有幸进入康复期的精神病人对配偶疼爱,对子女慈祥,对情人热烈,对职责尽心竭力。除了在小说中外,我在任何地方都没有看到超过他们的表现。"[12]这种不可剥夺的美德既是疯癫的真相,又是疯癫的消除。这就是为什么它一旦取得支配地位就必然能够发挥作用的原因。其次,疯人院消除差异,压制罪恶,消灭越轨行为。它谴责一切有悖于社会基本美德的作为,其中包括独身——"在共和11年和共和13年,未婚女子变成白痴的人数比已婚女人多7倍;至于智力衰退者,其比例则高出2至4倍。我们由此可以推断,婚姻对于女人是一种保护措施,可以防范这两种最顽固、最难医治的精神病。"放荡、通奸和"极端的反常习惯"——"诸如酗酒、无限制地乱交、冷漠麻木等恶习都会逐渐地败坏理性,最终导致彻底的疯癫";懒惰——"普遍的经验证明,像在监狱和医院里一样,在一切公立疯人院中,保持身体健康、维持良好习惯和秩序的最可靠或许是唯一的方法,是严格执行关于机械劳动的法规。"

由此可见，疯人院给自己提出的任务是，实行统一的道德统治，严格对待那些想逃避这种统治的人。

但是也因此而造成一种冷漠态度。如果说法律不能实现普遍的统治，那是因为有些人并不承认它。这个社会阶层的人生活在混乱之中，被人忽视，几乎处于非法状态。"虽然我们看到许多家庭在多年和谐一致的气氛中欣欣向上，但是还有多少家庭，尤其是社会下层的家庭触目惊心地展示着放荡、内讧和贫苦无告的情景！根据我的日常记录，这种情况正是我们在医院中加以医治的精神错乱的最主要的根源。"〔13〕

在皮内尔的主持下，疯人院同时既是整肃道德的工具，又是进行社会谴责的工具。问题在于用一种普遍的方式来推行某种道德，使之从心灵上支配那些不懂得这种道德的人和那些已经精神错乱但尚未表现出来的人。对于第一种人，疯人院必须诉诸被遗忘的本性，起一种唤醒和提醒作用。对第二种人，必须借助于某种社会环境变化，把他从目前的处境中抢救出来。在图克的疗养院里，实行的办法是很简单的：实行宗教隔离以达到道德净化的目的。而皮内尔的方法则比较复杂：实施道德性综合措施，保证疯癫世界和理性世界之间的道德连贯性。但是他是用实行某种社会隔离来进行的。这种社会隔离将保证使资产阶级的道德成为普遍的事实，并成为一种强加在各种疯癫上的法律。

在古典时期，贫困、懒惰、邪恶和疯癫都以同样的罪名混合在非理性之中。在对贫困和失业进行大禁闭时，疯人也被网罗于其中。而且所有被禁闭对象都被认为形同犯罪，属于人类的原始堕落。现在，疯癫则属于社会缺陷，其原因、模式和界限都未显出与众不同之处。再过半个世纪，精神疾病又将变成一种退化现象。但从此时起，主要的、真正危险的疯癫是那种从社会底层产生的疯癫。

皮内尔的疯人院绝不会成为类似图克的疗养院那样的躲避现实世界的避难所，返璞归真的空间，而是一个整齐划一的立法领域，一个道德教育场所。在那里，产生于社会外围的各种精神错乱统统被消除掉。病人的生活、看护和医生的行动全部由皮内尔加以安排，以保证这些道德综合措施能发挥作用。他的手段主要有下述三个：

1. 缄默。皮内尔释放的第五个带镣囚犯曾经是一名教士，因疯癫而被革出教门。他患有自大妄想症，自以为是基督。这是"以谵妄表现出的最严重的人类傲慢"。他于1782年被送到比塞特尔，被镣铐束缚了十二年之久。由于态度傲慢，思想狂妄，他成为整个医院中最引人注目的景观之一，但是他以为自己是在重现基督受难。"他长期忍受着这种殉难的痛苦和他的躁狂症所招致的无数嘲讽。"尽管他的谵妄十分严重，皮内尔仍把他列为第一批释放的12个人之中。但是皮内尔处理他的方式与处理其他人不同。皮内尔一声不响地给他打开铁镣，并且"明确命令每个人都要像他一样自我克制，不与这个可怜的疯人说任何话。这道禁令得到严格的执行，结果在这个自我陶醉的人身上产生了比铁镣和土牢的效果要明显得多的效果。他在获得自由后，陷于一种他从未经历过的被遗弃和孤独的处境中，他感到羞辱。最后，经过长时间的踟蹰后，他主动加入了其他病人的交往圈子中。从此，他的思想变得比较合乎情理和实际了"。[14]

"释放"在这里具有吊诡的含义。土牢、枷锁，不断地被人观察和讥讽，对于这个谵妄病人来说，正是他的自由的要素。他因此而得到承认，而且他因外界许多人都与他形成一种共谋关系而心醉神迷。因此，他无法从直接感受到的这种现实中解脱出来。但是，解除了枷锁之后，周围人的冷漠和缄默束缚了他，使他那种空洞的自由受到限制。他在缄默中被释放，而陷于一种不被承认的、徒劳展示自己的真实中，因为他不再是一个景观，甚至不再受到羞辱，因而再也不能趾高气扬。现在，受到羞辱的不是他在谵妄时想像的化身而正是他本人。因为肉体束缚已被一种自由所取代，而这种自由几乎无异于孤独；谵妄与奚落的对话已被一种语言的独白所取代，而这种语言在他人的缄默中逐渐枯竭；整出狂妄与凌辱的表演被冷漠所取代。从此，他受到了比土牢和枷锁更真切的禁闭，完全成了自己的囚徒。他相对于自己则具有越轨的性质，而他与别人的不相干则具有了耻辱的性质。其他人都变得清白了，不再是迫害者。罪恶感转移到内心。它向疯人显示，他不过是被自己的傲慢所蛊惑。敌对者的面孔消失了。他不再感到观看者的存在，而是感到自己不再受到关注，人们转移了观看的目标。其他人不过是在自己前进时不断后退的一个界限。虽然他被解除了枷锁，但是他现在被缄默带上了越轨和耻辱的枷锁。他感到自己受到惩罚，但是他由此又看到了自己无辜的迹象。虽然他摆脱了各种肉体惩罚，但他必须证明自己是有罪的。他的苦难曾是他的光荣，他的解放应该使他受到屈辱。

在文艺复兴时期，理性与疯癫不断地展开对话。相比之下，古典时期的拘留就是一种对语言的压制。但这种压制不是彻底的。语言没有真正被消除，而是掺入各种事物中。禁闭、监狱、地牢甚至酷刑，都参与了理性与非理性之间的一种无声对话,一种斗争的对话。现在,这种对话停止了。缄默笼罩着一切。在疯癫和理性之间不再有任何共同语言。对谵妄的语言只能用沉默不语来对付,因为谵妄并不是与理性进行对话时的一个片断,它根本不是语言。在一种最终沉默的意识中,它仅仅表示一种越轨。而且只有在这一点上,才可能重新有一种共同语言,因为它将成为一种公认的罪状。"最后,经过长时间的踟蹰后,他主动加入了其他病人的交往圈子……"沉默不语是疯人院生活的一个基本结构,它与公开的告解相辅相成。当弗洛伊德在精神分析中谨慎地恢复语言交流,或者说,重新开始倾听这种已经被磨损成独白的语言时,他听到的总是那些关于越轨违戒的套话。对此我们何必大惊小怪呢?在这种年深日久的缄默中,越轨违戒的主题已经控制了言语的源头本身。

2. 镜象认识。在图克的疗养院里,疯人受到观察,而且他知道自己被观察。但是这种直接观察只能使疯癫间接地了解自己,除此之外,疯癫无法直接把握自己的性状。但是,在皮内尔那里,观察仅仅在疯癫所限定的空间内而不在其表面或其外部界限之外进行。疯癫能够看到自己,也能被自己看到。它既是纯粹的观看对象,又是绝对的观看主体。

"有三个精神错乱的人,都自以为是国王,都自称是路易十六。有一天,他们为君王的权利争吵起来,各不相让,有点动火。看护走近其中一个,将他拉到一边问:'你为什么和那两个显然疯疯癫癫的人争论?不是所有的人都知道你就是路易十六吗?'受到这番恭维后,这个疯人高傲地瞥了那两个人一眼,便立刻退出争吵。同样的花招在第二个病人身上也发挥了作用。争吵顿时便烟消云散了。"[15]这是第一阶段,即狂想亢奋的自傲阶段。疯癫得以观察自己，但却是在他人身上看到自己。它在他人身上表现为一种无根据的要求，换言之，表现出一种荒谬。但是，在这种谴责他人的观察中，疯人确认了自己的正确性和自己谵妄的正当性。狂妄与现实之间的裂痕只有在客体对象中才能被认识，而在主体中完全被掩盖住了。主体成为直接的真理代表和绝对的裁决者：自我陶醉的权威痛斥和剥夺他人虚假的权威，从而肯定自己的设想正确无误。作为纯粹的谵妄，疯癫被投射到他人身上。它完全是被当作彻底的无意识状态，被他人所接受。

正是在这一点上，镜子作为一个合作者，成为一个消解神话的工具。在比塞特尔，还有一个自以为是国王的病人。他总是"居高临下地以命令的口吻"说话。有一天，当他稍稍平静下来，看护走近他，问他，如果他是一位君主，为什么不结束对自己的拘留？为什么还和各种疯人混在一起？从此，看护每天都提同样的问题，"他一点点地使病人看到自己装腔作势的荒谬，并指点他看另一个疯人，后者也一直认为自己拥有最高权力，因而成为一个笑柄。开始，这位躁狂症患者感到震惊，后来便对自己的君主头衔产生怀疑，最后逐渐认识到自己是痴人说梦。这种出人意料的道德转变仅用了两个星期。经过几个月的考验，这位病人康复回家，成为一个称职的父亲。"[16] 这个阶段是妄想消沉的阶段。由于疯人自以为与谵妄的对象同一，就像照镜子一样，他在这种疯癫中认识了自己，因为这种疯癫的荒谬性是他早已斥责过的。他的坚实的权威主体在这种他所接受的、因而丧失神秘性的客体对象中消解了。现在，他受到自己的冷峻审视。其他代表理性的人一言不发地支撑着这面可怕的镜子。在这些人的沉默中，他认识到自己确实疯了。

我们在前面已经看到，18世纪的医术试图用何种方法和用什么样的神话方式来使疯人认识到自己的疯癫，以便将他从中解救出来。但是，现在的做法则具有截然不同的性质。它不是用关于某种真理甚至是虚假真理的强烈印象来驱散谬误，而是用疯癫的自负而非疯癫的失常来医治疯癫。古典思想谴责疯癫对真理的置若罔闻。而从皮内尔开始，疯癫将被视为出自内心的冲动。这种冲动超越个人的合法界限，无视他应遵守的道德界限，从而导致自我神化。在以前几个世纪，疯癫的初始模式是否定上帝，而在19世纪，其模式是自认为上帝。这样，疯癫在自身表现为受屈辱的非理性时，就能够发现自己的解救途径。因为当它陷于自己的绝对主观的谵妄时，它会意外地在同一个疯人那里获得关于那种谵妄的荒谬而客观的图像。真理巧妙地，似乎通过一种意外的发现（不是通过18世纪的暴力形式）而显示出自己。在这种相互观察活动中，真理除了自身之外绝不会看到其他任何东西。但是疯人院在疯人中设置的镜子，使疯人在肆言放行后必然会惊愕地发现自己是一个疯人。疯癫摆脱了使它成为纯粹的观察对象的枷锁，但是它却失去自己自由的本质，成为孤立中的自鸣得意。它开始对自己所认识的真理负责。它使自己陷于一种不断自我对照的观察中。它最终因成为自己的客体对象而戴上羞辱的枷锁。这样，意识觉醒就与羞愧联系起来。这羞愧是由于意识到自己与他者同出一辙，意识到自己已经在他者身上蒙受羞辱而产生的。在能够认识和了解自身之前就已自惭形秽。

3. 无休止的审判。正如缄默所起的作用一样，这种镜子游戏也使疯癫被迫不断地审判自己。此外，它每时每刻还受到外界的审判；不是受道德或科学良心的审判，而是受某种无形的常设法庭的审判。皮内尔所憧憬的疯人院就是一个小型的司法世界。他的设想在比塞特尔，尤其是在萨尔佩特利耶尔得到部分的实现。为了使审判能发挥作用，审判必须具有威严的形象。在疯人的脑子中必须有法官和执法人的形象，这样他才能懂得自己处于一个什么样的审判环境中。因此，恐怖无情的司法气氛也应是医治疯人的一部分条件。在比塞特尔，有一位因恐惧地狱而患宗教谵妄的病人。他认为，逃脱天罚的唯一办法是严格禁食。为了抵消这种对未来审判的恐惧，就需要让一种更直接、更可怕的审判出场。"若想遏止不可抗拒地折磨着他的邪恶观念，除了用一种强烈而深刻的恐惧印象外，还能有什么办法呢？"一天晚上，院长来到这位病人房间的门口，"摆出一副吓人的架势；他怒目眦裂，吼声如雷。他身后跟着一群工作人员，手持重镣，并摇晃得叮当乱响。他们把汤放在疯人身边，命令他在当夜喝掉，否则就会受到残酷的待遇。他们退出后，疯人陷入在眼前的惩罚和来世的惩罚之间做出选择的极其痛苦的困境。经过这几个小时的思想斗争，前一种选择占了上风，他决定进食。"[17]

疯人院作为一个司法机构是完全独立的，不承认其他权威。它直接判决，不许上诉。它拥有自己的惩罚手段，根据自己的判断加以使用。旧式的禁闭一般来说不属于正常的司法形式，但是它模仿对罪犯的惩罚，使用同样的监狱、同样的地牢、同样残酷的体罚。而在皮内尔的疯人院中，司法完全自成一体，并不借用其他司法机构的镇压方式。或者说，它使用的是18世纪逐渐为人所知的医疗方法，但是，它是把它们当作惩罚手段来使用。把医学变成司法，把治疗变成镇压——这种转换在皮内尔的"博爱"和"解放"事业中并非是一个无足轻重的吊诡。在古典时期的医学中，由于医生对神经系统性质的各种古怪认识，浸洗和淋浴被当作灵丹妙药，其目的是使机体解除疲劳恢复元气，使枯萎的纤维得以放松。诚然，他们还认为，冷水淋浴除了令人愉快的效果外，还有骤然不快的感觉所造成的心理效应，即打断病人的思路，改变情绪的性质。但是，这些认识依然属于医学思辨范畴。而在皮内尔那里，淋浴法则明显地成为一种司法手段，淋浴是疯人院中的常设治安法庭所惯用的惩罚手段："它被视为一种压制手段。它常常能够使对之敏感的疯人服从体力劳动的一般律令，能够制服拒绝进食的顽症，并能制服被某种想入非非的古怪念头所支配的精神病人。"

总之，一切安排都是为了使疯人认识到自己处于一个天网恢恢的审判世界；他必须懂得，自己受到监视、审判和谴责；越轨和惩罚之间的联系必须是显而易见的，罪名必须受到公认。"我们可以利用洗澡的机会，用一个龙头突然向病人头上喷射冷水，提醒病人认识自己的越轨或疏忽。这样常常能用一种突如其来的强烈印象使他仓皇失措或驱散原来的偏执想法。如果那种想法仍顽固不化，就重复进行冷水淋浴。但是一定要避免使用强硬的语气和刺激语言，否则会引起反抗；要使疯人懂得，我们是为了他而不得已使用这种激烈措施；有时我们可以开个玩笑，但不要过火。"[18]这种十分明显的惩罚必要时可经常反复使用，以此使病人认识到自己的过失。这一切都应为了最终使司法过程变为病人的内心活动，使病人产生悔恨。只有产生了这种结果，法官才能同意停止惩罚，因为他们可以断定,这种惩罚会在病人的良心中继续进行。有一位躁狂症患者有撕扯衣服和乱摔手中东西的习惯。对她进行了多次淋浴,并给她穿上一件紧身衣。她终于显得"深感羞辱而神情沮丧"。但是,院长担心这种羞愧可能是暂时的和表面的。"为了使她有一种恐惧感,院长使用一种冷静而坚定的态度对她说话,并宣布,以后她将受到最严厉的对待。"预期的效果旋即产生:"她痛哭流涕近两个小时,一再表示悔悟。"这种过程反复了两次;过失受到惩罚,过失者低头认罪。

然而,也有一些疯人不为所动,抵制这种道德教化。这些人被安置在疯人院的禁区,形成一批新的被禁闭者。对他们甚至谈不上用司法手段。当人们谈到皮内尔及其解放活动时,往往忽略了这第二次幽闭。我们在前面已经看到,皮内尔反对将疯人院改革的好处提供给那些"宗教狂人,他们认为自己受到神灵的启示,竭力招揽信从者,他们以服从上帝而不服从世人为借口挑动其他疯人闹事,并以此为乐"。但是,禁闭和牢房也同样适用于"那些不能服从一般的工作律令的人,那些用邪恶手段折磨其他被收容者和不断挑动其他人争斗并以此为乐的人",以及那些"在疯癫发作时有不可抑制的偷窃癖的"女人。宗教狂热导致的不服从,拒不工作和偷窃,是对抗资产阶级社会及其基本价值观的三种重大罪行,即使是疯癫所致也不能宽宥。它们应受到最彻底的禁闭,受到最严厉的排斥,因为它们都表现为对道德和社会一律化的抗拒,而这种一律化正是皮内尔的疯人院的存在理由。

过去,非理性被置于审判之外,从而被武断地引渡给理性的权威。现在,它则受到审判,但不仅仅在它进入疯人院时为了识别、分类和使它从此变得清白而对它进行审判。它已经陷于一种无休止的审判中。审判永远跟随着它,制裁它,宣布它的过失,要求它体面地改过自新,甚至驱逐那些可能危害社会秩序的人。疯癫逃脱了那种武断的处置,其结果却是进入了一种无休止的审判。疯人院为这种审判配置了警察、法官和刑吏。在这种审判中,根据疯人院所要求的生活美德,任何生活中的过失都变成了社会罪行,应受到监视、谴责和惩罚。这种审判的唯一后果是,病人在内心永远不断地悔悟。被皮内尔"释放"的疯人以及在他之后受到现代禁闭的疯人,永远被置于受审的地位。如果说他们已不再被视为罪犯或与罪犯相联系,他们仍每时每刻受到谴责。他们受到指控,却从未见到指控的正文,因为他们在疯人院的全部生活就构成了这种指控的正文。在实证主义时代,皮内尔创立的并引以为荣的疯人院不是观察、诊断和治疗的自由领域,而是一个司法领域,在那里,疯人受到指控、审判和谴责,除非这种审判达到了一定的心理深度,即造成了悔悟,否则疯人永远不会被释放出去。即使疯癫在疯人院外是清白无辜的,但在疯人院中将受到惩罚。在以后一段时间里,至少直到我们这个时代之前,疯癫一直被禁闭在一个道德世界之中。

除了缄默、镜像认识、无休止的审判外,我们还应提到疯人院特有的第四种结构。这种结构是在18世纪末确立的,即对医务人员的神化。在上述结构中,这种结构无疑是最重要的,因为它不仅确立了医生与病人之间的新联系,而且也确立了精神错乱与医学思想的新联系,并且最终决定了整个现代疯癫体验。在疯人院的前三种结构中,我们发现它们与禁闭的结构相同,只是发生了位移和形变。但是,由于医务人员获得新的地位，禁闭的最深层意义被废除了，具有现代意义的精神疾病就有可能出现了。

尽管图克和皮内尔的思想和价值观差异很大，但是在转变医务人员的地位这一点上他们的工作却是一致的。我们在前面看到，医生在禁闭过程中不起任何作用。而现在，他成为疯人院中最重要的角色。他掌握着病人的入院权。图克的休养院明文规定："在批准病人入院时，委员会一般应要求申请人提交由一名医生签署的诊断书。……诊断书还应说明，病人是否还患有精神病之外的其他疾病。最好还应附有其他报告，说明病人精神失常已有多长时间，是否用过或用过何种医疗手段。"[19] 自18世纪末起，医生诊断书几乎成为禁闭疯人的必要文件。疯人院内，医生已具有主导地位，因为他把疯人院变成一个医疗空间。但是，问题的关键在于，医生的介入并不是因为他本人具有医疗技术——这需要有一套客观知识来证明。医务人员（homo medicus）在疯人院中享有权威，不是因为他是一个科学家，而是因为他是一个聪明人。如果说疯人院需要医务专业人员，也是当作司法和道德的保证，而不是需要科学。一个廉正而谨慎的人，只要具有在疯人院工作多年的经验，也能胜任工作。医疗工作仅仅是疯人院的庞大道德工作中的一部分，认清这一点就能保证对精神病人的治疗："给躁狂症患者提供在确保他和其他人安全的条件下的各种自由，根据他越轨行为的危险程度来压制他，……搜集各种有助于医生的治疗的事实，仔细研究病人的行为和情绪变化，相应地使用温和或强硬的态度、协商劝慰的词句或威严命令的口气，难道这一切不应是管理任何疯人院，不论是公立还是私立的疯人院的神圣准则吗？"[20] 据图克说，疗养院的第一位医生是因为他具有"坚韧不拔的精神"而被推荐任命的。这位医生刚进入疗养院时，毫无精神病方面的专门知识，但是，"他以满腔热忱走马上任，因为他的技术发挥关系到许多同胞的切身利益"。他根据自己的常识和前人提供的经验，试用了各种医疗方法。但是，他很快就失望了。这并不是因为疗效很糟，也不是因为治愈率太低："医疗手段与康复过程并不是密切相关的，这使他不能不对它们产生怀疑，认为医疗手段可能并非是康复的原因，而只是陪衬。"他发现利用当时已知的医疗方法几乎毫无作用。由于怀有博爱之心，他决定不使用任何引起病人强烈不快的药物。但是，这并不意味着这位医生在休养院中无足轻重。由于他定期看望病人，由于他在疗养院中对全体职工行使权威，因此"这位医生……对病人思想的影响有时会大于其他护理人员"。

人们认为，图克和皮内尔使疯人院开始接受医学知识。实际上，他们并没有引进科学，而是引进一种人格。这种人格力量只是借用了科学的面具，至多是用科学来为自己辩护。就其性质而言，这种人格力量属于道德和社会范畴。其基础是疯人的未成年地位，疯人肉体的疯癫，而非其头脑的疯癫。如果说这种医务人员能使疯癫陷于孤立，其原因并不是他了解疯癫，而是他控制了疯癫。实证主义所认定的那种客观形象只不过是这种统治的另一面。"赢得病人的信任，使他们产生尊敬和服从的情感，是一个十分重要的目标。而这只能是良好的教育、高雅的风度、庄重的语调和敏锐的洞察力所产生的效果。愚昧无知、没有原则，尽管可以用一种专横来维持，但只能引起恐惧，而且总是激发不信任感。看护已经获得支配疯人的权力，可以随心所欲地指挥和管束他们的行动。

他应该具有坚定的性格，偶尔施展一下他的强制力量。他应该尽量不去威吓，而一旦做出威胁就要兑现，如果遇到不服从，立即予以惩罚。"〔21〕医生之所以能够在疯人院行使绝对权威，是因为从一开始他就是父亲和法官，他就代表着家庭和法律。他的医疗实践在很长一段时间里不过是对秩序、权威和惩罚的古老仪式的一个补充。因此，皮内尔十分清楚，无须现代医疗方法，只要医生使这些古老的形象发挥作用，就能医治疯人。

皮内尔援引了一个17岁少女的病例。这个少女是在父母的"极端溺爱"下长大的。她患了一种"轻浮的谵妄症，其病因无法确定"。在医院里，她受到极其有礼貌的对待，但是她却总是摆出一种"高傲"的样子，这在疯人院中是无法容忍的。她在谈到"自己的父母时总是出言不逊"。疯人院决定对她实行严厉管教。"为了驯服这个桀骜不驯的人，看护利用浸泡的手段，表明自己对某些胆敢对父母大逆不道的人的强硬态度。他警告这个少女，因为她抗拒治疗，并且顽固不化地掩饰自己的病因，今后她将受到各种理所当然的严厉对待。"由于这次前所未有的严厉态度和这些威胁，这个少女受到"深深的触动，……最后她承认了错误，并坦白说，她丧失理智是因一段无法实现的痴情所致，她还说出了所迷恋的人的名字"。在第一次坦白之后，治疗变得容易了："一种最理想的变化发生了，……她从此平静下来，并且百般表达对这位看护的感谢，因为是他使她结束了长期的烦躁，使她内心恢复了平静。"这个故事的每个情节都可以用精神分析的术语加以转述。应该说，皮内尔的看法是相当正确的。医务人员能够发挥作用，并不是由于对这种疾病有了一种客观界定或者有了一种详细分类的诊断,而是凭借着一种包含着家庭、权威、惩罚和爱情的秘密的威信。正是由于医生让这些力量发挥作用,由于他自己戴上父亲和法官的面具,他就可以一下子撇开纯粹的医疗方法,而使自己几乎成为一个巫医,具有一个萨马特古斯[22]的形象。他的观察和语言足以使隐秘的故障显露出来,使虚幻的念头消失,使疯癫最终让位给理性。他的出现和他的言语具有消除精神错乱的力量,能够一下子揭示过失和恢复道德秩序。

正当有关精神病的知识试图呈现出某种实证的含义时,医疗实践却进入了一个似乎能创造奇迹的不确定领域。这是一种奇异的吊诡。一方面,疯癫使自己远远地处于一个非理性的威胁已经消失的客观领域里。但是,与此同时,疯人却倾向于与医生牢固地结合在一起,而这种合作关系可以回溯到十分古老的联系。图克和皮内尔所建立的疯人院的生活造成了这种微妙结构诞生的条件。这种结构将变成疯癫的核心,成为象征着资产阶级社会及其价值观的庞大结构的一个缩影,即以家长权威为中心的家庭与子女的关系,以直接司法为中心的越轨与惩罚的关系,以社会和道德秩序为中心的疯癫与无序的关系。医生正是从这些关系中汲取了医治能力。正因为如此,病人发现,在医生—病人的结合关系中,通过这些古老的联系,自己已经被交给了医生,而医生则具有了几乎是神奇的治愈他的能力。

在皮内尔和图克的时代,关于这种能力并没有什么特殊的说法。人们仅仅用道德行为的效能来解释和论证它。它与18世纪的医生稀释体液或放松神经的能力一样不具有神秘性。但是,医生很快就不再理解这种道德实践的意义,而将自己的知

第九章 精神病院的诞生

识限定在实证主义的规范中。因此,从19世纪初开始,精神病专家就不再明白自己从伟大的改革家那里继承的能力具有何种性质。改革家们的效能似乎完全与精神病专家关于精神病的观念、与其他医生的实践毫无关系。

这种精神治疗实践甚至对于使用者也很神秘。但是,它对于确定疯人在医学领域中的位置十分重要。首先是因为在西方科学史上,精神病医学第一次具有了几乎完全独立的地位。要知道,从古希腊以来,它一直仅仅是医学中的一章。我们已经看到,威利斯是在"头部疾病"的标题下研究疯癫的。而在皮内尔和图克以后,精神病学将成为一门独特的医学。凡是热衷于在生理机制或遗传倾向中寻找疯癫病因的人都不能回避这种独特性。由于这种独特性会把愈益模糊的道德力量卷入其中,从而在根本上成为一种表现内疚的方式。这就使人们更不能回避它。他们愈是把自己局限于实证主义之中,就愈会感觉到自己的实践在悄悄脱离这种独特性。

随着实证主义把自己的观点强加给医学和精神病学,这种实践变得越来越模糊了,精神病专家的能力也变得越来越神奇,医生与病人的关系也越来越深地陷入一个奇特的世界。在病人眼中,医生变成了一个魔法师,医生从社会秩序、道德和家庭中借用的权威现在似乎来源于他本人。因为他是医生,人们就认为他拥有这些能力。皮内尔以及图克都曾坚决认为,医生的道德作用不一定与任何科学能力有联系。但是人们,首先是病人认为医生之所以具有消除精神错乱的力量,是因为他的知识具有某种奥秘,他甚至掌握了几乎是魔鬼的秘密。病人越来越能接受这种屈服于医生的状态,因为医生既具有神圣的力量又具有魔鬼的力量,是不可用凡人的尺度来度量的。这样,病人就愈益把自己交给医生，完全而且预先就承认了医生的权威，从一开始就服从被他视为魔法的那种意志，服从被他视为具有预见能力的科学。结果，病人就成为他投射到医生身上的那些力量的最理想、最完美的对象。这是一种除了自身惰性之外毫不抗拒的纯粹对象，随时准备成为被夏尔科（Charcot）[23]用来赞美医生的神奇力量的那种歇斯底里患者。如果我们想要分析从皮内尔到弗洛伊德的19世纪精神病学的认识和实践中的客观性的深层结构[24]，我们实际上就得说明，这种客观性从一开始就是一种巫术性质的物化体现，它只有在病人本人的参与下才能实现。它起始于一种明明白白的道德实践，但是随着实证主义推行其所谓科学客观性的神话，它逐渐被人遗忘。虽然这种实践的起源和含义已被遗忘，但这种实践活动一直存在。我们所说的精神治疗实践是一种属于18世纪末那个时代的某种道德策略。它被保存在疯人院生活的制度中，后来被实证主义的种种神话所遮蔽。

然而，如果说医生在病人眼中很快就变成了一个魔法师，作为实证主义者的医生则不可能这样看待自己。他不再明白那种神秘的力量是如何产生的，因此他不能解释病人何以如此合作，他也不愿承认那些构成这种神秘力量的古老力量。但是，他又不得不给这种神秘力量以某种地位。而且，因为在实证主义的理解范围内没有任何东西可以证实这种意志传达或类似的遥控操作，所以不久人们将要把这种异常现象归因于疯癫本身。虽然这些治疗方法凭空无据，但决不能被视为虚假的疗法，而它们很快将成为医治假象疾病的真正疗法。疯癫并不是人们认为的那种东西，也不是它自认为的那种东西。它实际上远比其表象简单，不过是信服和迷惑的组合。在此，我们可以看到巴彬斯奇氏癔症（Babinski's pithiatism）[25]的缘起。通过一种奇怪的翻转，人们的思想又跳回到几乎两个世纪之前：疯癫、虚假的疯癫和模拟的疯癫之间的界限模糊不清，相同的症状混在一起，以致相互交错，无法统一。而且，医学思想终于做出了一项鉴定，将疯癫的医学概念和对疯癫的批判概念等同起来。而在此之前，自古希腊以来的整个西方思想一直对此犹豫不决。在19世纪末，在巴彬斯奇同时代人的思想中，我们看到了在此之前医学从未敢提出的奇妙公理：疯癫说到底仅仅是疯癫。

这样，当精神病患者被完全交给了他的医生这个具体实在的人时，医生就能用疯癫的批判概念驱散精神病实体。因此，这里除了实证主义思想的空洞形式外，只留下一个具体的现实，即医生和病人的结合关系。在这种关系中概括了各种异化（精神错乱、让渡、疏离），它们既被联系起来，又被分解开。正是这种情况使19世纪的全部精神病学实际上都向弗洛伊德汇聚。弗洛伊德是第一个极其严肃地承认医生和病人的结合关系的人，第一个不把目光转向别处的人，第一个不想用一种能与其他医学知识有所协调的精神病学说来掩盖这种关系的人，第一个绝对严格地追寻其发展后果的人。弗洛伊德一方面消解了疯人院的各种其他结构的神秘性：废除了缄默和观察，废除了疯癫的镜象自我认识，消除了谴责的喧哗。但是，另一方面，他却开发了包容医务人员的那种结构。他扩充了其魔法师的能力，为其安排了一个近乎神圣的无所不能的地位。他只关注这种存在：这种存在隐藏在病人的背后和上方，表现为一种不存在，而这种不存在同时也是一种无所不在，这就是分布在疯人院的集体生活中的各种权力。他把这种存在变成一种绝对的观察,一种纯粹而谨慎的缄默,一位在甚至不用语言的审判中进行赏罚的法官。他把这种存在变成一面镜子。在这面镜子中,疯癫以一种几乎静止的运动抓住自己而又放弃自己。

弗洛伊德把皮内尔和图克在禁闭所建立的各种结构都交给了医生。如果说"解放者"在疯人院中异化了病人,那么弗洛伊德的确把病人从这种疯人院的生存状态中解救出来。但是,他没有使病人从这种生存状态的最基本因素中解脱出来。他重新组合了疯人院的各种权力,通过把它们集中在医生手中而使它们扩展到极致。他创造了精神分析的环境。在这种环境中,通过一种神奇的短路,精神错乱(异化)变成了对精神错乱(异化)的消解,因为在医生身上,精神错乱已变成了主体。

医生作为一个造成异化的形象,始终是精神分析的关键因素。也许是由于精神分析并没有压制这种最根本的结构,也许是由于它把其他各种结构都归并于这种结构,因此它过去不能,将来也不能听到非理性的声音,不能通过它们来破解疯人的符号。精神分析能够消除某些形式的疯癫,但是它始终无缘进入非理性统治的领域。对于该领域的本质因素,它既不能给予解放,也不能加以转述,甚至不能给予明确的解释。

自18世纪末起,非理性的存在除了在个别情况下已不再表露出来,这种个别情况就是那些如划破夜空的闪电般的作品,如荷尔德林、奈瓦尔、尼采及阿尔托的作品。这些作品绝不可能被归结为那种可以治疗的精神错乱。它们凭借自己的力量抗拒着巨大的道德桎梏。我们习惯于把这种桎梏称作皮内尔和图克对疯人的解放。这无疑是一句反话。

注　释

〔1〕 里夫（Charles-Gaspard de la Rive）致《不列颠百科全书》(*Bibliothèque britannique*) 编辑部的信，论述一所新建的精神病人医院。该信收入《不列颠百科全书》，后又单独发行。里夫是在1798年察访此院的。

〔2〕 库通（1755～1794），法国大革命时期救国委员会成员。早年因病致残，坐轮椅活动。——译者注

〔3〕 皮内尔（Scipion Pinel）《精神病人的医疗保健制度》(*Traité complet du régime sanitaire des aliénés*)（巴黎，1836），第56页。

〔4〕 图克（Samuel Tuke）《疗养院概述——公谊会在约克近郊设立的精神病院》(*Description of the Retreat, an Institution near York for Insane Persons of the Society of Friends*)（约克，1813），第50页。

〔5〕 同前引书，第23页。

〔6〕 见前引书，第121页。

〔7〕 见前引书，第141页。

〔8〕 见前引书，第156页。

〔9〕 里夫，前引书，第30页。

〔10〕 皮内尔（Philippe Pinel）《论精神错乱的医学哲理》(*Traité médico-philosophique sur l'aliénation mentale*)（巴黎，1801），第265页。

〔11〕 这里指的是1801年拿破仑与罗马教皇签订的协定。——译者注

〔12〕 见前引书，第141页。

〔13〕 见前引书，第29～30页。

〔14〕 皮内尔（Scipion Pinel），前引书，第63页。

〔15〕 转引自塞梅兰（René Sémelaigne）《精神病医生与慈善家》(*Aliénistes et philanthropes*)（巴黎，1912），附录第502页。

〔16〕 皮内尔（Philippe Pinel），前引书，第256页。

〔17〕 见前引书，第207～208页。

〔18〕 见前引书，第205页。

〔19〕 转引自图克，前引书，第89～90页。

〔20〕 皮内尔（Philippe Pinel），前引书，第292～293页。

〔21〕 哈斯拉姆（John Haslam）《对精神病的观察及经验评述》(*Observations on Insanity with Practical Remarks on This Disease*)（伦敦，1798），转引自皮内尔（Philippe Pinel），前引书，第253～254页。

〔22〕 萨马特古斯是公元3世纪卡帕多西亚的一个著名魔法师。——译者注
〔23〕 夏尔科（1825～1893），法国医学教师和医生，现代精神病学创始人之一。——译者注
〔24〕 在非精神分析精神病学以及精神分析学的许多方面，依然存在着这些结构。
〔25〕 巴彬斯奇（卒于1932年），是法国神经病学家。巴彬斯奇氏癔症是一种可用劝说疗法治愈的精神故障。——译者注

结 论

在创作《疯人院》这幅画时,戈雅面对着空寂囚室中匍匐的肉体,四壁包围中的裸体,肯定体验到某种与时代悲怆氛围有关的东西:那些精神错乱的国王头戴象征性的金丝王冠,使谦卑的、易受皮肉之苦的身体显得更为触目,从而与面部的谵妄表情形成反差。这种反差与其说是因装束粗陋造成的,不如说是未玷污的肉体所焕发的人性映照出来的。戴三角帽的那个人并没有疯,因为他把一顶旧帽子遮在自己的裸体上。但是,在这个用旧帽遮羞的疯人身上,通过其健壮的身体所显示的野性未羁的无言的青春力量,透露出一种生而自由的、已经获得解放的人性存在。《疯人院》的视点与其说是疯癫和在《狂想》中也能看到的古怪面孔,不如说是这些新颖的身体以其全部生命力所显示的那种巨大的单调。如果说这些身体的姿势暗示了他们的梦想,那是因为这些姿势特别张扬了他们的那种不被承认的自由。这幅画的语言与皮内尔的世界十分贴近。

戈雅在《荒诞》和《聋人之家》中所关注的是另一类疯癫,不是被投入监狱的疯人的疯癫,而是被投入黑暗的人的疯癫。难道戈雅没有唤起我们对那种存在着妖术、神奇的飞行和栖身于枯树上的女巫的古老世界的回忆吗？在《修道士》耳边窃窃私语的妖怪难道不会使人联想到那些迷惑博斯的《圣安东尼》的小矮人吗？但是，这些形象对戈雅来说具有不同的意义。它们的声望超过了他后来的全部作品。这种声望源出于另一种力量。对于博斯和布鲁盖尔来说，这些形象是世界本身产生的。它们是通过一种奇异的诗意，从石头和树木中萌生出来，从动物的嚎叫中涌现出来。它们的纵情歌舞不能缺少整个大自然的参与。但是，戈雅描绘的形象则是从虚无中产生的。它们没有任何背景：一方面它们只是在极其单调的黑暗中显现出自己的轮廓，另一方面任何东西都不能标明它们的起源、界限和性质。《荒诞》没有环境，没有围墙，没有背景。这一点也与《狂想》有较大的区别。在《飞行》中，巨大的人形蝙蝠所出没的夜空上没有一颗星星。女巫骑着树枝交谈。但是，树枝是从什么树上长出来的？它会飞吗？去参加什么聚会？到什么样的森林空地？这些形象没有与任何一个世界——无论是人间世界还是非人间世界——发生关系。这确实是那种《理性的沉睡》的一个问题——戈雅于1797年创作的这幅画已成为这个"时代用语"的第一幅肖像。这是一个关于黑夜的问题，无疑是关于古典时期非理性的黑夜、奥瑞斯忒斯沉沦于其中的三重黑夜的问题。但是，在那种黑夜中，人与自己内心最隐秘、最孤独的东西交流。博斯的《圣安东尼》画面上的沙漠生灵遍布；即使是愚人想像力的产物，疯女玛戈穿行的画面也显示出一种完整的人类语言。但是，在戈雅的《修道士》中，尽管那只猛兽趴在他背后，爪子搭在他肩上，张着嘴在他耳边喘气，修道士依然是一个畸零人，没有透露出任何隐秘。呈现在人们面前的只是那种最内在的、也是最狂野不羁的力量。这种力量在《大异象》中肢解了人的躯体，在《肆虐的疯癫》中为所欲为，令人触目惊心。除此之外，那些面孔本身也形销骨立。这种疯癫已不再是《狂想》中的那种疯癫，后者戴着面具，却比真实面孔更为真实。而这种疯癫是面具背后的疯癫，它吞食面孔，腐蚀容貌。脸上不再有眼睛和嘴巴，只有不知从何处闪出的目光，凝视着虚空（如《女巫的聚会》），或者只有从黑洞中发出的尖叫（如《圣伊西多尔的朝圣》）。疯癫已变得使人有可能废除人和世界，甚至废除那些威胁这个世界和使人扭曲的意象。它远远超出了梦幻，超出了兽性的梦魇，而成为最后一个指望，即一切事物的终结和开始。这不是因为它像德国抒情诗那样表达了一种希望，而是因为它包含着混乱和末日启示的双重含义。戈雅的《白痴》尖叫着，扭曲着肩膀，力图逃出桎梏着他的虚无。这是第一个人首次奔向自由的行动，还是最后一个垂死的人的最后一次抽动？

这种疯癫既把时间连接起来，又把时间分隔开。它把这个世界编织成只有一个黑夜的链环。当时人们对这种疯癫还是感到十分陌生的。但是，不正是它把古典时期非理性的那些几乎听不见的诉说虚无和黑夜的声音传递给那些能接受它们的人，如尼采和阿尔托，而且现在它把这些声音放大为尖叫和狂喊？但是，不正是它使它们第一次获得了一种表现形式，一种"公民权"，一种对西方文化的控制，从而引起了各种争议和全面争执？不正是它恢复了它们的原始野性？

萨德的从容不迫的语言同样既汇集了非理性的临终遗言，又赋予了它们一种在未来时代的更深远意义。在戈雅的不连贯的绘画作品和萨德的从第一卷《朱斯蒂娜》到第十卷《朱莉埃特》毫不间断的语言溪流之间,显然几乎毫无共同之处。但是二者之间有一种共同的倾向,即回顾当时抒情风格的历程,穷尽其源泉,重新发现非理性虚无的秘密。

在萨德书中的主人公自我禁闭的城堡中,在他无休止地制造他人痛苦的修道院、森林和地牢中,初看上去,似乎自然本性能够完全自由地起作用。在这些地方,人又重新发现了被他遗忘的而又昭然若揭的真理:欲望是自然赋予人的,而且自然用世上循环往复的生生死死的伟大教训教导着欲望,因此,欲望怎么会与自然相抵触呢?欲望的疯癫,疯狂的谋杀,最无理智的激情,这些都属于智慧和理性,因为它们是自然秩序的一部分。人身上一切被道德、宗教以及拙劣的社会所窒息的东西都在这个凶杀城堡中复活了。在这些地方,人最终与自己的自然本性协调起来。或者说,通过这种奇特的禁闭特有的道德,人应该能够一丝不苟地忠实于自然本性。这是一项严格的要求,一种无止境的任务:"除非你了解一切,否则你将一无所知。如果你太怯懦,不敢固守自然本性,那么它就会永远离开你。"[1]反之,如果人伤害或改变了自然本性,那么人就必须通过一种责无旁贷的、精心计算的复仇来弥补这种损害:"大自然使我们所有的人生而平等。如果说命运喜欢扰乱这个普遍法则的安排,那么我们的职责便是制止它的胡作非为,时刻准备着纠正强者的僭越行为。"[2]延迟的复仇与放肆的欲望一样,都属于自然本性。人类疯癫的产物不是属于自然本性的表露,便是属于自然本性的恢复。

但是,这种既理性又抒情的、带讽刺意味的辩解,这种对卢梭的模仿,仅仅是萨德思想的第一阶段。这是用归谬法来证明当时哲学除了满篇关于人和自然的冗词赘语外是一片空虚。但是，除此之外，还需要做出真正的决断。这种决断也是一种决裂，人与其自然存在之间的联系将因此消失[3]。著名的"罪恶之友社"和瑞典宪法草案，除了有损于它们所参考的（卢梭写的）《社会契约论》以及（他起草的）波兰宪法草案和科西嘉宪法草案的名誉外，仅仅确立了一种否定一切天赋自由和天赋平等的、绝对至高无上的主体性：一个成员可以任意处置另一个成员，可以无限制地行使暴力，可以无限制地使用杀戮权利。整个社会的唯一联系就是对一种联系的摒弃。这个社会似乎是对自然本性的一种排除。个人结合的唯一目的，不是保护人的自然生存，而是保护自由地行使控制和反对自然本性的主权权威[4]。而卢梭所规定的关系恰恰被颠倒了：主权不再改变人的自然生存地位；后者仅仅是主权者的一个对象，主权者据此来权衡自己的全部权力。根据这种逻辑推导出来的结论，欲望只会在表面上导致对自然本性的重新发现。实际上，对于萨德来说，人根本不可能通过自然用自责来确认自身的这种辩证法回归到出生时的状态，不可能指望人类最初对社会秩序的拒斥会悄悄地导致重建幸福的秩序。如果说，黑格尔依然像18世纪哲学家那样认为，孤独的疯狂欲望会把人投入一个自然世界，而这个自然世界会立刻在一个社会世界中重新开始，那么在萨德看来，它仅仅是把人投入一个完全混沌的、支配着自然的虚空中，投入循环往复的饮鸩止渴的状态中。因此，疯癫的黑夜是无尽头的。曾经可能被视为人的狂暴本性的东西，不过是无止境的非本性。

　　这就是萨德的作品极其单调的原因。随着他的思想发展，作品中的环境逐渐消失了，意外事件、插曲和场景之间戏剧性的或悲怆动情的联系都消失了。在《朱斯蒂娜》中还有一个变化曲折的、令人耳目一新的、包含着人世沧桑体验的事件。而到了《朱莉埃特》就完全变成了一种游戏，没有挫折，一帆风顺，以致其新颖之处也只能是大同小异。正如在戈雅的作品中看到的那样，这些精细刻画的《荒诞》不再有什么背景。没有背景就既可以是彻底的黑夜，也可以是绝对的白天（萨德作品中没有阴影）。在这种情况下，读者逐渐看到结局：朱斯蒂娜的死亡。她的纯真无邪甚至使折磨她的欲望也一筹莫展。我们不能说，罪恶没有战胜她的美德。相反，我们应该说，她的天然美德使她能够挫败任何针对她的罪恶手段。因此，当罪恶只能将她驱除出自己的权力领域（朱莉埃特将她驱除出努瓦尔瑟城堡）时，长期遭受统治、奚落和亵渎的自然本性，才完全屈服于与自己相冲突的东西[5]：此时，自然本性也进入疯癫状态，而正是在这种状态下，仅仅在一瞬间而且只有一瞬间，它恢复了自己无所不能的威力。暴风雨铺天盖地而来，雷电击倒并毁灭了朱斯蒂娜。大自然变成了犯罪主体。这种死亡似乎逃脱了朱莉埃特的疯癫统治，比任何东西都更根深蒂固地属于大自然。电闪雷鸣的暴风雨之夜是一种迹象，充分地表明大自然在撕裂、折磨着自己。它已达到了内在矛盾的极点。它用这金色的闪电揭示了一种最高权力。这种权力既是它自己又是它之外的某种东西：即属于一个疯癫心灵的权力。这个心灵在孤独中已抵达这个伤害它的世界的极限，当它为了驾驭自己而使自己有权与这个世界合而为一时，它就转过来反对自己并消灭自己了。大自然为了击倒朱斯蒂娜而迸发出的闪电与朱莉埃特的长久一生是异曲同工。朱莉埃特也将在孤独中消失，不会留下任何痕迹或任何能够属于大自然的东西。在非理性的虚无中，大自然的语言已永远消亡。这种虚无已成为一种自然本身的和反抗自然的暴力,以至于自然最后会野蛮地消灭自己[6]。

与戈雅一样,在萨德看来,非理性继续在黑夜中守候,但是在这种警戒中它获得了新的力量。它一度是非存在,而现在则成为毁灭性力量。通过萨德和戈雅,西方世界有可能用暴力来超越自己的理性了,有可能恢复超出辩证法允诺的范围的悲剧体验了。

在萨德和戈雅之后,而且从他们开始,非理性一直属于现代世界任何艺术作品中的决定性因素,也就是说,任何艺术作品都包含着这种使人透不过气的险恶因素。

塔索(Tasso)[7]的疯癫、斯威夫特(Swift)[8]的忧郁、卢梭的谵妄都属于他们的作品,正如这些作品都属于它们的作者。不论是在作品中还是在这些人的生活中,都有一种同样的狂乱或同样的悲痛在发挥作用。无疑,幻象在二者之间进行着交流,语言与谵妄也相互交织。但是,在古典时期的体验中,艺术作品与疯癫更多地也是更深刻地在另一个层面上结合起来,说来奇怪,是在它们相互限制的地方结合起来。这是因为在那里疯癫向艺术作品挑战,挖苦贬低它,利用它的逼真画面制造出一种病态的幻觉世界;那种语言是谵妄,不能成其为一种艺术作品。反之,如果谵妄被称作艺术作品,那么它便不再是贫乏的疯癫。然而,如果承认这个事实,那就不存在谁归结为谁的问题,而是(在此想起蒙田〔Montaigne〕[9]的话)需要在艺术作品停止诞生而又真正成为一个艺术作品时,发现产生艺术作品的不稳定中心。塔索和斯威夫特继卢克莱修(Lucretius)[10]之后见证了这种对立的情况。如果试图把这种对立的情况划分为清醒的间隙和发病状态是徒劳的。这种对立的情况显示出一种差异,由此提出了一个关于艺术作品的真相问题;它是疯癫,还是一部艺术作品?是灵感,还是幻觉?是不由自主的胡言乱语,还是语言的纯净来源?它的真实性应该出自它问世之前人们的悲惨现实,还是应该远离它的发源地到假设的存在状态中寻找?这些作家的疯癫正好使其他人有机会看到,艺术作品的真实性是如何在令人沮丧的重复和疾病中一次又一次地产生。

尼采的疯癫、凡·高或阿尔托的疯癫都属于他们的作品,也许是同样地深刻,但采取了另一种方式。现代世界的艺术作品频频地从疯癫中爆发出来,这一情况无疑丝毫不能表明这个世界的理性,不能表明这些作品的意义,甚至不能表明现实世界与这些艺术家之间的联系和决裂。但是,这种频繁性值得认真对待,因为这似乎是一个很紧迫的问题:自荷尔德林和奈瓦尔的时代起,被疯癫"征服"的作家、画家和音乐家的人数不断增多。但是,我们在此不应产生任何误解。在疯癫和艺术作品之间,从未有过和解,没有更稳定的交流,也没有语言的沟通。它们的对立比以前危险得多。它们的竞争现在已毫不留情,成为你死我活的斗争。阿尔托的疯癫丝毫没有从艺术作品中流露出来。他的疯癫恰恰表现为"艺术作品的缺席",表现为这种匮乏的反复出现,表现为从它的各个漫无边际的方面都可以体验到和估量出的根本虚空。尼采在最后的呼喊中宣布自己既是基督又是狄奥尼索斯(Dionysos)[11]。从艺术作品的角度看,这种宣告并不是处于理性与非理性的边界上的二者共同的梦想,即"阿卡狄亚牧羊人与太巴列的渔夫"[12]的和解——这种梦想最终实现过,但立即消失了。这恰恰是艺术作品的毁灭。艺术作品因此不可能出现了,它必须陷于沉寂。敲击的铁链刚刚从这位哲家手中掉落了。至于凡·高，他不想请求"医生准许他绘画"。因为他十分清楚，他的工作和他的疯癫是互不相容的。

疯癫乃是与艺术作品的彻底决裂。它构成了基本的破坏时刻，最终会瓦解艺术作品的真实性。它画出外部边界。这是消亡的边界，是以虚空为背景的轮廓。阿尔托的"作品"便体验到它本身在疯癫中的湮没。但是，这种体验，面对这种严峻考验而激发的勇气，所有那些猛烈投向语言空缺的词句，以及整个包围着虚空，更准确地说，与虚空相重合的肉体痛苦和恐惧的空间，合在一起正是艺术作品本身，正是高耸在艺术作品空缺的深渊上的峭壁。疯癫不再是那种能使人窥见艺术作品原始真相的不定空间，而是一种明确的决定，此后这种真相就不可逆转的中止了，永远悬在历史之上。尼采究竟是从1888年秋季的哪一天开始发疯，从此他的著作不再属于哲学而属于精神病学，这个时间并不重要。因为所有这些著作，包括寄给斯特林堡（Strindberg）[13]的明信片，都体现尼采的思想，它们都与《悲剧的诞生》一脉相承。但是，我们不应从某种体系、某种主题的角度，甚至不应从某种生存状态的角度来考虑这种连续性。尼采的疯癫，即其思想的崩溃，恰恰使他的思想展现给现代世界。那种使他的思想无法存在的因素却使他的思想直接面向我们，那种因素剥夺了尼采的思想，但把这种思想给了我们。这并不意味着疯癫是艺术作品和现代世界所共有的唯一语言（这会陷入诅咒病态的危险，与精神分析对称而相反的危险），而是意味着一种似乎被世界所湮没的、揭示世界的荒诞的、只能用病态来表现自己的作品，它实际上是在自身内部与世界的时间打交道，驾驭时间和引导时间。由于疯癫打断了世界的时间，艺术作品便显示了一个虚空，一个沉默的片刻以及一个没有答案的问题。它造成了一个不可弥合的缺口，迫使世界对自己提出质疑。艺术作品中必然出现的亵渎成分重新出现，而在作品陷入疯癫的那个时间里，世界被迫意识到自己的罪孽。从此，通过疯癫的中介，这个世界在面对艺术作品时变得有罪（在西方历史上第一次）。现在，它受到艺术作品的指控，被迫按照艺术作品的语言来规范自己，在艺术作品的压力下承担起认罪和补救的工作，承担起从非理性中恢复理性、再把理性交还给非理性的任务。吞没了艺术作品的疯癫正是我们活动的空间。它是一条无止境的追求道路。它要求我们担当起使徒和注释者的混合使命。这就是为什么说，尼采的高傲和凡·高的谦卑何时开始掺进了疯癫的声音这一问题是无足轻重的。疯癫只存在于艺术作品的最后一瞬间，因为艺术作品不断地把疯癫驱赶到极限。凡是有艺术作品的地方，就不会有疯癫。但是，疯癫又是与艺术作品同时存在的，因为疯癫使艺术作品的真实性开始出现。艺术作品与疯癫共同诞生和变成现实的时刻，也就是世界开始发现自己受到那个艺术作品的指责，并对那个作品的状况负有责任的时候。

疯癫的策略及其获得的新胜利就在于，世界试图通过心理学来评估疯癫和辨明它的合理性，但是它必须首先在疯癫面前证明自身的合理性，因为充满斗争和痛苦的世界是根据像尼采、凡·高、阿尔托这样的人的作品大量涌现这一事实来评估自身的。而世界本身的任何东西，尤其是它对疯癫的认识，不能使世界确信它可以用这类疯癫的作品来证明自身的合理性。

注 释

〔1〕《所多玛的120天》，转引自布朗肖（Maurice Blanchot）《劳特列阿蒙

与萨德》（*Lautréamont et Sade*）（巴黎，1949），第 235 页。

〔2〕同上书，第 225 页。

〔3〕人应该卑鄙无耻到"肢解自然本性和搅乱宇宙秩序"的地步。《所多玛的 120 天》（巴黎，1935），第 2 卷，第 369 页。

〔4〕这种强加于同伴的结合实际上不承认彼此之间有杀戮他人的权利，但是在他们之间确立了一种自由处置的绝对权利，因此，每一个人必须能属于另一个人。

〔5〕参见《朱莉埃特》结尾在火山口的情节。《朱莉埃特》（*Juliette*）（巴黎，1954），第 6 卷，第 31~33 页。

〔6〕"人们会说，当大自然厌倦了自己的作品后，会随时把各种因素混在一起，迫使它们组成新的形态。"见前引书，第 270 页。

〔7〕塔索（1544~1595），意大利文艺复兴后期诗人，曾因精神失常被禁闭。——译者注

〔8〕斯威夫特（1667~1745），英国讽刺作家，自年轻时起患美尼尔氏症。——译者注

〔9〕蒙田（1533~1592），法国思想家、作家。——译者注

〔10〕卢克莱修（约公元前 93~约前 50），罗马诗人，据载因喝春药而发狂，清醒时写作。——译者注

〔11〕狄奥尼索斯，希腊酒神。——译者注

〔12〕阿卡狄亚，希腊地名。太巴列，以色列圣城之一。——译者注

〔13〕斯特林堡（1849~1912），瑞典戏剧家、小说家。——译者注

译者后记

本书是20世纪法国著名思想家米歇尔·福柯（1926~1984）的博士论文，也是他的成名作。在此之前，他曾写过一部《精神疾病与人格》，但是后来他似乎悔其少作，不愿再提及。1961年，福柯在巴黎大学（索邦）通过哲学博士论文答辩。按照当时法国的制度，博士论文必须出版后才能进行答辩。因此，论文在当年已先由巴黎普隆出版社出版，书名为《疯癫与非理智——古典时期的疯癫史》(*Folie et déraison*：*histoire de la folie a l'age classique*)，全书为673页。1964年，该书出版了缩写本，为300余页。1965年，该书的英译本出版。英译本基本上依据的是缩写本，但是由福柯补充了一些内容，主要是根据全本中的一章《欲望的超越》缩写的《激情与谵妄》。书名也改为《疯癫与文明——理性时代的疯癫史》(*Madness and Civilization*：*A History of Insanity in the Age of Reason*)。

该书一问世就获得一些著名学者的好评，如文学评论家布朗肖和罗兰·巴尔特，历史学家吕西安·费弗尔和布罗代尔等人。自 1968 年"五月风暴"后，该书产生了更广泛的影响。正如美国人类学家吉尔兹所说："60 年代初，福柯以其《疯癫与文明》而突然跃上学术舞台。……从那时起，他就成为一个令人无从捉摸的人物：一个反历史的历史学家，一个反人本主义的人文科学家，一个反结构主义的结构主义者。"

《疯癫与文明》是一部人文科学史著作。但是，它不是一般意义上的科学史著作。自本世纪 40 年代以来，由乔治·康吉兰（Georges Canguilhem）和加斯东·巴歇拉尔（Gaston Bachelard）等人在哲学领域里开创了法国科学史研究的新思路。按照福柯的说法："科学史研究在法国哲学中扮演着一个重要角色。""法国的科学史研究者主要关注的是科学对象是如何建构起来的这一问题。"乔治·康吉兰本人对福柯的研究也有高度的评价，他认为福柯的"这部著作的重要性是十分显然的。福柯全面考察了从文艺复兴到今天，造型艺术、文学和哲学中所体现的疯癫对于现代人的意义。福柯有时条分缕析，有时又把主要线索混合起来。他的论文表明，它既是分析性的又是综合性的著作。因此，读起来并不总是很容易，但对善于思考的头脑则会开卷有益。福柯实际上力图表明，疯癫是'社会空间'中的一个知觉对象，它是在历史过程中由许多方面建构成的，是由多种社会实践，而不是由一种集体感觉所捕捉到的，更重要的是，它不能简单地成为思辨理解的分析对象。这部著作的独创性在于，它把被哲学家和精神病学史专家完全遗弃的材料——遗弃给对自己专业的历史或前史感兴趣的精神病专家的材料，重新放置在更高的哲学反思的层次上。"

福柯继承了法国科学史研究这一学术系谱，但是改变了研究的主题。他自称："我所提出的问题是：人类主体怎么会把自身当作知识的对象？是通过什么样的理性方式和历史条件？以及付出了什么代价？我的问题是：主体以什么代价才能讲述有关自身的真理？主体以什么代价才能讲述自身作为疯人的真理？把疯人说成绝对他者，不仅付出了理论代价，而且也付出了一种制度的乃至经济的代价。"

福柯本人在1961年为此书做的内容提要中说：

"在蛮荒状态不可能发现疯癫。疯癫只能存在于社会之中。它不会存在于分离出它的感受形式之外，既排斥它又俘获它的反感形式之外。因此，我们可以说，从中世纪到文艺复兴，疯癫是作为一种美学现象或日常现象出现在社会领域中；17世纪，由于禁闭，疯癫经历了一个沉默和被排斥的时期。它丧失了在莎士比亚和塞万提斯的时代曾经具有的展现和揭示的功能（例如，麦克白夫人变疯时开始说出真理）。它变得虚假可笑了。最后，20世纪给疯癫套上颈圈，把它归为自然现象，系于这个世界的真理。这种实证主义的粗暴占有所导致的，一方面是精神病学向疯人显示的居高临下的博爱，另一方面是从奈瓦尔到阿尔托的诗作中所能发现的抗议激情。这种抗议是使疯癫体验恢复被禁闭所摧毁的深刻有力的启示意义的努力。"

他在《疯癫与非理智》的初版前言中则表示，他的计划是在"伟大的尼采式求索的光辉照耀下"展开一系列"文化边界"研究。除了这部疯癫史外，他还准备研究"被绝对分离出来的梦幻和性禁忌的历史"。理由是,"处于西方文化的各种极端体验的中心的,无疑是悲剧体验——尼采曾证明,作为西方世界的历史基础的悲剧结构不过是对悲剧及其沉寂后果的摈弃与遗忘。"但是,以这种体验为中心,还有许多其他体验。它们每一种都触及西方文化的边界。"一种文化用划定边界来谴责处于边界之外的某种东西。"正是这些边界标示出一种文化的性质。由此可见,福柯旨在用被拒斥的历史体验来批判现代西方文明。

　　福柯的多数著作都是采用了史学研究的形式。福柯本人力图用他的"考古学"和"系谱学"来埋葬传统的历史学。他批判西方文化中的"求真意志",揭示各种人文科学知识与权力运作的关系,从而动摇传统历史所标榜的客观性和真实性。但是,在一些史学家看来,福柯有时走得太远了,他甚至"虚构"历史。例如,有的史学家曾询问福柯:本书中描述的一个重要历史现象"愚人船",究竟是当时文学艺术中的形象,还是确有史实依据?福柯对此支支吾吾。对于本书中的另外一些论断,也有史学家根据史料予以否定。尽管如此,《疯癫与文明》仍然作为福柯的主要代表作之一而受到普遍的重视。

　　中译本是根据缩写本翻译的,曾于1992年在台湾出版。在翻译过程中,曾就拉丁文问题向马香雪先生请教。此次交由三联书店出版,又做了仔细的校订。在校订过程中,参考了孙淑强、金筑云的译本《癫狂与文明》(浙江人民出版社,1991年版)。在此一并致以谢意。

　　福柯的这本书引用了大量档案资料、历史文献和文艺作品,我们不揣浅陋,对人名、事件及相关知识尽可能地做了一些简单的注释,并以"译者注"字样标出。其他未予标明者则是原书注释。

1998 年 3 月
2011 年 3 月修订

此次重印,对个别字句做了改订。

2018 年 12 月